本书的出版得到山东省立项建设一流学科（马克思主义理论）、
山东省高等学校青创人才引育计划"当代中国马克思主义研究创新团队"的经费资助

山东师范大学马克思主义理论 学者文库

马克思主义理论
学科研究与写作指南

The Discipline Research and
Thesis Guidance of Marxist Theory

孙 波 著

中国社会科学出版社

图书在版编目(CIP)数据

马克思主义理论学科研究与写作指南 / 孙波著. —北京：中国社会科学出版社，2022.9（2024.8 重印）
（山东师范大学马克思主义理论学者文库）
ISBN 978 - 7 - 5227 - 0553 - 8

Ⅰ.①马…　Ⅱ.①孙…　Ⅲ.①马克思主义理论—研究方法—教材　Ⅳ.①A81 - 3

中国版本图书馆 CIP 数据核字（2022）第 130928 号

出 版 人	赵剑英
责任编辑	朱华彬
责任校对	谢 静
责任印制	张雪娇

出　　　版	中国社会科学出版社
社　　　址	北京鼓楼西大街甲 158 号
邮　　　编	100720
网　　　址	http://www.csspw.cn
发 行 部	010 - 84083685
门 市 部	010 - 84029450
经　　　销	新华书店及其他书店

印刷装订	北京市十月印刷有限公司
版　　　次	2022 年 9 月第 1 版
印　　　次	2024 年 8 月第 2 次印刷

开　　　本	710×1000　1/16
印　　　张	17.75
插　　　页	2
字　　　数	300 千字
定　　　价	98.00 元

凡购买中国社会科学出版社图书，如有质量问题请与本社营销中心联系调换
电话：010 - 84083683

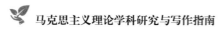

前　言

　　培养提升高等学校马克思主义理论学科学生的研究能力，是一个系统工程。一方面取决于学生自身。在学校、教师的引导下，学生需要系统掌握和熟练运用各种研究方法，进行持之以恒的研究实践，才能不断培养自己的研究意识，提升研究能力。另一方面，学校、教师及社会等外部因素也很重要。教师需要加强对学生的引导，提供必要的支持和帮助，才能最终形成合力。

　　目前，有关人文社会学科研究方法的教材有一些，但聚焦和面向马克思主义理论学科这一专业的并不多，本书正是为了更好地适应和服务于这一专业的学生而撰写的。主要内容包括：马克思主义理论学科概述、学科属性与基本规范、学科研究范围与主要内容、学科选题方法、文献阅读与综述、学科研究相关方法、学科研究与论证、论文写作规范、学术评价与学术批评等。

　　马克思主义理论学科是一种涵盖哲学、经济学、法学、社会学、历史学、教育学等学科的综合理论体系。因此，马克思主义学科研究方法既有该学科所特有的专业属性，也具有人文社会学科所共有的属性。我们在掌握和运用马克思主义理论学科方法时，应该秉承一种开放的思想观念，从自身学科内容与属性出发，注重理论联系实践，注重多学科研究方法的系统掌握、灵活运用。

　　本书作为专业教材主要是面向高校马克思主义理论学科各专业研究生，当然也可供马克思主义基本原理、思想政治教育、党史党建、政治学等专业的本科学生、相关领域的社会人士和研究爱好者使用。在本书撰写过程中，由于时间仓促、水平所限，不足和疏漏在所难免，在此恳请同人和专家们批评指正。

绪论

马克思主义理论学科概述

马克思主义是马克思主义理论体系的简称，是关于全世界无产阶级和全人类彻底解放的学说。它由马克思主义哲学、马克思主义政治经济学和科学社会主义三大部分组成，是马克思、恩格斯在批判地继承和吸收人类关于自然科学、思维科学、社会科学优秀成果的基础上于 19 世纪 40 年代创立，并在实践中不断地丰富、发展和完善的无产阶级思想的科学体系。

一　马克思主义理论的学科分类

马克思主义理论作为一个一级学科，包含马克思主义基本原理、马克思主义发展史、马克思主义中国化研究、国外马克思主义、思想政治教育、中国近现代史基本问题研究六个二级学科。从其理论特性来说，马克思主义理论的所有二级学科，一方面围绕马克思主义的基本原则与方法论展开，另一方面又都有明确的现实指向与时代关怀。所以马克思主义理论学科既有哲学的属性，是一种形而上的思辨；也具有社会学科的属性，是一种形而下的实践。

（一）马克思主义基本原理

马克思主义基本原理是对马克思主义基本立场、观点、方法的集中概括，是人类社会本质和规律的科学总结，是一门基础的理论学科。它强调马克思内部各个组成部分之间的总体性、完整性和统一性。这一、二级学科，其主要内容就是在坚定马克思主义立场的基础上，运用马克思辩证唯物主义和历史唯物主义的观点以及科学方法，如矛盾普遍性与特殊性相统一的方法、否定之否定的方法，揭示马克思主义内部的逻辑规律，引导和培养人民群众巩固马克思主义信仰，自觉投身于社会主义建设的伟大实践。马克思主义基本原理主要研究范围包括：马克思主义经典著作；马克思主义的创立和发展；马克思主义基本原理概论；当代马克思主义理论思潮等。

（二）马克思主义发展史

马克思主义发展史是通过对马克思主义理论产生和创立的背景以及发展过程进行分析并总结规律的一门科学体系。通过对马克思主义发展的不同阶段的考察，揭示马克思主义发展过程中的一般性的历史规律和特殊的历史规律、马克思主义与不同国家的具体实际相结合的规律，总结马克思主义发展规律以及指导具体实践的历史经验。在马克思主义发展史研究的过程中，极其重要的是对国际共产主义运动趋势的分析以及对马克思主义在中国的飞跃进行理论研究。前者包括马克思主义形成的时代背景、理论来源、理论创立、发展传播，后者包括马克思主义在中国的传播以及马克思主义基本原理与中国革命和建设实践相结合的历史。马克思主义发展史主要研究范围包括：马克思主义经典作家的生平经历和思想发展；马克思主义通史、阶段史、国别史、文献史、专题史等。

（三）马克思主义中国化研究

马克思主义中国化研究就是把马克思主义基本原理同中国革命和建设的具体实际相结合，探索马克思主义在中国传播和发展的基本规律，总结马克思主义与中国具体实际相结合的基本经验，形成马克思主义中国化的理论成果。作为一门交叉学科，主要内容是深入研究自马克思主义传入中国以来，从新民主主义革命到社会主义革命以及后来社会主义建设中各个时期党的基本经验，研究如何把马克思主义中国化，变成中国的马克思主义的过程。马克思主义中国化主要研究范围包括：马克思主义基本原理；马克思主义经典著作；马克思主义在中国的传播发展的历程；马克思主义中国化的理论成果以及马克思主义中国化的历史趋势前沿问题等。

（四）国外马克思主义研究

国外马克思主义研究是对国外马克思主义的理论思潮的产生、发展、演变进行研究的一门学科。"国外马克思主义是一个既有其特定含义，同时又内容广泛的概念和范畴，从时间上来讲，它是指20世纪初期以来国外马克思主义各种思潮的产生、发展和演变的历程；从空间上来说，它是一个除了中国以外，既包括欧美等发达国家，也包括亚非拉等发展中国家的马克思主义的各种流派和思潮的总称。"① 国外马克思主义主要研究范围包括：国外马克思主义者的著作；马克思主义社会思潮的流派以及对"西方马克思主义"进行评价和分析等。

（五）思想政治教育

思想政治教育是把马克思主义思想融入思想教育的一门学科。思想政治教育通过对马克思主义理论的应用，培养人们的马克思主义世界观、人生观、价值观。在我国的社会主义建设的过程中，思想政治教育起到了不可替代的思想引领作用。同时，在思想政治教育发展过程中，不断积累的宝贵经验和优秀成果，也体现了社会主义以及中国共产党的政治优势。思想政治教育主要研究范围包括：思想政治教育的内容、方法、性质、经验；中国共产党的思想政治教育工作的经验；高校思想政治教育研究；未成年人思想政治研究；新时代的思想政治工作建设的研究等。

（六）中国近现代史基本问题研究

中国近现代史基本问题研究作为一门系统研究中国近现代史的基本规律和经验总结的学科，通过对中国近现代历史的研究，揭示和总结了历史进程、基本规律和历史经验，回答了中国近现代选择中国共产党、选择马克思主义的原因。中国近现代史基本问题研究主要研究范围包括：中国近现代史的发展进程研究、马克思主义在中国传播发展的研究、中

---

① 刘敬东、郇庆治、陆俊主编：《国外马克思主义思潮评介》，北京师范大学出版社2021年版，第1页。

国社会主义革命历史进程的研究、中国社会主义建设时期历史问题的研究，以及新时代中国特色的社会主义的研究等。

二 马克思主义理论研究的基本学术规范

马克思主义理论的基本学术规范，主要包括选题、学术论文的写作、引文的使用、发表的程序规则、学术评价和批评机制等基本内容。

（一）马克思主义理论学科学术论文的选题规范

马克思主义理论学科是一门理论与实际相结合的学科，其学术问题的发现、提出和解决都应建立在实践的基础上，其理论研究成果也要接受实践的检验。具体到学术问题上，题目的选定能否从现实的社会存在的问题出发，研究内容是否能着力解决现实问题，这体现了马克思主义理论学术研究的意义和价值所在。因此，善于在现实中发现问题，是进行学术研究的起点。陶行知先生曾说，创造始于问题，有了问题才会思考，有了思考，才有解决问题的方法，才有找到独立思路的可能。

发现问题，即有问题意识，强调对社会的敏锐洞察能力，结合学科的基本理论，大量搜集文献，在总结以前学者的研究经验的基础上，善于提出问题是非常重要的。一方面，"创造始于问题"，有了问题意识，就为理论创新开启了大门；另一方面，如马克思所述："哲学家们只是用不同的方式解释世界，问题在于改变世界。"① 提出新问题也就为改变世界开启了大门。

马克思主义理论学科的选题要以问题为导向，以创新为原则，以解决现实问题为目标。其应遵守的基本规范包括：（1）选题必须坚持正确的政治导向。选题要以马克思主义为指导，坚定共产主义远大理想和社会主义共同理想，立足时代背景，结合最新的时政热点和中国共产党路线、方针、政策展开。（2）选题应以服务社会为导向。学术研究要解决的是现实问题，一方面要"深"，"深"是要深入到理论，研究要有理论的支持和对理论的深入挖掘；另一方面要"沉"，"沉"是要在研究中真

---

① 《马克思恩格斯选集》第一卷，人民出版社 2012 年版，第 136 页。

正下"沉"到现实中去，把问题落到实处，解决现实问题。（3）选题要坚持学术创新导向。理论与实践相结合，创造性地发现问题、创新性地解决问题。（4）选题要坚持其所在二级学科有所侧重的原则。如马克思主义基本原理专业，最好从马克思恩格斯的原稿和文稿中进行文本研究，从基本概念、定义与理论展开；马克思主义中国化方向就要着重倾听时代的声音，与文本相结合，不能飘在空中，研究问题要具体。总之，马克思主义理论学科的选题要注重创新性和时代性并重，既不能脱离基本理论，也不能脱离基本现实。

（二）马克思主义理论学科学术论文的写作规范

马克思主义理论的学术成果主要包括论文、著作、调研报告等，其写作规范各有不同。大体来说，期刊论文主要形式包括以下方面：题目、摘要、关键词、正文、结语、参考文献等；著作和学位论文主要形式包括：题目、摘要、关键词、署名、正文、结语、参考文献、致谢等。不同学术成果的写作规范各有不同，不同出版社、杂志社和科研院所对论文或者著作的具体写作规范要求也各不相同，当然学界也存在着一些共同的规范要求。

（三）马克思主义理论学科学术成果的引文规范

学术成果的引用即文章中的引文本身及来源、注释等。为了更好地进行学术交流，促进学科的有序发展，学术研究必须遵循严格的引文规范。主要包括：（1）引文：学术论文的写作过程中，引用的句子和段落即引文，在引文过程中要注意准确理解原作者的主旨意图，不能偏读或误读，或者刻意曲解；引文应注意适量原则，不能大量、大篇幅地引用，凡是引用的都应标明；引文也应注意层次，应注意较多引用名家或者权威的观点。（2）注释：关于注释，是"书刊中对作品的某些内容、文字或引文出处等所作的简要说明"①。可以是对引文的注释，也可以是作者对文章某一部分的深入的解释，包括被引用的文献的作者、文献出处、出版社、版次、页码等，如"［德］马克思、恩格斯．马克思恩格斯全集

---

① 夏征农、陈至立主编：《辞海》（第6版彩图本），上海辞书出版社2010年版，第3031页。

（第1卷）［M］.北京：人民出版社，1995.459.（3）参考文献：如果引用了某些学者的观点，也需在参考文献中标出，包括文献作者的名字、文献的名字、文献的出版方和类别，以参考文献的形式附加在论文的后面，如比较常见的，专著类："［1］马克思，恩格斯.马克思恩格斯选集（第1卷）［M］.北京：人民出版社，2012"；学位论文类："［2］庞晋.马克思人性思想研究［D］.昆明：云南师范大学，2020"；期刊类："［3］俞可平.马克思的市民社会理论及其历史地位［J］.中国社会科学，1993（04）：74"。在这里，需要强调一点，参考文献是比较宽泛的一个概念，可以指文章中引用的文献或者添加注释的文献，还可以指被作者引用了内容的文献，或者给作者在写作过程中带来思考启发的文献，都可以列入参考文献之中。

（四）马克思主义理论学科学术论文的发表规范

学术论文的发表也是学术研究的一个重要环节。只有通过学术论文的发表，公之于众，才能实现学术成果的交流，达到学术研究的目的。通过论文发表，同行学者会去主动检索阅读，对该学术领域有兴趣的大众也有机会去阅读相关的文献，提高自己的精神文化修养，达到陶冶情操的作用。因此，学术论文交流不仅仅局限于小范围学界的少数人之间，还应该通过各种途径，使学术论文有更多的受众面，让大众也能有机会了解学术理论前沿。

论文发表不是一件容易的事，以在期刊上发表论文为例，学界内期刊的层次有高有低，期刊层次与论文发表的难度成正比。可以看到，近些年来在高层次期刊论文发表的难度呈现出越来越大的趋势，需要论文作者为此付出极大的努力。从论文作者自身而言，顺利发表论文需要做到四点。第一，要注重自身学术研究的专业性，作者应该深入到理论关键之处，以马克思主义理论学科为例，要认真研读马克思恩格斯的手稿、文稿以及经典著作，从现实出发，以理论为依托，从理论深处发掘创新论点。第二，文章的选题和内容要有创新，结构完整，注释、引文以及参考文献的格式要遵循所投稿的期刊的标准，没有特殊标准的要按照普遍的标准，有特殊标准的要严格遵循。第三，在投稿之前，要联系相关期刊编辑，与编辑进行沟通，简明扼要地介绍自己的文章，包括文章的研究方向、所要解决的问题、大致思路和创新点等。具体到论文内容来说，要重视文章的摘要，摘要部分是文章的一个主旨，要争取得到编辑的认可，给编辑留下好印象，在编辑的指导下进行文章的修改，可以增加论文被运用的概率。第四，在论文进行审稿期间，作者要端正态度，在与编辑沟通中反复修改，要有耐性，毕竟论文的发表不是一朝一夕的事情。

有学者认为，论文发表就像"马拉松"比赛，最后获胜的不一定是速度最快的人，但一定会是有耐力坚持到最后的人。诚然，发表论文和做学问一样，不仅要有灵活的思维洞察现实的能力，还要有直面挫折的勇气和强大的内心。只要有耐心，刻苦进行学术研究，有毅力，持之以恒不浮躁，有一颗谦逊的心，认真修改斟酌论文的写作，论文的发表就不再是什么难事。

（五）马克思主义理论学科的学术评价与批评规范

对马克思主义理论学科的学术成果进行评价和批评，也可以较好地促进学科的研究和学科的健康发展。学术评价和学术批评是两个方面，但是对学科研究发展都具有积极影响，两者也存在一定内在关联，所以可以放在一起进行分析。马克思主义理论学科的学术评价与批评的原则应具备以下几点：第一，要坚持正确的价值导向。正确的价值导向，不仅是学术论文写作的基础，也是学术批评和评价的首要条件，要坚持马克思主义正确的价值导向和政治导向。第二，要坚持客观性的原则，学术评价要站在客观的角度进行评价，不能受主观好恶的影响，从而影响评价的客观有效性。第三，要坚持公平、公开的原则，才能保证学术研究的公开透明，推动马克思主义研究领域的纯洁发展。为了顺利进行客观公开的学术评价，要建立完备的马克思主义理论学科学术评价与批评的学术制度体系，通过良性的学术评价与学术批评，推动马克思主义理论学科的研究水平不断提高。

（六）马克思主义理论学科研究方法规范

研究方法是指研究者在文献阅读、研究论证与写作过程中所运用的各种具体方法。马克思主义理论学科作为具有明确的政治导向的学科，有其不同于其他学科的特有的研究方法。

有学者认为，当前马克思主义理论学科的交叉特征明显，研究方法开始趋向多样化的特征。在现实中，随着马克思主义理论学科的发展，研究方法的不确定与不规范性也日益突出，因此，加强研究方法规范的教育和指导、提升研究者的研究素质和水平成为现在面临的一个重要的问题。马克思主义研究的基本方法包括：辩证唯物主义和历史唯物主义的方法、抽象到具体的方法、否定之否定的方法、历史与逻辑相统一的方法等，以上这些都是植根于马克思主义理论体系中科学的规律和方法，对马克思主义理论学说的研究起基础性的作用。

同时，人文社会学科的一些一般性研究方法，也在一定程度上可以适用于马克思主义理论学科的研究。具体的研究方法包括：文献研究法、文本研究法、比较分析法、调查研究法等。当然，在运用这些研究方法对马克思主义理论学科进行研究的过程中，不能忽视马克思主义理论学科的特殊性，要把研究始终建立在坚持马克思主义理论整体性、科学性与革命性的统一性、实践性的基础上。

第一章

马克思主义理论的学科定位

马克思主义理论是具有极为丰富内涵又极其复杂的学科体系，具体涉及哲学、经济学、社会学、法学、历史学、文化学、伦理学、人类学等十几个学科，是一种跨学科的综合理论。正确认识马克思主义理论的学科体系、学科属性与学科地位等是展开马克思主义学科理论研究的基础和立足点。

第一节　马克思主义理论的学科属性

厘清学科属性可以更好地认知学科定位。对于马克思主义学科属性的认识可以从其本质特征、基本要素、时代使命等方面展开。

一　马克思主义理论学科的本质特征

无论是作为一门学科，还是作为无产阶级革命的指导思想，马克思主义都具有独特的精神气质和鲜明特征，这些特征体现了马克思主义的本质和使命，也展现出了马克思主义理论的形象。

（一）马克思主义理论学科具有意识形态性

马克思主义理论作为政治上层建筑的一部分，具有鲜明的意识形态属性。作为当代中国的社会主流意识和指导思想，马克思主义是党和国家的指导思想的理论基础，在社会主义制度建设、政治、经济、文化发展等方面都起到了重要的理论支撑作用。同时，马克思主义还是个人的一种政治信仰和坚持，是个人世界观、人生观、价值观的重要理论基础。只有坚持马克思主义理论，树立共产主义的远大理想，个人才能走向正确的政治道路，为国家、社会做出贡献。

坚持马克思主义理论学科中所具有的意识形态性，是"四个自信"的重要体现。这一意识形态，完全不像过去存在着剥削阶级的社会那样，其意识形态是维持剥削阶级统治和压迫的思想基础。相反，马克思主义是为了实现全体人民的根本利益，是为了实现人民当家做主和美好生活的理论基础。由此可见，马克思主义理论学科中所具有的意识形态性，不仅仅是某一个人的观念，更是一个群体性的概念。这个群体性的概念汇聚了全体人民的共同利益和共同思想。

马克思主义理论学科中所强调的意识形态性，不是一种冰冷的规则，也不是生硬的说教。理论研究的意识形态性并不是让受众群体被迫接受，进行强迫灌输只会起到相反的作用，潜移默化的影响所起的效果则更为明显。也就是说，马克思主义理论学科中所具有的意识形态性，不是要求人民群众对于这一思想的绝对服从，而是人民群众在理论认识与实践过程中自觉自愿选择的结果，当然这一思想的形成之中也不乏人民群众的创造性贡献。

马克思主义理论学科更为注重的是对于意识形态在某些方面的批判，这正体现了学科与时俱进的开放性。习近平总书记也曾指出意识形态工作是党的一项极端重要的工作。马克思主义理论学科现有的成果不是研究的终点，所以受教育者应该站在批判的立场上，对学科抱有合理的怀疑和批判，在坚持中不断发展。马克思主义理论体系，特别是理论学科本身的不断更新和发展是非常重要的。

（二）马克思主义理论学科具有科学性

马克思主义理论另一个极其重要的特性，就是科学性。"科学性是学科存在的客观依据和理由"①，科学性表明马克思主义的正确性。马克思

---

① 张雷声等：《新时代马克思主义理论学科建设（笔谈）》，《理论与改革》2019 年第 3 期。

主义是党和人民在革命和建设实践中的逐渐认识到适合中国发展的指导思想，是被实践证明了的真理体系。其科学性主要表现在以下三个方面。

首先，马克思主义理论这门学科的内容，是对于自然和人类社会所存在的各种现象、客观规律的正确反映。不管是自然界还是人类社会，都是物质的现实存在。马克思主义理论作为一种社会意识，是对客观物质世界的一种能动、正确的反映。就客观物质世界、自然界和人类社会的联系来说，在马克思这里，实现了辩证唯物主义和历史唯物主义的统一，"自然史"与"社会史"的"一门学科"的统一。

黑格尔在《精神现象学》中指出，"活的实体，只当它是建立自身的运动时，或者说，只当它是自身转化与其自己之间的中介时，它才真正是个现实的存在，或换个说法也一样，它这个存在才真正是主体"①。由此可见，黑格尔看到了主体的否定性以及发展性，但是他只是在唯心主义的范围内兜圈子，将自己的思维框在了唯心主义的枷锁中。马克思则将运动的主体由思维转向了物质，马克思主义理论学科中的基本内容和原理论述，不仅仅存在于思维当中，也不是思维主体的自我运动，正如马克思、恩格斯所说，"人的思维是否具有客观的真理性，这不是一个理论的问题，而是一个实践的问题"②。思维在这里体现为现实的人的一种来自实践中的认识。理论体系中的各种理论，必须要在现实的社会实践中得到检验，并同社会历史相联系，发挥其对现实的指导作用，理论本身也将在这一基础之上不断完善和更新。

其次，马克思主义理论学科的科学性还体现在这门学科具有科学的世界观以及方法论。任何的学科或者科学，如果不具备正确的世界观和方法论，它要么成为不食人间烟火的思辨体系，与现实无关；要么作为一种错误的世界观和方法论，将会在实践中注定错误。马克思主义理论是建立在辩证唯物主义和历史唯物主义的基础上的。其理论体系具有辩证否定的特性，即体现为真理的绝对性与辩证性的统一，认识与实践运动的辩证否定的统一。事实上不管是人的存在，还是物的存在，都是依

①　[德]黑格尔：《精神现象学》（上），商务印书馆1981年版，第11页。
②　《马克思恩格斯选集》第一卷，人民出版社2012年版，第134页。

托其辩证否定性才得以延续和存在。如果某种事物不存在这种否定性，与之前相比没有任何的变化，那么此事物便不能称为真正意义上的存在。

最后，马克思主义理论学科的科学性还体现在，它是一个不断发展的理论学科。一方面，它与辩证唯物主义的否定性存在着密切的关系，二者是相辅相成的。辩证唯物主义的否定性，不仅仅体现于现存事物中，同样也适用于理论学科的发展。马克思主义理论学科正是这样一种不断进行自我否定的学科，同样在事物发展的辩证否定过程中，学科内容才能不断地得到深化和发展。另一方面，这种否定并不是毫无意义的否定，也不是说马克思理论学科之前的内容都是错误的。马克思主义理论学科的否定主要是指一个更新的过程。而这个过程的更新是因为时代大环境的变化，所以其中的内容也会在很大程度上跟随时代的脚步，致力于解决时代中存在的问题。在此之前，马克思主义理论学科的基本原理和内容在大方向上是正确的，因此并不能随着时代的前进而完全将其抛弃，这体现为坚持和发展的统一。

（三）马克思主义理论学科具有完整性

马克思主义理论学科的完整性是指，这门学科是一个完整的体系。其主体内容包含马克思主义哲学、马克思主义政治经济学以及科学社会主义。我们只有完整地理解其内涵，整体把握其基本原理，才能在认识与实践中坚持正确的立场、原则和方法，才能不犯错误，少犯错误。

马克思主义理论本身就是一个完整的体系。马克思主义哲学为政治经济学以及科学社会主义这一部分提供正确的立场和基本原则。在政治经济学中，不仅仅包含了马克思对于经济学的某些概念性的理解，更为重要的是，马克思在现实生活的社会实践中，通过对劳动群众在工厂中的苦难生活的了解，揭示了资本家对工厂劳动者的残酷剥削。

早期马克思在《莱茵报》任职时接触过的两个问题，即林木盗窃问题和摩塞尔地区的贫困问题。在普鲁士原来不作为盗窃罪的捡拾枯树枝行为在那时被政府列入罪名清单里，普鲁士统治阶级与林业利益者沆瀣一气，这种行为深深地加剧了当地群众的贫困程度。同样，在摩塞尔地区底层人民群众物质生活条件十分匮乏，显而易见，这与当地的统治者息息相关，但摩塞尔地区的统治者认为人民群众的贫困与自身的统治没有任何的关系，由于马克思在《莱茵报》发表了对于相关问题的言论，离开了自己的工作岗位，同时他也看到了统治阶级对于底层人民群众的压迫与剥削，意识到了"物质"在人民群众生活中的重要作用。

马克思在哲学和政治经济学的基础上，阐发了自己对于未来社会主义的最高形式，即共产主义的深刻理解。所以说，马克思主义理论学说是一个完整的逻辑体系。不能充分认识这一完整的内在逻辑，就会陷入形而上学的错误之中。早期的某些国外马克思主义者，对于马克思主义的错误批判，大多都是因为没有站在全局的眼光看待马克思主义理论，他们只是针对马克思主义的某些内容进行批评，事实上，这些批评往往难以自圆其说。

二　马克思主义理论的基本要素

马克思主义研究，首要明确的是马克思主义理论的基本要素，离开了这些基本要素，就不可能抓住马克思主义的实质与核心，甚至会完全与马克思主义本来的思想主旨背道而驰。

（一）人民立场是马克思主义理论的基本立场

决定观察世界的角度和思维模式的根本原因，就在于不同的人具有不同的立场和阶级属性。在资本主义社会，每一个人都被利益所驱动和异化，这个世界充满了物欲横流、冷漠无情，而在马克思的眼中，这个世界是一个可爱并且充满温情的世界，这正是因为马克思始终站在无产阶级，始终站在人民的阶级立场上。马克思始终把追求人民的根本利益作为理论研究的价值判断，这是马克思主义的鲜明特征，是马克思主义区别于一切资本主义理论的根本依据。

马克思主义的人民立场主要体现在以下几个方面：首先，马克思主义认为人民群众是社会历史的主体，是历史的创造者，这体现了马克思主义鲜明的历史唯物主义特征。马克思从社会主体的整体性特征出发，抛弃了社会个体的抽象性、普遍性和个体性，认为每一个人都是现实的人，都是历史与现实的参与者。其次，马克思把人类的彻底解放，每个人自由而全面的发展作为所有理论的最终追求。马克思从唯物史观的出发点来研究人民群众和人类社会，得出资本主义社会必定会被共产主义社会所取代的结论，工人阶级要为追求共产主义社会和人类的真正解放不断奋斗。

马克思主义认为人的本质是人的社会性，这一本质属性是历史的、现实的、具体的概念。人的本质属性表明人不是一个抽象的个体，而是现实的、感性的、真实的个体。马克思主义主张在现实性上，扬弃人类在资本主义社会中被扭曲、被异化的本质，在现实发展中为无产阶级、人民群众找寻合乎人性、真正属于人民群众、能够实现人民群众解放的科学理论。马克思说："共产主义是私有财产即人的自我异化的积极扬弃，因而是通过人并且为了人而对人的本质的真正占有；因而，它是人向自身、向社会的即合乎人性的人的复归，这种复归是完全的，自觉的和在以往发展的全部财富的范围内生成的。"①所以，人民立场是马克思主义理论的基本立场，一切为了人民是马克思主义理论的出发点和落脚点，这正是马克思主义的基本特征之一。

（二）实事求是和全局意识是马克思主义理论的基本方法

实事求是就是一切从事实出发，在现实中找寻事物内部的发展规律，对于客观世界形成真理性认识，并以此指导我们的思想和实践。马克思主义之所以是一个科学的体系，并具有与时俱进的生命力，其关键在于马克思主义理论体系是一个开放的体系，注重从实际出发来分析、解决问题，并不断促进理论自身的发展。

在马克思主义理论体系中，马克思主义哲学是基石，马克思主义政治经济学是中介，科学社会主义是目标，这三个基本组成部分中辩证唯物主义是最基础的理论。这一理论体系正是建立在马克思主义认识论基础之上的，即认识是对客观世界的一种能动的反映，而真理则是一种主观同客观相符合的能动反映。实事求是的思想内涵是同马克思主义认识论完全一致的。

---

① ［德］马克思：《1844年经济学哲学手稿》，人民出版社2000年版，第81页。

马克思主义理论体系之所以是科学的，也在于其是认识世界和改造世界的根本方法，它并没有完全指明建设未来美好社会的具体方针策略，而是指出了一般的方法论，那就是一切根据现实的实际来制定具体的路线，这就是实事求是。实事求是是马克思主义理论体系永葆青春活力的不竭动力，是马克思主义理论体系的精髓，是使马克思主义更具说服性的主要依据。

（三）共产主义是马克思主义理论的最终归宿

在马克思的观点看来，人类社会就是一个不断发展的过程，是一个由低级向高级不断发展的过程，资本主义社会必然会被共产主义社会所取代。马克思揭示了人类社会的一般规律，得出共产主义是全人类的最终走向的必然结论，这充分表明了马克思强烈的人文关怀。共产主义社会是马克思所憧憬的理想社会状态，同时是全世界无产阶级甚至是全人类共同憧憬的理想社会，这充分体现了马克思主义理论的价值和意义。

每个人自由而全面的发展是共产主义社会的最基本特征，社会实现了真正的和谐，每一个人都能实现自身的价值。"人和自然界之间、人和人之间的矛盾的真正解决，是存在和本质、对象化和自我确证、自由和必然、个体和类之间的斗争的真正解决。"[1] 共产主义就像一盏明灯，时刻支撑着无数共产党人坚定信念，鼓舞着全世界无产阶级不断奋斗。

三　马克思主义理论学科的时代使命

任何一门学科都有着其特定的研究领域，同时任何一门学科也都有着特定的学科使命。马克思主义理论学科的时代使命就在于充分认识马克思主义的基本原理，掌握好学科的话语体系，揭示学科所具有的发展规律，解决现实中的实际问题。马克思主义理论学科作为一门理论学科自诞生之日起就被赋予了学科使命和历史使命，那就是作为工人阶级和广大人民的思想武器，指导人民推翻资产阶级的统治。在当代中国，马克思主义理论学科的历史使命，就是在中国的大地上书写好中国故事，

---

① ［德］马克思：《1844 年经济学哲学手稿》，人民出版社 2000 年版，第 81 页。

为建设中国特色社会主义贡献力量。在当代中国，具体来说，马克思主义理论学科的历史使命主要体现在以下几个方面。

第一，统一全民族的精神，凝聚中国力量，建设中华民族的精神支柱。只有全民族的精神统一，国家富强的梦想才不会变成天方夜谭。任何民族也只有统一的理想信念，才不会使整个民族沦落为一盘散沙，反而能凝聚起力量不断前进。马克思主义理论之所以是科学的，不仅是因为它揭示了人类历史发展规律，同时它是批判继承了前人的伟大理论成果，并在时代和实践的基础上不断完善的科学体系。只有不断建设与发展马克思主义理论体系才是新时代建设中国特色社会主义的正确选择，建设马克思主义理论学科才能在新时代中国的大地上迸发更强劲的中国力量。

第二，传播主流意识形态，构建中国特色社会主义的话语体系。一个国家的主流意识形态关乎着一个国家的形象和一个民族的兴旺发达，建设马克思主义理论体系就是一个不断建设中国社会主流意识形态的过程，就是一个建设中国特色社会主义话语体系的过程。具有中国特色的社会主义道路已经被实践和时代证明，它是一条正确的道路，是一条最适合我国国情的道路，中国特色社会主义道路将永远闪烁着真理的光辉。在当前全球化的局势下，建设马克思主义理论体系就是加强我国在国内和国际两个范围内的话语体系分量。中国特色社会主义所取得的成就是伟大的，是耀眼的，这要归功于马克思主义基本原理与中国实际的伟大结合，为科学社会主义在中国的实现奠定了良好的基础。

第三，保障思想政治教育工作队伍的纯洁性和先进性。当代中国进入了新时代，社会生活日新月异，风险和挑战无时不在，要保持时刻的警觉性，这就要求从事马克思主义理论研究的相关人员时刻保持清醒的头脑，时刻用马克思主义的理论来武装自己，做到大方向不脱离队伍。只有从事思想政治教育工作的队伍是先进的，那么教育出来的一代又一代的年轻人才会紧跟马克思主义理论的脚步，才会对马克思主义理论、对科学社会主义充满自信。只有思想保持先进，方向才不会走偏，并为实现中华民族伟大复兴，为我国早日建成社会主义现代化国家做出最重要的保障。

第二节　马克思主义理论的学科地位

马克思主义理论与其他人文社会学科，甚至与自然科学的关系如何；马克思主义作为一种思想意识形态，我们应该如何认识；马克思主义理论在新时代作为指导思想，我们又应该如何认识并推动促进发展。这些都事关对马克思主义理论学科定位的认识。

一　马克思主义理论处于人文社会学科建设的主体地位

马克思主义理论思想中，包含两个极其重要的部分，即关于实践和人的学说。在马克思这里，这两者又是内在一致的，"以一定的方式进行生产活动的一定的个人，发生一定的社会关系和政治关系……但是，这里所说的个人不是他们自己或者别人想象中的那种个人，而是现实中的个人"①。社会不仅仅是一种客观存在，也是现实的个人群体存在。在这个社会中，人的主体不断地进行实践活动，并以这一实践本身证明自身的存在。

首先，马克思主义理论是关于实践的理论。任何脱离实践的学说都是僵化的教条。马克思的实践理论打破了原有的唯心主义、旧唯物主义的思维方式。它站在实践的角度，强调人的认识活动的实践性，实践是在认识指导下的实践，认识也在实践基础上不断深化。同时，马克思主义理论中关于实践的观点，并不是单个人的实践活动，而是从整个人类的层面对实践活动进行剖析。在马克思看来，在实践活动中人的能动性和受动性是统一的存在。

自然界与人类社会之所以被称为是在人的实践基础上的存在，是因为有人的主体的参与。随着社会生产力的不断发展，人在各类活动中发挥的作用越来越大。因此，越来越多的学者开始回到了最初的起点，即不断深入对于人的主体的研究。马克思所理解的人，不同于黑格尔的绝

---

① 《马克思恩格斯选集》第一卷，人民出版社2012年版，第151页。

对精神中的人，也不同于费尔巴哈的生物学意义上的人。而是将人放在现实社会中，放在社会历史之中。马克思认为，人是不断生成的人，这个生成的过程便是实践的过程。也就是说，人在实践的过程中不断得到完善。正是因为马克思对于人的动态性和发展性的认识，马克思主义理论在某种程度上才得到更多社会科学学者的认可。

其次，就马克思主义理论学科与其他社会学科的关系来说，其居于其他学科的主导地位。无论是自然科学还是社会科学，都必须坚持在马克思主义科学主导下进行，必须以马克思主义为基础，在进行各领域研究之初，充分认真学习马克思主义基本原理、基本方法、基本观点。马克思主义理论课程必须作为基础性课程展开，为培育各领域、各学科的专业人才奠定良好的思想基础。

最后，马克思主义理论学科成为教育教学的主题，这是具有理论和现实缘由的。马克思主义基本原理以及无产阶级政党的历史使命要求我们要重视马克思主义理论的教育工作，这是加强马克思主义学科建设的理论缘由。新时代中国面临的风险与挑战愈来愈明显，在全球化浪潮中，中国如何屹立于世界之林中，以何姿态生存与发展成为我们考量的主要问题。其中，统一思想是根本，把全民族统一于马克思主义理论的指导下，才能为我国在各方面实现社会主义现代化强国，实现中华民族伟大的复兴梦走好关键的一步。

二　马克思主义理论处于国家建设的主导地位

马克思主义理论因为其科学性、整体性以及所具有的鲜明的意识形态性，所以才成为党和国家的正确指导思想。从毛泽东思想、邓小平理论、"三个代表"重要思想，到科学发展观，再到当代习近平新时代中国特色社会主义思想，都是建立在对马克思主义理论深刻理解的基础之上才能够得以形成。同时，马克思主义理论在中国的应用，不是照抄照搬，而应以中国自身发展的实际情况为前提。

马克思主义理论有着独特的渲染性与实际性、可操作性，所以应把马克思主义理论学科的建设放在国家建设的领导地位上。之所以放在如此重要的地位上，正是因为马克思主义理论是科学的体系，是可以被人们认同的科学体系，是关乎人民群众切身利益的科学体系。也只有在马克思主义指导下，我国的国家建设才能更好更快更稳定地发展。

正是因为马克思主义理论在党和国家的发展过程中起了重要的引领作用，所以党和国家才可以在正确的道路上沿着正确的方向前进。毛泽东思想、邓小平理论到"三个代表"重要思想、科学发展观，再到习近平新时代中国特色社会主义思想，都是马克思主义理论在我国的应用与发展，这些思想理论推动了中国特色社会主义事业的不断前进。

三　马克思主义理论处于培育社会主义新青年的核心地位

中国共产党领导全国人民进行社会主义建设的历史使命就是为了无产阶级的幸福、为了人民的幸福，这样一个伟大的政党的历史使命是艰巨的。这需要在党的领导下，调动全体中华民族的积极性积极投身于中国特色社会主义现代化强国的建设中去才能实现。而在其中，青年是社会主义建设与发展的生力军，必须高度重视和发展青年的作用，加强马克思主义理论在培育社会主义青年中的巨大作用。

青年是国家的未来，是国家的希望，建成社会主义现代化国家，实现中华民族伟大复兴的重担也落在新一代新青年肩上。新时代新青年是国家接续发展和民族繁荣富强的基础，教育好新青年是时代给我们的任务，同时也是马克思主义理论的要求。加快马克思主义理论学科的建设，要面向新青年，切实根据新时代新青年的特点，制定相匹配、相适应的计划策略，更好更全面地突出新青年在新时期的优势。习近平总书记指出："为实现中华民族伟大复兴的中国梦而奋斗，是中国青年运动的时代主题。"[①] 在对青年的教育过程中，要时刻把马克思主义理论教育放在核心地位，为培育更优秀的新青年而努力。

---

① 中共中央文献研究室编：《十八大以来重要文献选编》（上），中央文献出版社 2014 年版，第 281 页。

第三节　马克思主义理论学科的研究意义

马克思主义理论学科的建设具有重要的理论及实践意义。加快马克思主义理论学科建设至关重要，这对加快建设中国特色社会主义，构建具有中国特色的话语体系具有举足轻重的作用。建设现代化强国，实现伟大的民族复兴梦更需要全体中华民族建立起统一的思想基础，用马克思主义理论凝聚起全国各族人民的力量与共识。

一　学科研究有助于构建中国特色话语体系

马克思主义理论作为科学的理论体系，近年来被高度重视。而作为学科化的发展表现为马克思主义理论在中国的系统化发展迈出了跨越性的一步。系统化指的是对现存的事物进行概括、归类、升华，使其以有序、完整、科学的方式呈现在历史的长河中。马克思主义理论学科系统化、科学化发展，就是为了满足社会生活中的现实需要，解决社会发展中的现实问题。在此过程中，马克思主义理论得到的进一步的探究与发展，使其越来越成为一个更加系统化的理论，成为指导中国特色社会主义事业不断向前进的指导思想和科学理论。

构建中国特色话语体系要时刻把握马克思主义理论的指导方向，紧紧围绕着习近平新时代中国特色社会主义思想的总方针，时刻铭记新时代新使命。建设马克思主义理论学科化发展不仅有利于在国内形成"重理论、重教育"的良好风气，构建马克思主义在中国的特色意识形态话语体系，还有利于在国际社会中形成具有中国特色、中国风格的话语体系，提升我国在国际社会中的分量。构建中国特色话语体系就是提升我国话语的软实力，使马克思主义理论成为当代中国发展的科学支持系统。

"总之，我们要把'建设中国特色话语'同'争取中国国际话语权'这两件事作为一个统一的问题来考虑，要在争取和增强国际话语权斗争中来建设中国特色话语和话语体系。"① 建设马克思主义理论学科就是使马克思主义在中国立住脚跟，用中国话语结合当代实际重新阐释马克思主义的基本原理、方法、观点。构建马克思主义在中国的话语权，就需要我们利用这种话语权重塑我国在国际社会中的话语体系，并不断巩固马克思主义理论在我国社会中的主导地位，加强党的集中统一领导。

二　为中国特色社会主义事业的发展提供坚实保障

中国特色社会主义事业取得的巨大成就，离不开马克思主义理论对当代中国建设实践的指导。马克思主义理论学科中包含了一个重要的特点，即实事求是。实事求是这一特点，不管是在物质生产力的发展过程中，还是在思想建设的发展中，都起着重要的作用。

"大跃进"和"人民公社化运动"的失败，都是因为违背了实事求是这一发展原则。生产力的发展不能强求，只能与生产关系相适应。正是因为坚持了这一原则，改革开放才能推动生产力取得巨大的发展。同时，才可以在新时代的环境下，应对国际中的种种挑战。

因此，不论是马克思主义理论学科的实事求是原则，还是其具有的科学性、完整性以及意识形态性，都是其具有重要地位和重要意义的本质原因。"每一时代的发展都会催生出不同的时代话题、时代任务和时代使命"②，所以说，马克思主义理论学科应该在现实问题的解决中，不断与时俱进，丰富其自身的内容。

三　促进主流社会意识形态的传播，传播中国声音

意识形态工作是关系一个国家和政党生命的重要工作，而主流社会意识形态的传播，则为中国的发展奠定了坚实的基础。当今中国的主流社会意识形态，就是建立在马克思主义理论学科之上的新时代中国特色的社会主义思想。马克思主义理论学科的建立与发展，一方面可以促进

---

① 李君如：《以崇高的政治使命建设中国特色话语体系》，《马克思主义与现实》2021 年第 1 期。

② 卢黎歌、李英豪：《马克思主义理论学科的研究范式及其评析》，《探索》2020 年第 1 期。

主流社会意识形态的传播，另一方面可以更好地传播中国声音。

从历史的维度来看，中国一直受到封建思想和封建社会制度的束缚，这极大地限制了中国的发展进程。许多阶级和仁人志士曾经进行过多次的救国运动，但是，不可否认的是，这些运动皆因阶级和时代的局限性，最终以失败告终。自马克思主义传入中国，中国共产党创建以来，党就能够逐步带领中国劳动人民摆脱悲惨的生活和命运。因此，中国近现代历史的实践已经证明了，马克思主义理论作为我国的主流意识形态，能够最大限度地解放人民群众的思想，推动中国梦的实现。

从现实的维度来看，中国虽然通过改革开放这关键一步，综合国力得到了极大的提高，在国际上的话语权也不断增强。但是，中国在新时代获得的巨大飞跃，触及了国际上某些国家的利益。所以，中国在获得对外发展的机会的背后，是某些国家对于中国各方面的限制和污蔑。因此，中国在大力发展社会生产力的同时，应该寻求更多传播中国声音和中国文化的机会和方式，而马克思主义理论学科为中国声音在国际的传播，提供了有力的思想武器。

中华民族伟大复兴梦是强国梦，是人民的幸福梦。在实现这一伟大梦想的过程中，需要全国各族人民同心协力、同仇敌忾，凝聚起中华民族的力量。凝聚中国力量靠的是实际行动，更是思想的统一，那就是在习近平新时代中国特色社会主义思想的指导下，为实现"两个一百年"奋斗目标，为实现伟大复兴中国梦而不断奋斗。

建设马克思主义理论学科有助于更好地走中国特色社会主义的道路，使这条道路带给中华民族气势非凡的力量，有底气屹立于世界的东方。马克思主义理论体系带给我们的自信，是来自骨子里的自信，建设马克思主义理论学科就是把自信发扬下去、传承下去，在社会发展中更好地迎接风险和挑战。中国梦目标的确立不仅建立在对中国革命、社会主义建设和改革开放的成功经验的坚实基础上，而且建立在对科学理论的高度自信上。中国梦想的实现离不开马克思主义理论的指导，更离不开马克思主义信仰的支撑，只有这样，才能在党的坚强统一领导下建设新时代社会主义现代化强国。

四　推进思想政治教育教学工作的进行

党的十九大报告指出，"要全面贯彻党的教育方针，落实立德树人根本任务，培养德智体美全面发展的社会主义建设者和接班人"。在社会经济实现中高速发展的前提下，新时代的学生群体具有之前学生所不同的特征。主要原因在于：一方面，由于在生活和学习中，与各种新事物的不断接触，其创新思维得到了一定的提升；另一方面，由于互联网在人们的日常生活中使用得越来越广泛和深入，学生容易在各种不良思潮的干扰中迷失自我。所以，在思想政治教育中的受教育者发生变化的同时，思想政治教育工作者本身也应当做出相应的改变。

加强和改进高校思想政治教育教学工作，是一项重大的政治任务和战略工程。在教育教学过程中，出现的问题主要有某些学生自身对于思想政治教育的重视程度不高，除此之外，还存在某些教育工作者缺乏马克思主义理论素养等问题。所以，在思想政治教育教学工作中必须要重视马克思主义理论学科的作用。思想政治教育教学工作者，应该通过分析新时代学生群体所具有的特殊特点，运用新颖的授课方法，提高学生对于思想政治教育的认知度。同时，思想政治教育工作者也应该不断地提升自身的共产主义素养。而这些问题的解决，取决于在坚持马克思主义思想指导的基础之上，通过马克思主义理论学科中所倡导的科学的世界观和方法论，推进思想政治教育教学工作的进行。

第二章
学科内容与研究范围

在学科研究过程中，尽管也在一定程度上存在着跨学科研究，但是更多的时候我们的研究不能离开自己所属的二级学科，这是一个学科归属，从而涉及学科规范和专业性的问题，也是一个针对相对稳定的问题域研究和优势积累的问题。所以在马克思主义理论的研究中，除了需要对整个一级学科的学科属性和学科定位进行认识之外，还需要进一步对所属相关的二级学科有所了解和认识。下面就马克思主义理论所属六个二级学科的学科内容与研究范围展开分析。①

第一节 马克思主义基本原理

马克思主义基本原理是对我国马克思主义理论立场、观点和理论方法的集中概括和充分总结，是我国马克思主义在其理论形成、发展和广泛运用的全过程中经过理论实践反复探索、检验而最终确立发展起来的一种具有普遍性和真理性的基本理论。马克思主义基本原理充分体现了马克思主义的根本理论性质和它的整体理论特征，学习马克思主义基本

---

① 马克思主义理论是一个开放的、不断发展的理论体系，所以这里对于二级学科内容与研究范围的分析，只是基于认识相对静止的观点展开的，而每一个研究者行之有效的研究也正是对这一开放体系的不断发展做出自己的贡献。

原理对于我们建设社会主义具有普遍的指导意义。

一　马克思主义基本原理的基本观点与学科内涵

马克思主义基本原理作为综合、系统、指向现实的理论体系，其系统整体性集中表达了马克思主义基本理论的内在基本特征。马克思主义基本理论体系以其科学完整而深刻的理论内涵给予我们世界观、人生观和核心价值观的正确指引。"马克思主义基本原理是相对马克思主义科学体系中的'具体学科'而言的。"① 所以，学习掌握马克思主义基本原理这第一个二级学科首先必须要从整体上对其基本内涵和意义进行把握。

（一）马克思主义基本原理的基本观点

马克思主义基本原理就是通过分析阐明人类社会发展的一般规律，从而对人类社会历史发展运动规律的本质特征进行总体的理论概括和分析总结。正如马克思、恩格斯指出的："不管最近25年来的情况发生了多大的变化，这个《宣言》中所阐述的一般原理整个说来直到现在还是完全正确的。"②

马克思主义基本原理是马克思主义学说体系的重要组成部分。马克思主义基本原理主要包括辩证唯物主义和历史唯物主义的原理，这一原理给我们提供了马克思主义的基本观点：一是实践的观点。在马克思看来，首先，实践这种能动性体现着人类的活动方式，包括人类一切的感性活动。实践的观点之所以是马克思主义基本的、首要的观点，在于人所生存的自然世界就是人通过实践活动改造过的世界，马克思从实践出发来理解客观世界，也就是从维持人生存的物质生产实践中来把握现实世界。其次，在马克思看来，实践就是人类的感性活动，没有人的存在就不会有实践，人的这种感性活动是与客观世界相联系的。最后，马克思的实践观点还蕴含着自由的因素，在马克思看来，实践是人自由自主的选择性活动，人在实践过程中能自由地选择并且自主改造客观世界。

---

① 张云飞：《试论马克思主义基本原理的学科内涵和建设思路》，《思想理论教育导刊》2007年第3期。

② 《马克思恩格斯选集》第一卷，人民出版社2012年版，第376页。

现实中的人的活动是马克思实践的对象，这种现实中的人的活动就是以物质生产为基础的以人为核心的辩证的历史过程，人类的物质生产实践活动是在具体的现实的历史中展开的。而现实社会历史中的人的关系是马克思实践哲学形成的起点，实践就是以人的物质生产为基础的人类活动。马克思的这种实践观念在西方哲学史上具有悠久的渊源，从古希腊开始，人类就发现劳动实践在社会生活中发挥着重要的作用，认识到劳动是人类生存和繁衍的基础性活动，并且认为这种活动是神所赋予的，人从事劳动实践生产就是人的使命。劳动创造了人，人也在实践劳动中实现了生存发展。马克思从历史中展开了对实践的分析，并且在对现实中人的活动的分析当中揭示了以劳动为基础的实践的特征。马克思主义的实践观点并不是一个抽象的概念，而是基于历史从现实出发的一种具体的历史的展开，实践就是现实中人的活动。

二是社会基本矛盾问题的观点。在马克思看来，人类社会的持续发展及其进步就是在社会基本矛盾运动的作用下不断稳步向前推进发展的，社会基本矛盾运动始终贯穿于人类整个社会经济历史文化发展的始终，是推动人类整个社会持续发展的根本内生动力，社会基本矛盾运动的展开就是生产力与生产关系、经济基础和上层建筑的矛盾。

三是阶级的观点。社会基本矛盾决定了阶级的诞生，阶级的出现是人类社会发展的直接动力。在马克思看来，阶级是伴随着时代历史出现的，不是从来就有也不是永恒存在的，阶级是随着生产力的发展产生的，但也终将随着社会生产力的巨大发展归于消亡。阶级的观点是我们认识阶级社会的根本观点之一，也是马克思主义基本原理的主要观点之一。

四是人民群众的观点。马克思创立了唯物史观，将传统的唯心英雄史观从其最后的避难所中彻底驱逐了出去，马克思看到了人民群众在社会历史发展中发挥的巨大作用，实现了人类思想发展史上伟大的精神变革。

（二）马克思主义基本原理的学科内涵

马克思主义基本原理中最核心的部分是马克思主义关于人类社会发展一般规律以及关于资本主义社会发展的内在规律的基本科学原理论述。

马克思主义唯物史观关于社会存在和社会意识的基本辩证关系及其原理深刻突出揭示了决定人类社会持续发展的客观历史基本规律，并且马克思主义理论通过关于资本主义社会发展内在矛盾的理论揭示，深刻突出阐明了资本主义社会发展的内在趋势，揭示了资本主义社会制度的内在矛盾本质，为我们批判资本主义，发展社会主义提供了理论支撑。此外，马克思主义阐明了未来共产主义社会的远大图景，描绘了人类未来社会发展的最高追求。马克思主义正是在这些基本思想的理论基础上建立起来的。对于马克思主义基本理论学科的研究就是要对马克思主义经典作家著作进行深入的研究，把握马克思主义基本原理的内在逻辑和深刻内涵。从而对马克思主义理论体系进行总体上的科学把握。马克思主义在其发展中，不仅践行着实践的方法，还在实践中不断与时代发展相适合，永远走在时代的前列，回答时代赋予我们的重大理论课题，不断丰富和发展自身的理论内涵，为人们提供认识当今世界、改造世界的理论武器。

对于马克思主义基本原理这一理论学科的具体内涵，我们可以从以下几个角度来认识。首先，基于马克思主义的政治立场、观点和理论方法来正确认识马克思主义理论基本原理，马克思主义基本原理是始终坚持站在广大人民群众的政治立场上，以广大人民群众为政治中心，为无产阶级和广大人民群众不断谋取自身民主解放进而推动实现整个全人类的民主解放斗争提供理论思想武器，指导革命实践。对于人类社会发展一般规律的科学认识和经验总结等也是现代马克思主义的基本理论观点。马克思主义的基本理论是一种建立在辩证唯物主义和历史唯物主义世界观、方法论概念基础上的科学理论体系。马克思主义基本原理就是对马克思主义立场、观点和理论方法的集中概括和充分总结。其次，基于对马克思主义三个组成部分的准确认识，我们可以从马克思主义哲学、马克思主义政治经济学和科学社会主义这三个主要理论组成部分来准确把握马克思主义基本原理。当然，除此之外，马克思主义还涵盖了社会政治学、历史学、法学以及军事学等各种领域。马克思主义的这三个主要组成部分既各具有其理论特点以及独自的理论侧重点，又各具有密切联系的内在逻辑联系，在马克思主义理论体系中，这三个组成部分显然是密不可分的。马克思主义基本理论是综合马克思主义全部基本学说的重要理论基础，马克思主义政治经济学理论是马克思主义哲学的综合运用和发展理论实践证明，科学社会主义既是综合马克思主义哲学和政治经济学的综合运用又是二者的理论落脚点。这三个组成部分共同组合构成了马克思主义完整的科学理论体系，是无产阶级革命政党科学的基本世界观。

二 马克思主义基本原理的基本特征

马克思主义是关于自然、社会和人类思维规律的科学认识，是对人类思想成果和社会实践经验的科学总结。而其基本特征是对这一立场的概括，具体来说，其基本特征主要体现在整体性、革命性、实践性、独特性、发展性等方面。

（一）整体性：科学的理论体系

马克思主义基本理论是一门系统完整的科学理论体系。马克思主义理论同时包含着其他许多重要知识科学领域，并且随着理论实践和社会科学的逐步发展不断丰富自身的知识内容。要真正理解马克思主义科学基本原理这一基本学科理论体系，就要从一个整体上深刻理解和准确把握马克思主义。整体性，就是我们要从整体上准确把握客观研究对象，从整体与客观局部的相互联系、相互制约的基本关系中深入研究客观主体对象的结构特征和运动变化规律，对研究对象的总体特征进行解释。整体性是马克思主义基本原理学科中的一个重要范畴，马克思认为，"每一社会中的生产关系都形成一个统一的整体"①。马克思把整体性的原则运用于分析社会中整体和部分的辩证关系，社会是一个整体，人的本质是一切社会关系的总和，正是因为整体的存在才赋予了个体存在的意义。

（二）革命性：为无产阶级服务

马克思主义具有深刻的革命性。批判精神是马克思主义全部理论学说的灵魂。马克思指出，"辩证法不崇拜任何东西，按其本质来说，它是

---

① 《马克思恩格斯选集》第一卷，人民出版社 2012 年版，第 222 页。

批判的和革命的"①。马克思主义理论学说从其本质上来说，是革命的和批判的。马克思主义反对把旧有的事物和旧有的制度关系看作一种永恒不变的，反对一切旧有的事物，以及为旧有的事物做制度辩护的理论，它用辩证发展的哲学观点对资本主义社会制度的内在发展逻辑关系进行深入考察，既充分看到了资本主义制度产生的各种历史必然，以及资本主义生产方式在其产生后所带来的一定历史时期内的社会进步性，又从社会经济、政治和社会思想等各个方面充分揭露其内在矛盾和不合理。革命性是马克思主义的思想精髓，这种革命性不仅是对外部世界怀有革命的批判的态度，而且对自身学说的发展也采取积极的革命态度。在马克思看来，这种革命性的理论一经无产阶级人民群众直接掌握也一定会变成一种物质力量，因而马克思主义理论的革命性特征是面向全世界的无产阶级人民群众，是无产阶级及广大人民群众实现自身解放，进而实现整个人类解放的重要思想武器。

（三）实践性：改变现实的思想理论

马克思主义的实践观点主要是围绕革命和批判展开的，批判精神是马克思的基本精神。马克思在革命批判基础上构建了自己的实践观点，并且将批判性思维贯穿于其现实实践的各个领域，马克思主义在形成过程中从各个方面展开了自己批判性的实践哲学。马克思主义不是书斋中的学问，不是纯粹的对世界进行简单的揭示的学说，而是我们认识世界、改造世界的实践活动的理论工具。马克思在《关于费尔巴哈的提纲》中指出，"哲学家们只是用不同的方式解释世界，而问题在于改变世界"②。马克思主义具有鲜明的实践特征，马克思给予我们的启示不仅要让我们对世界有科学的认识，而且更加要求我们致力于积极地改造世界。实践的观点体现在马克思主义全部的思想内容当中。马克思主义理论突出的实践特点，始终强调理论与实践的统一，始终坚持与社会主义实践运动紧密结合。

---

① 《马克思恩格斯文集》第五卷，人民出版社2009年版，第22页。
② 《马克思恩格斯文集》第一卷，人民出版社2009年版，第506页。

（四）独特性：辩证的思维存在

马克思主义理论的形成和发展同样遵循着事物发展的客观规律，同时，马克思主义的形成又有其独特的发展轨迹。马克思主义理论在承袭人类自古至今的优秀思想文化基础的前提下，形成了自己独特的思想体系。马克思、恩格斯吸收了人类优秀文明成果中的思想精华，并对其进行了辩证的扬弃。马克思主义理论与传统的思想一脉相承，但又有着本质的区别，有着完全不同的立场、观点和方法。正如列宁所说，马克思主义使人们有一个完整的世界观，绝不妥协地反对任何迷信、任何反动势力和任何资产阶级压迫。马克思主义基本原理的独特性是马克思主义理论体系不同于其他思想体系的本质所在，也是马克思主义区别于其他思想的根本标志之一。

（五）发展性：开放性的学说

马克思主义是不断发展的学说，最重要的理论品质就是与时俱进。马克思主义是时代的产物，并且随着时代的发展而不断进步。马克思主义在时代的不断发展变化过程中，不断探索吸收人类先进的优秀文明成果，不断丰富和创新发展自身的理论体系。同时，马克思主义理论在指导我们改造认识世界的历史过程中，不断与当代世界各国具体政治实际以及特定的历史时代特征紧密结合，不断发展形成了新的历史理论实践成果。当今世界已经正式进入了一个崭新的历史时代，与马克思主义诞生的那个时代相比它发生了更深刻的历史变化，对于这个时代给我们提出的新问题，我们仍然需要从科学理论和社会实践上予以回答并且不断加以解决。为此，我们必须继续坚持不懈、与时俱进，继续丰富和发展马克思主义。在这个过程中既要始终坚持马克思主义基本原理，又必须要在此基础上紧紧结合新的历史时代特征不断谱写新的思想理论篇章。

三　马克思主义基本原理的研究领域

马克思主义基本原理是一个科学的理论体系，作为一门学科也具有广泛的学科领域。其研究方法主要包含以下几种：一是文本研究。对于真正想要了解马克思主义的人来说，最重要的就是原著本身，"根据原著来研究这个理论，而不要根据第二手的材料来进行研究"①。在马克思主义基本原理这一理论学科中，对文本的研究主要是对马克思主义经典著作的研究，要以马克思主义经典作家的著作为研究对象，在对第一手资料的研究过程中把握马克思主义的基本原理，把握马克思主义的本质特征，坚持理论与实践相结合，进一步从整体上为这一理论学科提供科学的文本依据和理论支撑。

二是现实研究。理论的发展是要面向现实服务，马克思主义是批判的和革命的，现实研究就是要将马克思主义基本原理与当代现实相结合，运用马克思主义的立场、观点和方法，解决当今时代给我们提出的新问题，在推动社会进步的同时进一步丰富和发展马克思主义基本原理。马克思主义作为一门完整的学科体系，从其诞生起就与时代有着不可分割的内在联系，不断回应着时代提出的问题并在这一过程中发展，对马克思主义基本原理的现实研究集中体现了其现实实践功能。

三是比较研究。每个时代中都有多样的社会思潮，将马克思主义与其他各种思想潮流进行对比研究，就是将马克思主义置于人类思想文化发展的历史总进程中，通过与其他思想的对比来把握马克思主义给予我们的历史经验。不仅要对"一切重大思潮都全神贯注地进行考察分析"②，更要从整体上运用马克思主义基本原理实事求是的方法对其他思想进行科学客观的判断。

理论知识学习的价值就在于指导社会实践。建构马克思主义基本理论这一学科，就是要求我们通过研究学习马克思主义的基本思想体系来进一步改造我们的主观意识世界，进而回归社会实践，对现实世界进行科学的认识和主动的改造。对于马克思主义基本原理这一重要理论基础学科的深入学习，需要我们从总体上深入研究和学习掌握马克思主义，认识马克思主义的基本概念，了解马克思主义的内在理论逻辑联系，学习运用马克思主义立场、观点和理论方法来研究分析现实中的问题。这是我们在当今世界中顺应时代潮流，实现伟大变革与发展必不可少的理

---

① 《马克思恩格斯选集》第四卷，人民出版社1995年版，第697页。
② 《列宁选集》第一卷，人民出版社1995年版，第700页。

论武器。

（一）马克思主义经典著作研究

（1）从原著入手研究马克思主义

研究马克思主义基本原理首先应从文本入手，通过对马克思主义经典著作的研读，与文本对话，最终实现与经典作家对话，探析马克思主义者的经典作家对于其所处世界的批判与扬弃，找到解决现实问题的钥匙。而对于马克思主义经典作家的界定，一般而言是将马克思本人和恩格斯以及列宁在内的几个人统称为"马克思主义经典作家"。在马克思主义理论界，绝大多数学者普遍承认这几位是科学社会主义的创始人。马克思主义绝不只是马克思一人的成果，他们几位为科学社会主义的理论建设所做的贡献可谓是开拓性的，因此马克思主义经典著作也是他们共同的智慧结晶。

马克思主义经典著作是我党执政的理论之源，是中国共产党和中华民族的伟大精神财富，重视学习马克思主义经典著作也是我党的优良传统。只有认真研读马克思主义经典著作，才能准确掌握马克思主义基本原理，牢固树立马克思主义指导思想。习近平总书记指出，"马克思主义经典著作蕴含和集中体现着马克思主义基本原理，是马克思主义理论的本源与基础"①。

要加强并推进党的理论创新，必然要先弄清楚什么才是马克思主义基本原理。只有掌握了其基本原理，才能谈得上理论创新；只有准确掌握了马克思主义的理论精髓与实质，才能谈得上推进理论创新。在当代中国，马克思主义理论水平的提高，中国特色社会主义理论的不断推进与发展，都是以马克思主义理论的研究学习和宣传普及为重要方式。要想清晰掌握马克思主义基本原理的丰富内涵，唯一有效的途径便是认认真真、一遍又一遍地反复研读马克思主义的经典著作。离开原著，研究学习马克思主义就无从谈起。

---

① 习近平：《认真学习马克思主义经典著作 不断推进中国特色社会主义事业》，《人民日报》2011年5月14日版。

（2）只有掌握原著才能掌握马克思主义的精髓

1884 年，恩格斯在给福尔马尔的信中就曾写道："研究原著本身，才不会让一些简述读物和别的第二手资料引入迷途。"1894 年，恩格斯也曾在《资本论》第三卷序言中指出："一个人如想研究科学问题，首先要在利用著作的时候学会按照作者写的原样去阅读这些著作。"① 列宁也曾告诫大家要多花时间研究与学习马克思恩格斯的原著。五四运动时期，中国人开始接受马克思主义就是从翻译与阅读马克思主义的经典著作《共产党宣言》开始的。只有长期坚持并认真研读马克思主义的经典著作，才能厘清必须长期坚持的马克思主义基本原理；只有正确研读与理解马克思主义经典著作，进而辨别并反击马克思主义诞生以来历史上对于马克思主义的种种误解与诽谤，才能树立马克思主义的指导地位，不断增强民族自信心与凝聚力，进而甄别隐藏在马克思主义外表下的反马克思主义和伪马克思主义，并将其打倒。如果不学习原著，我们党所引领的社会主义发展工作以及意识形态教育工作就会成为无源之水、无本之木，进而失去根基，偏离正确发展的轨道。

学习马克思主义经典著作，一定要以实践性的眼光看待问题，马克思主义最鲜明的特征就是其与时俱进性以及其批判精神，要用发展的眼光看待问题，切不可陷入教条主义的错误。究其本源，研究马克思主义经典著作是为了解决现实问题，使当今的中国更好更快地发展。

（二）马克思主义的基本原理及科学体系研究

决定一种理论是否能够被称为一个完整的科学体系，其标准主要有两条：一是看它是否系统，二是看它是否回答了所研究的领域的一系列基本问题。② 按照这种评判标准，马克思主义是一个完整的科学体系是毫无疑问的。研究与学习马克思主义，只有将它的科学理论体系加以系统把握，才能真正了解这个学科体系所包含的基本内容与理论，以及各个原理之间的相互关系，从而深刻把握马克思主义的科学体系的精神实质。而把握马克思主义的科学体系，首先要把握构成马克思主义的基本范畴。

---

① 《马克思恩格斯全集》第二十五卷，人民出版社 1963 年版，第 26 页。
② 赵曜：《全面系统地把握邓小平理论的科学体系》，《光明日报》2004 年 8 月 3 日版。

而对于范畴而言，列宁认为，"范畴是区分过程中的梯级，即认识世界的过程中的梯级，是帮助我们认识和掌握自然现象之网的网上纽结"①。范畴的展开就构成了原理，没有范畴也就无所谓与之相对应的原理。有无自己的范畴，也是衡量一个体系是否完整的标准。

马克思主义是我党的指导思想以及其他一切理论的根基，在这个思想体系当中，概念与范畴是最基本的单元。要深入理解和运用这一科学体系，就必须了解和掌握构成这一科学体系的基本范畴。因为正是这些基本概念与基本范畴，支撑着马克思主义理论的体系，基本范畴在对于社会主义的认识和实践中也发挥着极其重要的作用，是辩证思维的逻辑形式，这些范畴从不同侧面揭示了物质世界的普遍联系和永恒发展。尽管马克思所处的历史时期有所变化，其理论研究的范畴也有所转向，但马克思对于无产阶级解放以及全人类的解放这一主题始终没有改变，并终其一生为无产阶级解放和全人类的解放而奋斗着。

（三）马克思主义基本原理的形成与发展研究

（1）《反杜林论》的诞生

自《共产党宣言》问世至19世纪70年代，马克思主义经历了欧洲革命以及法国巴黎公社运动的两次革命风暴检验，并且在不断与工人运动结合的同时，实现了更加广泛与深入的传播和发展。进入19世纪70年代以来，客观形势的发展要求马克思主义进一步系统化并向多方面展开，马克思主义基本原理也逐渐形成并在多方面展开。1871年至1875年间，德国工党的合并虽然扩大了德国工人阶级的力量，但党内思想、组织上开始出现不纯洁的现象。在这种背景条件下，代表小资产阶级利益的反动思想家杜林向马克思主义展开了全面的攻击，相继发表了许多著作，形成了一个庞大的思想体系，即所谓杜林主义。当时的马克思正致力于《资本论》的撰写，为了提高党内思想觉悟的水平，破除思想上、组织上的不纯洁现象，保证德国工人政党运动朝着正确的方向前进，恩格斯毅然决定放下手中正在撰写着的《自然辩证法》，主动担任起了批判杜林及

---

① 《列宁全集》第五十五卷，人民出版社1990年版，第174页。

其杜林主义的责任。在马克思以及德国工人阶级的帮助下，恩格斯历时两年多时间创作出了《反杜林论》这一鸿篇巨制，站在科学的角度与立场上对杜林主义进行了全面而系统的批判，进而形成与发展了马克思主义基本原理。

《反杜林论》对马克思主义基本原理做出了科学的解释，在马克思主义发展史上占据着重要的地位，它揭示了马克思主义哲学、马克思主义政治经济学和科学社会主义的内部联系，并将其有机结合在一起。虽然在创作《反杜林论》的过程中，恩格斯并非刻意将马克思主义分为三个部分去与杜林主义对抗，但由于其敌对论点的丰富性使得恩格斯的驳斥不得不涉及多方面的领域并采取积极的批判方式逐一批判。它系统地阐述了马克思主义哲学，强调了唯物史观的基本原理与唯物辩证法的基本规律；它捍卫与发展了马克思主义政治经济学，在批判杜林价值论的同时系统阐述马克思主义的价值论；它全面而系统地论述了科学社会主义的历史和理论，对社会主义从空想到科学的发展过程进行了科学的总结。

（2）马克思主义基本原理的发展

《反杜林论》这部科学巨著诞生以来，马克思主义从此形成了以马克思主义哲学、政治经济学和科学社会主义为主要组成部分的严密科学体系，形成了马克思主义的基本原理，并随着时代的发展在多方面展开。马克思主义的自然观与科学观，揭示了自然界向人类社会逐渐过渡的辩证法以及唯物辩证的自然观与科学观；马克思主义的伦理观，论证了道德的本质和根源及其社会历史性问题，揭示了家庭婚姻方面的道德原则；马克思主义的宗教观，揭示了宗教的本质以及宗教的社会作用，以及其作为一个历史范畴必然随着社会的发展而消亡；马克思主义的文艺观，揭示了文艺的社会本质以及其发展的一般规律，阐述了文学艺术内部的特殊规律与创作原则；马克思主义的军事观，深刻阐述了战争、暴力与经济的辩证关系并深刻揭示了战争的社会历史性。马克思恩格斯在致力于马克思主义基本原理的系统化与多方面发展的同时，也关注着世界形势的发展以及唯物史观的命运，并朝着历史的深处与前人涉及较少的领域探索，继续深化与发展他们建构起来的唯物史观的大厦。

（四）马克思主义与当代社会思潮研究

（1）马克思主义与当代社会思潮的关系

随着当今世界的日益发展，作为为数不多的以马克思主义为指导的执政党，处于社会主义的中国共产党正面临着一系列马克思主义之外的一些其他社会思潮的影响。当代中国的社会思潮主要包括新自由主义思潮、民粹主义思潮、历史虚无主义和新儒家思潮等各种思潮，不同的社会利益群体所代表着不同的当代社会主义思潮，这些社会思潮从经济、政治等各个领域与马克思主义的主流思想争夺地位，试图消解马克思主义的意识形态，消解马克思主义意识形态的主导地位，从而在宏观上起到影响甚至改变当代中国已经建立起来的中国特色社会主义理论的发展以及走向。马克思主义与上述社会思潮的关系是辩证统一的，相互斗争、互为消长。只有认真学习与研究马克思主义与当代社会思潮，才能使马克思主义从容面对当代社会思潮的挑战与冲击，从被动回应转为主动引领，只有了解"敌人"才能打败"敌人"。"批判"是马克思主义引领当代社会思潮的根本原则和根本方法，是理论批判、实践批判和自我批判的内在统一。

（2）马克思主义的理论批判

理论批判是马克思主义意识形态领域立足于指导地位的重要阵地。早在1957年最高国务会议第十一次会议上，毛泽东就曾谈道："马克思主义必须在斗争中才能发展，不但过去是这样，现在是这样，将来也必然还是这样。"① 马克思主义自形成之日起，就不断与资产阶级、小资产阶级和其他社会主义思潮展开过激烈的斗争，马克思主义的发展史就是一部不断革命、不断斗争、不断批判的发展史。在与其他阶级思潮的斗争中，马克思主义的经典作家也留下了一系列富含批判精神的论战性著作。如马克思为批判蒲鲁东所著的《哲学的贫困》，恩格斯为批判"杜林主义"所著的《反杜林论》，列宁为批判"经验主义"所著的《唯物主义和经验批判主义》等。

---

① 《毛泽东文集》第七卷，人民出版社1999年版，第230页。

（3）马克思主义的实践批判

发挥马克思主义的实践批判作用进而引领当代社会思潮的过程，就是运用马克思主义的理论满足社会大多数人民的利益诉求、创造和谐美好的社会环境的过程。马克思主义理论在中国的伟大实践中创造了中国特色社会主义理论思想，是马克思主义引领当代社会思潮的重要理论成果和思想增长点。而用马克思主义引领当代社会思潮是一项巨大、系统的社会工程，必须牢牢掌握马克思主义的意识形态工作领导权，紧紧抓住马克思主义的批判性原则与其他社会思潮进行坚决斗争，综合运用多种机制多方位、多渠道、全方面地发挥马克思主义的引领机制。

（4）马克思主义的自我批判

发挥马克思主义的自我批判作用进而引领当代社会思潮的过程，就是不断运用马克思主义的基本原理与当代中国具体实际相结合，形成当代中国的马克思主义，进而在与当代的社会思潮相互博弈中影响与争取人民群众的过程。马克思主义最鲜明的特征便是与时俱进与发展性，善于自我批评与吸收其他一切文明成果，并在自我批评的过程中不断扬弃，发展自己。作为马克思主义的政党，中国共产党也深谙批评与自我批评的重要性，中国共产党始终走在时代的前列，运用马克思主义主导主流意识形态并有效引领当代社会思潮，这与其善于自我批评的作风是紧密相连的。

（五）马克思主义理论教育规律和方法研究

马克思主义理论教育是无产阶级的政党运用马克思主义理论来教育与武装广大无产阶级与人民群众的一种教育实践活动，是包括马克思主义理论教育研究者、受教育者与教育环节为主要因素的互相作用的过程。在这个过程中，马克思主义理论研究教育者起主导作用，受教育者作为主体接受教育。马克思主义理论教育学科创建于 1995 年，其建立时间虽不长，但却取得了极为丰硕的理论成果。我国一向注重对广大人民群众和青年的马克思主义教育，并形成了优良的社会传统。自中华人民共和国成立至今的半个多世纪以来，我国相继开设过新民主主义论、革命的人生观与世界观，马克思列宁主义基础、社会发展史，中国革命史等课程，这些课程的教学与研究，逐渐形成了马克思主义理论教育的学科体系。马克思主义理论学科作为学科体系中的一支，在教育与研究过程中自然需要遵循教育规律与学术研究的基本方法与规范。

（1）遵循政治导向

正如列宁所言："唯物主义本身包含有所谓党性，要求在对事迹作任何评价时都必须直率而公开地站到一定社会集团的立场上。"① 马克思主义的党性集中体现在它代表最广大人民的根本利益。这一性质决定了马克思主义理论教育的政治导向，即为人民服务、为社会主义事业而服务。对于新时代的中国而言要学习与宣传马克思主义，即要求马克思主义理论研究教育者要自觉将马克思主义的立场、观点与方法运用到生活实践当中，将马克思主义内化于心，外化于行。以为人民服务和为社会主义建设服务作为政治导向，推动马克思主义教育不断发展。

（2）发挥马克思主义理论教育的资政育人功能

马克思主义理论学科天然具有资政育人的功能，是高等教育哲学与社会科学类课程的基础与核心。发挥资政育人的功能，就需要以史为鉴，发挥好党史教育在马克思理论教育中的重要作用。马克思主义理论学科的研究教育人员要把资政育人作为己任，自觉结合时代的要求，以"认识世界，学会做人"为宗旨，帮助受教育者正确地认识世界、认识社会、认识自己以及认识社会与自己的关系，形成正确的世界观，从而成长为一名符合时代要求的社会主义接班人。

马克思与恩格斯终其一生致力于全人类的解放运动，写成了一系列的著作形成了马克思主义，紧随其后的列宁、毛泽东等马克思主义者根据现实发展了马克思主义，进而形成了当今的马克思主义。马克思与恩格斯的一生中没有留下关于其基本原理的总体概括，更没有留下原理式教科书。马克思曾打算写一本关于专门论述唯物主义辩证法的小册子，但并未如愿。恩格斯所著的《共产主义原理》，对于什么是共产主义的二十六个问题做出了全面系统的解答，这是对于科学社会主义基本原理的一种阐释。这说明马克思恩格斯并非不重视马克思主义基本原理的概括

---

① 《列宁全集》第一卷，人民出版社1984年版，第363页。

与阐释，而是其忙于理论研究与从事工人运动，无法将马克思主义的庞大理论体系概括起来。

第二节　马克思主义发展史

马克思主义发展史是一门研究马克思主义理论的产生、形成、建设与发展的历史过程与规律的学科，是马克思主义理论下的一个二级学科。进行马克思主义发展史的研究为马克思主义思想的研究提供了新的视角，为其发展带来重要的价值。事实上，马克思主义发展史的研究作为一门独立领域的研究很早就已经出现，但是作为一门独立的学科来说，存在时间较短。随着几年来的研究推进，当前，马克思主义发展史的研究已经具有独特的研究主题及研究范围，在此基础上，我们应不断拓展、增加新的内容，同时其研究方法也在不断地与时俱进，不断创新。

一　学科研究的历史进程

任何一门学科都会经历产生、形成、成熟的过程。马克思主义发展史实际的研究开始较早，学术研究和学科建设都具有十分悠久的历史。同时也可以看到，在历史过程中，马克思主义发展史的研究进步，不断证明着其是不断发展、不断更新的历史；是实践标准、坚持真理、修正错误的历史；也是形成优良传统与作风的历史。

马克思主义发展史研究，早在马克思、恩格斯的自我回顾总结中就已出现。1859 年的《〈政治经济学批判〉序言》在马克思主义发展史上具有重要的地位，内容包括关于社会内部结构和生产方式决定社会发展、社会存在决定社会意识的原理；关于社会基本矛盾以及社会基本矛盾是社会历史发展的动力的原理；关于社会经济形态演进和资本主义必然被社会主义取代的原理。在这篇序言中，马克思叙述了研究政治经济学的原因与经过，对其在 1859 年之前的研究做了总结，篇幅虽短，但在马克思主义发展史中具有特殊地位，它不仅仅记述了马克思主义政治经济学产生与发展的过程，对唯物史观的实质作了详尽的阐释，在马克思主义发展史中具有重要的地位。除此之外，马克思晚年写给俄国民粹派思想家的信、恩格斯在《路德维希·费尔巴哈和德国古典哲学的终结》以及晚年关于历史唯物主义的通信中，也都多次对他们思想发展历史进行科学的总结，对于各种否定、歪曲他们思想的各种机会主义进行了有力的批判、澄清和回应。①

之后，马克思与恩格斯的学生及追随者也对马克思主义发展史进行了研究，尤其是梅林、列宁以及普列汉诺夫等马克思主义理论家对马克思主义发展史做出了重要贡献。梅林的《马克思传》详细地总结了马克思和恩格斯创立马克思主义的过程，同时还详细阐述了马克思思想的价值，对马克思进行了理性的批判，在马克思主义发展史上具有重要的地位，对马克思主义的形成过程与思想实质的研究具有重要意义。列宁继承了马克思主义，与俄国革命的现实相结合，形成了列宁主义。作为一个著名的马克思主义理论家，列宁在马克思主义发展史上具有重要的作用。列宁认真研读了马克思、恩格斯的经典著作，组织成立了马克思主义小组，对马克思主义的著作进行研读与宣传。列宁通过对民粹派的批判与对马赫主义进行批判，创新发展了马克思主义理论，探索与发展了马克思主义。普列汉诺夫是俄国最早传播马克思主义的坚定的马克思主义者。不仅传播了马克思主义，也捍卫和丰富了马克思主义理论。

中国共产党人和一些学者也对马克思主义发展史进行了丰富的研究。早在 1964 年，毛泽东、周恩来就提出并部署在中国人民大学成立马克思主义发展史研究所，该研究所还出版了《马克思主义史》（1—4 卷）、《马克思主义早期思想研究》和《走向历史的深处》等一些有分量的研究成果并且培养了一批专门的研究人才。② 后来，各重点高校也先后成立了马克思主义发展史的研究所。改革开放以来，马克思发展史的研究获得了新的发展，20 世纪 90 年代末，《马克思主义史》出版，是新时期研究马克思主义史的重要著作。马克思主义史的研究不断创新，不断寻找更

---

① 袁银传：《关于马克思主义发展史学科建设的思考》，《思想·理论·教育》2006 年第11 期。

② 袁银传：《关于马克思主义发展史学科建设的思考》，《思想·理论·教育》2006 年第11 期。

加有效的科学方法，紧密结合中国国情，坚持马克思主义原理与中国实践相结合，同时也不断关注国外马克思主义研究的最新成果，获得了更加广阔的视野、更加丰富的资源。辩证地去分析、运用这些成果，为我所用，推动马克思主义发展史研究的不断发展。

"西方马克思主义""西方马克思学""西方列宁学""国外毛泽东学"等西方非马克思主义者对马克思主义发展史的研究提供了部分的参考。例如，"国外马克思学"研究成果有滕尼斯的《卡尔·马克思的生平与学说》，斯普瑞格的《卡尔·马克思》，伯林的《卡尔·马克思的生平与环境》等都是基于各自不同的政治立场与学术趋向而撰写的马克思生平史。20世纪上半叶，西方非马克思主义者并不认同马克思主义者的传记撰写模式，他们认为马克思主义者的传记创作存在着缺陷，即将马克思过于"神圣化"，认为马克思完全正确，其学说绝对正确，无须推理证明，其革命理论无须推理证明，缺乏客观的分析与评判，传记应当是真实且理性的。西方学者出版了许多"生平—学说"模式的普及型马克思传记，以及许多面向知识分子读者的学术型马克思传记，虽然各具特点，但都否定了马克思主义的科学性以及与当代的相关性；"国外毛泽东学"的相关研究成果有班国瑞的《毛泽东与中国革命》、齐慕实的《毛泽东和中国革命：文献简史》、迈斯纳的《毛泽东：一个政治和知识的肖像》，等等。这些专题性研究或传记研究了毛泽东的农民革命思想，新民主主义理论，社会主义建设思想，与马克思主义的关系，与邓小平的关系以及与世界的关系，从新的视角对毛泽东在马克思主义发展史中的价值与地位进行了研究。

二　学科研究的主题和内容

任何学科的每一步建设都应当在认真探析研究的主题与领域之上。我们应充分梳理学者研究的主题与内容，了解哪一方面研究成果、资料较为丰富，哪一方面研究较为缺乏，从而推动学科探索发展。马克思主义发展史作为一门处于初始阶段的学科，更应当厘清研究的主题与内容，探明其前提性、基础性的问题，才能进一步发展。

（一）研究的主题

马克思主义发展史是一门涉及多学科、多领域的科学，理论体系庞杂，因此马克思主义发展史上的主题从不同的角度，或不同的立足点来看也会因而不同，主体与主体之间并不是对立的，而是可以互相兼容的。关于马克思主义发展史的研究主题有许多的讨论：有学者认为主题是研究人类社会发展规律，有学者认为主题是研究资本主义的相关问题，有学者认为主题是无产阶级革命问题。这些主题都有合理性，但是这些主题都是马克思主义发展史研究主题的一个方面，并未全面概括马克思主义发展史的主题。

马克思主义发展史的研究主题，应当进一步拓展与深化，而进一步拓展与深化主题应当从以下三个方面进行：马克思主义发展史的理论范畴体系向度、超越马克思发展史基础理论向度、对马克思主义发展具有重要影响的向度。从一般性内容进展到对该学科体系的思考，把握马克思主义发展与其他学科之间的特殊性；从基础理论推进到内部去进行研究，捕捉住更加深入的主题；从固定研究视角向多元研究视角转变，把握对马克思主义产生重要影响的现象，以成为主题进行研究。

（二）研究内容

马克思主义发展史作为一门学科，与其他学科相比必然存在着特殊性。研究内容的特殊性，也是划分学科与学科之间的标准。马克思主义发展史作为研究马克思主义的产生、发展、传播的历史及规律的学科，其研究领域包括：马克思主义发展的历史过程与逻辑研究，马克思主义经典作家研究，马克思主义的历史发展的专题研究，马克思主义流派史、国别史研究，马克思主义发展史研究方法的研究。

第一，马克思主义发展的历史过程与逻辑研究。主要是从整体对马克思主义发展的历史过程、历史规律以及发展逻辑进行研究，揭示马克思主义产生、发展、传播的历史背景、发展阶段、发展规律等，体现了马克思主义的整体性、一脉相承性以及与时俱进性。

第二，马克思主义经典作家研究。对马克思主义经典作家进行具体的分析研究，具体分析其个人经历、政治倾向、如何传承了马克思主义，又如何创新了马克思主义理论。同时又要注意将其置于历史发展之中进行研究，研究揭示其在马克思主义发展史上的价值与地位，以及前后之关系。

第三，马克思主义的历史发展的专题研究。对马克思主义发展史的各个方向进行专题研究，充分深入马克思主义发展史的研究。

第四，马克思主义流派史、国别史研究。以流派或国别为专题进行马克思主义发展史研究，例如西方马克思主义发展史研究，中国化马克思主义发展研究等。

第五，马克思主义发展史研究方法的研究。马克思发展史研究方法的研究对马克思主义的发展史具有重大意义，其不仅仅是作为独立学科成立的前提，还是马克思主义发展史是否能够科学发展的保障。

（三）研究方法

马克思主义发展史的研究方法是马克思发展史研究的内容之一，与时俱进、发展创新是马克思主义的品质。马克思发展史的研究方法也在不断创新，不断克服片面性。推进马克思主义发展史理论的探索，方法论与时俱进的同时，也应当把握住基本方法，实现科学创新，马克思主义发展史研究也能在科学方法的指导下展开。

第一，在进行发展史研究时，应当遵循史论相关、综合与独立同步、理论与实践相结合。史论相关是指要史料与理论进行统一研究，马克思发展史研究马克思主义的发展史，必然无法脱离其历史背景，将史料与理论进行结合研究，才能坚持研究的客观性、具体性与精确性。综合与独立同步是指在遵循与揭示思想进程的总体的同时，也要对关键的观点、阶段、著作等小方面、小节点进行科学的研究，只有点面结合，马克思主义发展史研究才能得以拓展与精确。理论与实践相结合是指在进行马克思主义理论研究的同时，也能够为现实的问题提供解决的向度与方法，在进行实践时，也能够不断创新理论，保证相互的持久发展。

第二，马克思主义发展史研究应当以唯物辩证法为根本方法。唯物辩证法作为马克思主义哲学的重要内容，也是一种重要的研究方法。唯物辩证法经历了不断的传承与创新，从古代朴素辩证法一直到唯物辩证法，批判、继承、创新了历史上的辩证法，是科学的世界观，也是科学的方法论，是人们从事一切社会实践活动都要遵循与运用的根本方法。在进行马克思主义发展史的研究时，要坚持以唯物辩证法为根本的思想方法与工作方法，警惕背离唯物辩证法而走向错误的研究方向。

第三，马克思发展史的研究应当合理利用历史分析法。历史分析法是将马克思主义发展史中的研究对象放置于其所属的历史背景之下去进行分析与评价的研究方法。马克思主义发展史反映了马克思主义的产生、传播、应用、发展的历史，是不断发展、完善的历史，不同的马克思主义发展阶段，应当置于其所属的特定历史阶段进行研究，马克思主义著作与理论，也都是在不同的历史条件和背景下出现的。历史分析法重点关注历史条件、时代文化背景对人物、理论、事件的影响作用，在运用历史分析法进行马克思主义发展史的研究时要注意以下几点：应当要动态地、具体地进行研究，而不是用静态的、孤立的眼光去研究；应当把握具体与抽象的统一，应当将马克思主义的发展与具体历史背景的发展内在逻辑相结合，重在深入发掘历史发展本质与马克思主义的内在关联，避免仅仅对历史进行浅层研究；应当注意历史分析法的运用目的并不只是研究历史，还应把握研究对象的主体地位。

第四，马克思发展史研究应当正确运用阶级分析法。阶级分析法是运用阶级和阶级斗争的理论进行历史研究的方法，是一种认识世界、改造世界的重要科学方法。马克思主义产生于阶级社会，阶级斗争理论是其重要内容，围绕着阶级斗争既往史了解人类社会历史的发展规律，而马克思主义的终极关怀是消灭阶级与阶级社会，实现共产主义，因此在研究马克思主义发展史时，阶级分析法是重要方法。在运用阶级分析法对马克思主义发展史进行研究时，应当注意要遵循马克思的阶级分析法，要将阶级斗争作为研究主线，让马克思主义与历史相结合进行研究。并且，在运用阶级分析法进行马克思主义发展史研究时，不能仅仅停留在阶级的斗争之上，还要对各个阶级的具体情况进行研究，包括阶级的经济状况、生产资料关系、在社会中的地位作用等。同时，要将阶级斗争作为切入点，与其他的方法相结合，而不应当只当作唯一的方法；要研究全面的社会关系，而不应当只研究阶级关系。

第五，马克思主义发展史研究应当合理运用比较分析法。比较分析法是指对相近或相关的事物与现象按一定标准进行比较对比的方法。运用比较分析法时，应当要符合逻辑，掌握全面的资料，并对掌握的资料进行充分的分析与研究，不仅要揭示矛盾之间的特殊性，也要揭示其普遍性，才能全面地去做比较。

马克思主义发展史对中国来说是十分重要的一个学科，对马克思主义发展史进行不断的探讨，进行不断明确深入的推进与发掘，将会给马克思主义的发展带来重要线索。

第三节 马克思主义中国化

中国共产党自成立以来就是以马克思主义为指导思想的政党。实践证明（马克思、恩格斯也强调），任何国家都不能单纯地照搬马克思主义，而需要结合本国的具体国情、具体历史与具体实际来正确运用马克思主义的理论。在中国，马克思主义中国化的研究一直引起党内外、国内外的广泛关注，不仅国内人民关注党是否能实现好马克思主义的中国化，实现人民的美好生活向往的希望，国外也关注着中国是否能保持住对于马克思主义的学习与实际运用及在此基础上的发展。马克思主义中国化研究具体可以从马克思主义早期在中国的传播过程，革命与建设实际的运用过程，成功与失败的经验教训总结等方面展开。

一 马克思主义中国化研究的科学内涵

作为马克思主义理论学科的基本范畴之一，马克思主义中国化研究是专门研究马克思主义中国化的基本经验、基本规律，以及马克思主义中国化理论成果的学科。

由马克思、恩格斯创立于19世纪40年代的马克思主义，是在总结当时欧洲工人运动经验的基础上，吸收借鉴了人类文明史上的优秀文化知识而形成的无产阶级的科学思想体系。从其体系建构上来看，又可以根据理论内容分为三个层次：第一，马克思主义基本的、普遍的原理，这也是马克思主义最核心的内容；第二，马克思主义历史观和方法论；第三，马克思主义对于具体问题的具体分析和具体要求。

马克思主义中国化，就是将马克思主义基本原理同中国具体实际相结合，就是用马克思主义理论来解决中国的问题，就是马克思主义与中国实际的统一。它超越了一般性结论和经验总结，反对一切教条化、庸俗化、自由化，是关于中国道路的建设性理论。在此过程中，在现实需要、实际环境的影响下实现马克思主义基本原理与中华优秀传统文化相结合，因此，中国化的马克思主义是因时而变、因势而变的。

中国共产党主张以科学头脑及科学方法，对待马列主义中国化问题。要坚持走这条理论发展道路，就必须要知其然且要知其所以然，搞清楚"化"之物、"化"之义、如何"化"。所谓"化"就是一方事物受到另一方事物的影响，加以改变进而重塑。这其中又有两方面的特征：其一，如果在这个过程中没有一方发生改变进而重塑，就谈不上"化"；其二，如果一方事物在此过程中失去了它本身的本质，也不是"化"。

二 马克思主义中国化研究的历史回顾

中华人民共和国成立以来，学界对马克思主义中国化的研究不断深入发展。从研究其出现、确立、发展至今的规律与成就，这对新时代继续推进其学科发展有重要的理论意义和实践意义。

（1）理论出现

自中国共产党成立后，党始终高度重视用马克思主义来分析和解决中国问题，这也不断丰富着马克思主义中国化的学科内容。

党的早期领导人也曾提出要把马列主义应用到中国实践中去，但对这一问题还未形成深刻的、统一的认识。直至延安整风之后，随着毛泽东思想的提出以及其在全党指导思想地位的确立，马克思主义中国化理论的工作群体才正式开始形成。1938 年，毛泽东在党的六届六中全会上第一次提出了"马克思主义中国化"这个命题。他指出："没有抽象的马克思主义，只有具体的马克思主义。"这句话直接指向的就是曾把中国革命引向绝境的教条主义思想，党在幼年时期缺乏对革命的深刻理解，犯过右倾或"左"倾的错误，而产生这些错误的原因正是党内照搬马克思主义的教条主义思想：大革命时期的右倾投降主义、土地革命时期对共产国际指令盲目遵从的"左"倾错误，其共同的根源都是教条主义。1941 年 9 月，毛泽东再次讲到，能使马克思主义中国化的教员，才算好教员。

（2）丰富发展

中华人民共和国成立以后，随着高等学校思想政治理论课的开展，马克思主义中国化的研究也得到了进一步拓展和深入。主要有以下两个研究方向：其一是以中共党史为研究基础，将马克思主义中国化作为革命成功的一项基本经验来分析；其二是聚焦于毛泽东思想的宣传和解读，对毛泽东思想进行普及式宣传和解释。这一阶段的思想研究为马克思主义中国化的长期发展奠定了良好基础。

改革开放以来，以邓小平同志为主要代表的中国共产党人，对什么是社会主义，怎样建设社会主义进行了回答，赋予了马克思主义中国化新的生命力。在发展生产力方面，邓小平排除了许多束缚生产力发展的因素，打破了以往固守的所谓"社会主义的原则"。在 1992 年南方谈话中创造性地总结了社会主义本质的内涵，为中国共产党推进马克思主义中国化树立了史诗性的里程碑。

以江泽民同志为主要代表的中国共产党人，对建设什么样的党，怎样建设党进行了探索，提出了"三个代表"重要思想。其中，把中国共产党代表中国先进生产力的发展要求放在了首位，把发展生产力作为执政兴国的第一要务，促进了马克思主义中国化的发展。

以胡锦涛同志为主要代表的中国共产党人，对实现什么样的发展，怎样发展进行了探索，提出了科学发展观，把经济发展作为了一切发展的前提，在核心、基本要求、根本方法方面做出了定义，进一步发展了马克思主义关于发展的理论。

党的十八大以来，以习近平同志为核心的党中央对新时代坚持和发展什么样的中国特色社会主义、怎样坚持和发展中国特色社会主义展开研究，结晶出了——习近平新时代中国特色社会主义思想——这一马克思主义中国化的最新理论成果。

（3）理论成果

马克思主义中国化有三大理论成果：第一次飞跃形成毛泽东思想，第二次飞跃形成中国特色社会主义理论体系，第三次飞跃形成习近平新时代中国特色社会主义思想。

三　马克思主义中国化研究的研究范围和研究特点

（1）学科研究对象

马克思主义中国化研究的研究对象是马克思主义中国化的理论与实践。理论可以具体展开为历史经验、基本规律以及相关理论成果，包括马克思主义中国化的理论来源、发展史、创新成果等。同时，也要研究马克思主义与中国传统文化的可结合性，探索可以与马克思主义相结合的中国独特的民族文化、民族气质。这样才能最大限度地发挥带有中国特色的马克思主义理论的魅力。

实践是指在具体实践中的历史发展和现实问题，包括马克思主义怎样与中国实际结合，在我们结合的过程中，有什么经验、得出了哪些教训、总结出了哪些规律，解决了什么问题等。自马克思主义传入中国，早期的马克思主义宣传者就不是脱离实践去研究马克思主义的，他们始终坚持以马克思主义来解决现实问题，用马克思主义来拯救中国于水火之中。因此，马克思主义中国化的研究对象必须包含实际的实践活动，以实践检验和发展真理。

（2）学科研究内容

马克思主义中国化研究的学科内容主要包括马克思主义中国化理论与实践的组成部分和其运动。具体可以分为以下几方面。

一是探究历史进程。要以历史的视野，结合整个中国近现代历史发展的脉络分别探索早期的马克思主义传播，中国共产党在实践中运用马克思主义走出了中国的革命道路，完成了新民主主义革命，建立了中华人民共和国，进行了社会主义改造和工业化建设，确立了社会主义基本制度，总结其曲折年代的惨痛教训，改革开放时期中国特色社会主义道路的艰难摸索和创新精神。

二是总结经验和规律。要研究中国共产党在不同历史阶段的经验，吸取宝贵经验教训，总结出客观规律。

三是研究理论成果。探寻中国共产党指导思想的理论逻辑和核心内涵，要知其然更要知其所以然。在分别研究的同时，也要将每个理论放在马克思主义中国化的大发展历程当中联系看待，客观评价。

四是着眼现实问题。既要分析历史进程中的重大问题和我们党的解决方案，又要立足时代，结合当代问题，善于发现问题、找到问题、解决问题、突破问题。更好地在实践中把握理论，使理论服务于实践。

五是把握学科发展和思想政治工作的统一。作为一门二级学科，马克思主义中国化研究的设置目的之一就是为思政课提供理论和学术支撑，使思想政治工作更顺利地进行，因此以学科的发展为思政工作服务，让二者相互推动，也是学科研究和学科建设的重点。

（3）学科研究特点

马克思主义中国化研究是一门带有创新性特点的学科，它的研究对象具有综合整体性、相关互补性、动态开放性、意识形态性。它所围绕的基础性问题有：什么是马克思主义？马克思主义为什么需要中国化？为什么能够中国化？怎么中国化？如何继续推进中国化？怎样推进对马克思主义中国化的最新成果的研究？在理论方面，学科要以"中国问题"为中心，处理好学术性和政治性问题。同时，实践是理解马克思主义中国化的钥匙，广大人民群众的实践活动都是我们研究的实践基础。

四　马克思主义中国化研究的基本原则和研究方法

每门学科都会有自己的基本原则指导而形成独特的逻辑体系和研究方法。

（1）学科基本原则

马克思主义中国化研究的学科原则有以下几点。

第一，时刻把握政治性，充分发挥学术性。学科研究的是党的指导思想，对这些理论和思想的研究关系到整个国家社会意识形态的发展。除此之外，学术性也是一个学科的生命性所在，只有充分发挥其学术性才能使学科发展更深入、更长久、更有底蕴。以学术性角度来看，在坚持政治思想原则的前提下，尊重学术自由。坚决抵制以学术研究或探讨为由否定马克思主义的指导地位，在基本立场这个问题上不能动摇，不能忘掉学科的根本。

第二，坚持在实践中检验理论。要在历史的传承与延续中，总结马克思主义在中国的发展历程和经验总结，研究当代的最新成果，分析其意义和地位。要善于用马克思主义的基本原理来解释实际中的问题，将理论带入实践，同时也要在实践中总结原理，丰富理论，武装头脑。每个时期、每个阶段、每个主体都会面对不同的问题，因此在任何时候，做学科研究都不能将理论和实践分离。

第三，坚持以问题为导向。在做研究时，我们要善于以问题为导向，随时带着问题意识去研究，提前提出问题有利于让研究的目的更有针对性。自传入中国起，宣传和研究马克思主义就是为了解决中国的实际问题。

（2）学科研究方法

马克思主义中国化研究学科要运用以下研究方法。

第一，整体性研究方法。所谓整体性是指要把事物作为一个联系的整体来看待，不能片面地只关注一方面内容，而切断它与其他环节的联系。马克思主义中国化的理论也是一个整体的体系，要在把握整体共性的基础上，具体研究每一阶段、每一部分的个性。

第二，注重文本与调查相结合的研究方法。进行研究，一方面要进行文本研究，分析已有的理论、思想；另一方面是要深入到实际中，充分了解现实情况。文本的研究对于一些概念界定性的基础性问题至关重要，对推动学科发展有一定作用。但更重要的是要在实践当中推动学科发展，文本研究绝不能脱离实际，实践是认识的来源，文本与调查相结合的重心应更偏向于调查。

第三，问题思维的研究方法。马克思主义中国化研究应着眼于中国现阶段迫切要解决的一系列重大问题，以此为关键和出发点，组织学术团队或个人进行学习研究。学科的发展需要理论创新，而理论创新是需要有实践的支撑的。中国特色社会主义事业是前无古人的，在新的历史阶段，在新时代的环境下，如何牢固树立马克思主义旗帜解决中国问题，需要我们以问题思维展开研究。

五　马克思主义中国化的研究趋势

将马克思主义中国化、本土化是一项长期的过程。当下对于马克思主义中国化的研究还可从以下几个方面来讨论。

（一）在研究过程中应该注重横向与纵向相结合

我们应该要扩展马克思主义中国化的学术范围，在研究的时候，不仅要重视纵向上的研究，也要重视横向上的研究。在纵向研究方面，我们应该要注重研究历史，研究历史上曾经对马克思主义中国化有着重要贡献以及推动作用的人，可以把历史上中国共产党的领导人作为主线来研究。在横向研究方面，我们应该要注重同一个历史时期所发生的事情，所面临的考验，结合实际，来进一步研究马克思主义中国化的经验。

（二）加强对两大理论体系的联系研究

在马克思主义中国化的进程中，有着两大理论体系：一个是毛泽东思想为主的理论体系，另一个是中国特色社会主义理论体系。这两个体系不能割裂开来，隔离开了便是历史虚无主义，我们也不能简单地说哪个理论体系好，要以历史的眼光与辩证的眼光来看待，我们要加强对两个理论体系的连接，来加强对马克思主义理论学科的建设与学习。

（三）注重马克思主义中国化的学习与传播

马克思主义中国化的学习应该通过学校、报纸、广播等多种传播媒介来传播，尤其是党的十八大之后，更加重视马克思主义理论学科的学习，全国高校的马克思主义学院都得到了重视，大家对于马克思主义学科的学习也越来越深入，广大群众对于马克思主义也越来越了解。这对于培养马克思主义学科的人才，以及帮助大家深入了解什么是马克思主义，如何实现马克思主义中国化才是正确的。对于马克思主义学科的深入了解，也有利于帮助国内外人民理解中国共产党是个什么性质的政党，从而不断坚持党的领导，完善党的领导。

（四）注重提高研究成果的实效性

中国共产党是个马克思主义的政党，遵循着从实践到理论，又从理论到实践的原则。中国共产党先是在实践中，总结了失败与成功的经验，得出了属于自己的理论，又将正确的理论再运用到中国的具体实践中去，推动中国社会主义的发展。如今中国共产党应该重视当今社会的具体问题，如房价过高、老龄化严重、国外的舆论压力、是否能够守住脱贫攻坚、港澳台问题等。这都需要我们利用马克思主义中国化过程中的宝贵经验，来对这些关系民生、主权、国家安全、经济、文化等的一系列问题进行研究并予以解答。我们研究马克思主义，研究马克思主义中国化的经验，归根到底都是为了最后能够运用到实际中去，运用理论来指导实践，将社会主义建设得更美好。

六　新时代如何推进学科建设

（一）当今的研究热点

马克思主义中国化研究的热点主要集中在党的最新理论研究、解决现实问题的研究和聚焦人类共同面临难题的研究。

在党的最新理论方面，主要围绕习近平新时代中国特色社会主义思想的理论内涵、现实意义、战略目标、科学布局、战略步骤等展开；在现实问题方面，主要围绕党的建设理论、党史学习教育、全面深化改革、法治建设理论与实践、话语权和现代化治理等方面研究；在人类共同难题上，主要围绕中国道路、中国故事、中国方案、话语体系和构建人类命运共同体等方面展开。2021 年是中国共产党建党的一百周年，中国共产党在马克思主义的指导下坚强领导，克服了一个又一个困难，带领人民实现了站起来、强起来、富起来的三次飞跃。在此关键时期，抚今追昔，回顾百年历史的成就，总结经验教训和规律势必会成为今年乃至未来发展的热点。

学术界研究主要从三个方面进行：第一是进行专题式的学习，例如"五位一体"专题学习、"四个全面"专题学习、党的建设专题学习等从而对某一部分理论进行细化研究。第二是开展体系化的研究，即对某一理论的逻辑起点、发展历程、哲学基础、思想精髓、现实意义等方面进行研究，从而更全面地厘清理论知识。第三是从事原创性的研究，主要是梳理最新理论成果的原创性、创新性贡献，述清其创新意义。

尽管许多方面的理论在近几年的研究中得到了很大发展，但不可忽视的是目前的理论研究的创新度仍不够。解决这个问题就要做到马克思主义中国化的内部突破，把握时代发展契机，针对问题逐个突破。

（二） 在时代潮流中推进研究

党的十八大以来，习近平总书记反复提到要善于观大势、谋大事。当今世界处在大变化大发展当中，我们国家要顺应时代潮流，把握发展大势，在与世界的联系和互动当中赢得发展。而马克思主义中国化的发展与创新也要立足时代与世界发展背景，充盈国家治理现代化理论，努力维护世界和平，促进世界共同发展，为世界提供中国方案和中国智慧，从而丰富、发展和创新马克思主义中国化理论。

（三） 立足传统推进研究

马克思主义是一种科学理论，要为中国人民所接受就必须与中华传统文化相结合，使之成为中华文化的一部分，真正融入中国人民的生活和思想中。以史为鉴，以史为镜，才可以知兴替，文化是民族的血脉，没有文化的民族将如同行尸走肉，没有前行的力量。

懂得将优秀传统文化和马克思主义相结合也是习近平总书记的思想中最具特色的一点，例如在论述国家治理问题时，习近平总书记提出，每个国家的治理体系都是独特的，要将制度自信、文化自信和改革创新相统一，要在牢固扎根于中国土壤的基础上学习其他国家和民族好的部分，将其与中国实际结合，化为自己的东西。在论述和平发展道路时指出，这一道路是现实时代和世界发展现状以及自身发展的需要，是一种思想上的自信和实践上的自觉的统一，是中华民族几千年以来爱好和平文化的继承和发展。

在论述奋斗目标时，习近平总书记生动地把中华民族伟大复兴概括为实现中国梦的伟大目标。中国梦，简单的三个字却饱含了一个伟大民族长远以来的沧桑历程。如今中国的实力和气派以及对未来的展望和信心，凸显了融汇中外的话语魅力，对国内外同胞产生巨大感召力，增强民族凝聚力。饱含中华优秀传统文化的思想、带有中国诗词的语言、融合中国哲学的道理都极大地增强了全国人民的认同感，同时也提高了民族的文化自信。

第四节　国外马克思主义研究

国外马克思主义研究是对当代国外马克思主义相关的思潮、流派、理论的发生、发展及基本思想进行研究的学科。苏联解体之后，国外马克思主义研究曾出现短暂的停滞，与此同时，世界上对马克思主义的时效性产生怀疑。但是之后，国外马克思主义研究又重新活跃起来，这彰显了马克思主义的强大生命力。特别是自 20 世纪 90 年代中期新自由主义的弊端显现、蔓延至全球的国际金融危机的爆发以及中国特色社会主义建设取得的绝大成就，这使得马克思主义又获得了再次证明自身价值的机会，从而不断掀起了研究和宣传马克思主义的热潮。

一　国外马克思主义研究的历史回顾

国外马克思主义研究，按照时间来划分，包含马克思去世之后的全部研究。按照地域划分，包括欧洲第二国际马克思主义。这些研究学者大多曾与马克思有过接触，他们所做的工作就是使马克思主义适应新的历史条件，其主要内容也包括在苏东占主导地位的列宁主义和斯大林主义以及与正统马克思主义相对立的发达资本主义国家的西方马克思主义，同时还包括在亚非拉第三世界国家传播的马克思主义和国外马克思主义政党的理论。

（一）产生背景及原因

在时代背景方面，首先，20 世纪 20 年代之前，第一次世界大战结束之后，贫穷的俄国靠无产阶级革命取得成功，发达的资本主义国家的革命却纷纷失败，一些学者开始总结革命失败的原因，重新阅读马克思主义文本，批判经济决定论，提出对马克思主义的重新理解。其次，中世纪以来，基督教精神便是整个社会的价值标准，基督教道德即文化价值观，20 世纪 20 年代以后，资本主义经济发展迅速，使得资本主义社会从自由竞争阶段进入垄断阶段，整个社会开始抛弃基督教文化。尤其是在此前，德国著名哲学家尼采预言"上帝死了"，人们丧失了自己的精神家园。

在理论背景方面，一方面，第一次世界大战所造成社会的巨大破坏，带给当时代人们前所未有的心理冲击，这一时期西方马克思主义研究者也由此更加关注战争及其他方面的社会现实，关注人们生产生活实践和个人的命运、感受和内心世界。同时，在理论上，1932 年出版的《1944 年经济学哲学手稿》和《德意志意识形态》强调了对人的关注，学者们的目光逐渐从经济决定论上转移到人本身上。另一方面，德国古典哲学从 19 世纪 30 年代开始衰落，现代哲学出现了。马克思的《黑格尔法哲学批判》向德国古典哲学发起挑战，孔德、叔本华等人开始重新定义哲学，其中孔德的实证主义强调感觉经验、排斥形而上学，其所创立的实证主义社会学，开创了科学主义的潮流。尼采的意志主义开创了人本主义的潮流，强调勇敢地接受现世的痛苦，热爱现实生活。

（二）形成阶段：早期西方马克思主义的诞生

1. 卢卡奇与《历史与阶级意识》

卢卡奇在《1844 年经济学哲学手稿》问世之前，于 1923 年发表的《历史与阶级意识》中描述了自己的物化观点，这体现了卢卡奇既继承了马克思的相关思想又带有很强的个人色彩。卢卡奇的物化理论是在阅读《资本论》的前提下完成的，尤其是对其中的商品拜物教内容做了深刻研究。卢卡奇在重读马克思主义经典文本之后，首先，提出了主客体相统一的整体性思想。同时，他认为正统马克思所坚持的经济决定论是一种线性思维。其次，他强调了意识形态的作用，在革命中，只有先激起民众的思想变革才能引起阶级震动，从而引发革命。最后，卢卡奇关于阶级的论述，更是引发了后续学者的广泛思考。

2. 柯尔施与《马克思主义和哲学》

柯尔施提出理论和实践是同一过程的两部分的观点，反对实践是知识的基础和检验真理的标准的观点。他还认为活的总体性的社会发展理论、没有革命结果的理论批判、无产阶级阶级斗争理论的恢复三个阶段是马克思主义经历的主要阶段。因此，他强调马克思主义既要有继承性，又要有修正马克思主义的新发现，但他始终没有阐明这一理论具体是什么。

3. 葛兰西与《实践哲学》

葛兰西之所以把马克思主义称为"实践哲学"，是因为他把物质和自然理解为一面，把精神和意识理解为另一面。两者在人类实践中是统一的。事实上，这种实践哲学，把自然和物质降为实践与人的活动相结合、最终依靠人的实践的从属因素。葛兰西的实践哲学思想在中国影响十分深远，对新中国的革命和建设都有借鉴意义。

（三）发展阶段

1. 法兰克福学派

法兰克福学派创立于1923年，是西方马克思主义之中持续时间最长、流传范围最广、影响最大的一个学派，是西方人本主义马克思主义的主要流派之一。他们最主要的思想是社会批判理论即对当代资本主义社会的批判，这一流派的学者们认为当代资本主义社会是歪曲、扭曲的社会，导致人服从意识的发展，人没有了否定和批判意识，把人变成异化的人，而解放人就要消灭资本主义，是马克思主义哲学的全部落脚点。社会批判理论有四种范式，分别是：意识形态批判、技术理性批判、大众文化批判、性格结构和心理机制的批判。

霍克海默和阿多诺就在《启蒙理性》中论证了启蒙与神话的关系从而批判启蒙，人们试图用启蒙代替神话对人的禁锢，却再次被数学、工具、理性所禁锢。人们想逃离神话却又回到神话中去。霍克海默和阿多诺通过对电影、广告等现代生活娱乐与消费方式的举例，阐述了科技对现代文化艺术的影响。马尔库塞在继承前者的基础上，创作了《单向度的人》，人们所选择的东西都是这个资本主义社会提供给你的选择，除此之外你别无选择。整个社会是单向度的，人在其中是被控制方，而不是掌控方。弗洛姆的《逃避自由》分析了人的心理机制和性格机制，科技日益发达，人虽掌握了科学技术却更加孤独，人们无法忍受孤独，时刻感到不安全，因此人们只能屈从于这个异化的社会。

2. 存在主义马克思主义

存在主义马克思主义是第二次世界大战之后在法国出现，并于20世纪50—60年代以法国为中心迅速发展起来的西方马克思主义的重要流派。一些学者是用存在主义来解读马克思主义，还有一些学者是在解读马克思主义时体现存在主义的倾向。存在主义马克思主义产生于西方社会人的异化最普遍、最严重的时期，19世纪基督教文化在西方倒塌，基督教所崇尚的仁慈、仁爱被摒弃，人在精神上无家可归，整个社会出现了信仰价值危机和伦理价值危机，人们开始思考生存的意义。尤其是在第二次世界大战之后，人们的生存受到更加严重的威胁，20世纪中期开始呼唤"人"的自由之声高涨。

存在主义马克思主义分为五种形态，处于萌芽时期的马尔库塞分别于1928年、1929年发表了《论历史唯物主义现象学》和《论具体的哲学》，试图用海德格尔的存在主义来解读马克思主义。列斐伏尔从20世纪30年代开始研究青年马克思的思想，把马克思主义的历史观与人学联合起来，由马克思主义走向了存在主义。他于1938年出版的《辩证唯物主义》更是揭示了人的生产过程中的异化问题，并且非常强烈地批判了斯大林主义。梅洛·庞蒂的思想是存在主义马克思主义的温和形态，他于1948年出版的论文集《意义与无意义》，批判了把马克思主义实证主义化的倾向。萨特是存在主义马克思主义的彰显形态，高兹是存在主义马克思主义的拓展形态。

3. 弗洛伊德主义的马克思主义

弗洛伊德主义的马克思主义是20世纪20年代末30年代初出现并发展于50—60年代的一种意识形态思潮。它试图将弗洛伊德精神分析与马克思主义相结合，并运用弗洛伊德理论对马克思主义进行补充和重构，这一概念是1936年威廉·赖希在其著作《性革命》重印序言时首次出现的。他把他的体系称为"弗洛伊德马克思主义"。弗洛伊德主义的马克思主义有四种基本形式：第一，初始形式是赖奇对弗洛伊德精神分析和马克思主义的综合。早在20世纪20年代中期，赖奇就寻求弗洛伊德精神分析与马克思主义的融合，但直到1936年，弗洛伊德主义的马克思主义的提法才出现。

第二，发展形态是马尔库塞对弗洛伊德思想的哲学阐释。20世纪50年代初，马尔库塞转向弗洛伊德的精神分析学研究，试图用马克思主义改造弗洛伊德的压抑文明理论，创立非压抑文明理论来填补马克思主义在这一方面的空白。也就是说，他试图将弗洛伊德的精神分析理论与马克思主义相结合，进一步发展弗洛伊德主义的马克思主义。

第三，成熟形态是弗洛姆对弗洛伊德精神分析学与马克思主义的继承、改造和融合。弗洛姆在他的一系列著作里，全面论证了将弗洛伊德的精神分析学说与马克思主义结合起来的可能性和必要性，并在此基础上创立自己的规范人道主义学说，使弗洛伊德主义的马克思主义获得了成熟的形态。

第四，应用形态是查列茨基的弗洛伊德主义的马克思主义。查列茨基作为妇女运动的发言人，为了理解20世纪70年代以来以性别关系为中心的妇女解放运动，我们运用弗洛伊德主义的马克思主义来指导对妇女解放运动和家庭问题的研究；为了理解殖民主义和民族解放运动的心理影响，范农运用弗洛伊德主义的马克思主义来研究民族解放运动。

4. 结构主义马克思主义

结构主义马克思主义是一种科学主义。结构主义的方法非常特殊，首先，其强调整体的作用，不重视部分，认为每一个部分只有放在整体之中才有其存在的意义。其次，其关注静态的部分，而不注重动态的部分。关心深层结构而忽视表层结构，强调无主体。结构主义的方法存在于各个领域，其中同自然科学的发展有着密切的联系，同时也与语言相结合。结构主义马克思主义的主要代表是阿尔都塞，阿尔都塞在继承其老师巴什拉在科学方面的认识论断裂思想的基础上，他在《保卫马克思》这本书中提出了马克思主义上的认识论断裂的思想，从而引发了整个哲学界对马克思的深刻思考。他将马克思分为两个时期，青年马克思研究的重点是人本主义，而成熟马克思研究的重点是经济决定论，例如马克思后期的著作《资本论》。他还在《阅读〈资本论〉》这本书中提出了症候阅读法。这一方法至今仍为学者们广泛讨论。

（四）转向阶段

1. 生态马克思主义

生态马克思主义是当代国外马克思主义中最具影响力的思想之一。尤其是近年来，我国进入中国特色社会主义发展的新时期，越来越重视对环境的保护。习近平总书记更是多次在重要场合强调生态环境和谐的重要性。该学派通过对自然概念的重新诠释，赋予自然历史文化内涵，并以此对自然和文化的理解来改造传统的生产力和生产关系理论，重新认识自然、文化和社会劳动的关系，对唯物史观进行了重构，提出了生态马克思主义生态社会主义的制度理想。这一学派旨在把马克思主义的基本原理和批判功能与人类面临的日益严峻的生态问题结合起来，寻找一种能够指导解决生态问题和人类发展问题的"双赢"理念。

2. 分析马克思主义

分析马克思主义主要集中在英语国家，他们以九月小组的形式进行活动。分析哲学是英国哲学的一个特征，但更多的是一种方法。分析马克思主义学者们提出了疑问：社会应该怎样发展？物质是我们主观意识对客观存在的抽象综合。如何界定物质？为什么生产力需要发展？怎样证明生产力要一直发展？他们擅长用清楚的概念解释难以理解的抽象概念。罗莫认为资本主义的剥削已经无法解决现在的问题，他提出在 21 世纪是否存在剥削这一问题；社会主义到底是资本主义的尾巴还是社会主义的前奏；社会主义的剥削是怎样剥削的？另一位代表人物柯亨有两部代表著作，一部是《历史、劳动和自由》，另一部是《卡尔·马克思的历史理论——一个辩护》。

二　国外马克思主义研究学科基本问题概述

（一）国外马克思主义研究的方向

国外马克思主义研究分为两个维度：其一是国外学者借用近代西方哲学成果为框架，对经典马克思主义进行解读得出的理论。其二是国内学者运用马克思主义的立场、观点和方法对国外学者解读出的理论成果进行分析、评判。因此，国外马克思主义研究学科在研究方向的设置上要采取与多学科相结合的模式。

此外，国外马克思主义研究的方向还存在着明显的空间差异，根据不同的地域可以将研究方向划分为五个：欧洲第二国际的马克思主义研究；苏东占主导地位的列宁主义、斯大林主义研究和异端的马克思主义研究（东欧新马克思主义研究）；发达资本主义国家的西方马克思主义研究；亚非拉第三世界国家的马克思主义研究；国外马克思主义政党研究（资本主义国家的共产党和社会主义国家的执政党）。以这种方式进行划分可以兼顾研究领域中存在的总体性与差异性，将国外马克思主义研究学科分为不同的研究角度，既可以保证研究的深度，又可以满足不同方向人才的学习需求。

（二）国外马克思主义研究的学科内涵

探讨国外马克思主义研究的学科内涵，需要从以下几个研究领域之间的关系入手：国外马克思主义研究与国外马克思主义、国外马克思主义研究与当代国外马克思主义研究、国外马克思主义研究与"西方马克思主义"。

1. 国外马克思主义研究与国外马克思主义

探讨国外马克思主义研究的学科内涵，与探讨国外马克思主义的内涵不尽相同。对于"国外马克思主义研究"的内涵界定，学术界有着较为广泛的共识。要先明确"国外马克思主义研究"，是指"国内理论界对国外各种马克思主义理论学说、思潮派别进行引介评说与甄别'马'之真伪的理论性与学术性的研究"。而"国外马克思主义"之"主义"是"国外马克思主义学者自视为对有关马克思主义的思想理论进行与社会现实问题相对接的研究而形成的一种独立思想理论"。通俗地讲，就是国外马克思主义者的马克思主义。首先，"国外马克思主义"包含两个部分：理论部分，包括国外学者在他们研究马克思主义的过程中得出的理论、经验、教训；实际部分，包括国外学者的研究活动、流派及成果等。其次，这些从事马克思主义研究的国外学者本身既可能是马克思主义者，也可能不是马克思主义者。他们的研究可能是为了发展马克思主义，也可能是纯粹的、不带政治倾向的学术研究。以上"国外马克思主义"的相关内容，也是我们进行"国外马克思主义研究"的研究对象、研究内容的一部分。

2. 国外马克思主义研究与当代国外马克思主义研究

"国外马克思主义研究"不仅具有地域性的特点，还有时间性的规定。马克思和恩格斯创立了马克思主义，并由他们的后继者按其奠定的方向发展和深化，这些理论统称为所谓"正统马克思主义"。而"国外马克思主义研究"的研究范围从广义上讲，包含了马克思主义产生后所有国外学者或组织所进行的马克思主义研究。而我们在"国外马克思主义研究"学科所涉及的研究范围一般从卢卡奇、柯尔施和葛兰西开始算起。此外，"国外马克思主义研究"与"当代国外马克思主义研究"从狭义上看没有实质性的差别，都是为了更好地突显我们进行研究的当代性，赋予其一种时代精神。

3. 国外马克思主义研究与"西方马克思主义"

提到"国外马克思主义研究"这一学科，通常有人把它直接理解为"西方马克思主义"，将二者等同起来。显然，这种认知是错误的，"国外马克思主义研究"的对象和范围都是十分广泛的，而"西方马克思主义"只是它的一个重要分支。"西方马克思主义"也被称为"非正统的马克思主义"，因为其在对马克思主义进行研究的方法和态度上都具有明显的特色，他们将现代西方哲学的一些流派同马克思主义结合了起来，主张多元化地解释马克思主义。并且"西方马克思主义"在它长达八十年的发展过程中也经历了不同的时期，形成了不同的流派，其中一些理论也在马克思主义研究领域产生了较大影响，成为国外马克思主义发展中的一个特殊现象。但我们对它的研究在于站在马克思主义的立场，用科学的马克思主义的观点和方法对其理论、观点进行评判，通过弄清它的理论探索，形成对其思维方式的整体把握。

三　国外马克思主义研究学科的基本范畴

（一）国外马克思主义研究的核心主题

自马克思主义诞生一个多世纪以来，其形态经历了由理论到实践再到制度的转变。在这个过程中，它不断发展、完善，并广泛地传播到了全世界，深刻影响了人类社会的发展，成为国际性的学说。同时，在全球也涌现出了各种各样研究马克思主义的思潮和流派，他们研究的主要问题有：对马克思主义的理解、资本主义的命运、社会主义的前途、对苏联解体和东欧剧变的研究和对经济全球化的研究。其中，对马克思主义的理解是国外马克思主义研究的核心问题，主要分为以下三个方面。

1. 马克思主义的真义

对马克思主义真义的追问，国内外有不同的答案。在卢卡奇看来，马克思主义的核心概念是"总体性"；萨特则用存在主义人学解读马克思主义的基本立场；马尔库塞、弗洛姆将弗洛伊德的精神分析学与马克思主义综合起来，创立了"弗洛伊德主义的马克思主义"，等等。还有其他一些流派将女权问题、环境问题、和平问题等都纳入了马克思主义视野中，不断进行理论与实践的结合。

东方学者和西方学者对于马克思主义的真义有不同的认知。由于东西方国家的经济发展处于不同阶段，导致了他们之间的文化、历史发展存在落差，亟待解决的社会问题也不尽相同，必然会对马克思主义的真义产生不同的见解。例如，我国为了发展经济，推进社会主义制度的完善，实行了改革开放。但在一些西方马克思主义者看来，改革开放就意味着走资本主义的道路。可以看出，他们用固定的社会主义模式来看待东方社会主义国家的发展，必然导致对马克思主义的理解教条化。理解马克思主义的真义应该与各国实际结合起来，不断创新、与时俱进。

2. 马克思主义的时代性

历史的教训告诉人们，必须要区分马克思主义中过时的东西和依然散发着真理光芒的东西。苏联解体、东欧剧变使国外马克思主义学者清楚地看到了这一点。

国外马克思主义者认为马克思主义中存在着不符合实际的东西，即主张取消市场，实行集中的计划经济。而马克思主义中依旧具有时代性的理论主要有三个方面：首先，马克思基于异化劳动理论对资本主义进行的批判是马克思全部学说中最具有价值的。其次，马克思关于人的全面发展的思想具有现实针对性、科学性和预见性，既促进了社会主义市场经济中各主体的交往与联系，也丰富发展了人的社会关系。最后，马克思人与自然的关系理论是当今学界关注和聚焦的问题。马克思批判将人与自然对立的思想行为，反对人类中心主义和自然中心主义，为构建人与自然和谐共生的社会奠定了坚实的理论基础，是马克思留给人类最宝贵的遗产。

3. 马克思主义的生命力

国外马克思主义者对于马克思主义发展的生命力问题给予了充分肯定。法国学者德里达称："地球上所有的人，所有的男人和女人，不管他们愿意与否，知道与否，他们今天在某种程度上都是马克思和马克思主义的继承人。"今天，马克思主义已成为一种世界观，从本质上说明了人类社会发展过程中的经济、政治、历史及社会制度发展的内在规律，是全人类的精神财富。

在国外马克思主义者看来，马克思对资本主义的批判是深刻而彻底的，马克思主义作为批判的武器，将会永远散发光芒。资本主义社会是充满矛盾和冲突的社会，资本主义制度是罪恶的制度，只要它还存在，剥削和贫富差距的悬殊就存在，劳动者的反抗就存在。此外，随着资本主义的发展，新的矛盾不断出现，资本主义制度所不能解释和解决的问题日益暴露。人们对西方传统资本主义制度的怀疑和对真正平等、正义社会的向往，将会为马克思主义的传播提供更广阔的途径，马克思主义自身也会朝着更完善、更有吸引力的方向发展。

（二）国外马克思主义研究的基本概念界定

（1）经典马克思主义。狭义的经典马克思主义指马克思本人的思想。广义的经典马克思主义主要指马克思和恩格斯两人的学说，也泛指后继者对其思想的发展，譬如，包含毛泽东思想、邓小平理论、"三个代表"重要思想和科学发展观以及习近平新时代中国特色社会主义思想。现在，经典马克思主义是东方国家的主流，并且已经习近平发展出一种固定的社会主义政治制度。

（2）正统马克思主义。在西方马克思主义者眼中，正统马克思主义是教条主义，是贬义的。马克思和恩格斯相继离世后，第二国际理论家们标榜自己是"正统马克思主义",但他们教条化地理解马克思主义,这导致了马克思主义理解的"平庸化""肤浅化"。卢卡奇在《历史与阶级意识》一书中对正统马克思主义进行了重新阐释:"正统马克思主义并不意味着无批判地接受马克思研究的结果。它不是对这个或那个论点的'信仰',也不是对某本'圣'书的注解。恰恰相反,马克思主义问题中的正统仅仅是指方法。它是这样一种科学的信念,即辩证的马克思主义是正确的研究方法,这种方法只能按照其创始人奠定的方向发展、扩大和深化。"

（3）马克思学。马克思学目前是国内研究的热点。他们认为马克思的学说与马克思主义不尽相同,主张去掉马克思主义的意识形态性、阶级性、政治性。不带任何政治倾向,以中立的态度对马克思的生平、思想理论、事业、著作等展开研究。马克思学内部又根据研究内容的不同分为三类:对马克思主义进行整体研究,寻找马克思思想体系中的矛盾的分析学派;专注诠释、考证马克思著作文献的考据学派;拥护资产阶级、为资本制度做辩解的挑战学派。

（4）英美马克思主义。这是一个比较笼统的概念,主要指20世纪70年代以来在英、美等英语国家兴起的流派。包含了分析马克思主义、女权主义马克思主义、生态学马克思主义等。受时代影响,英美马克思主义与经典西方马克思主义在问题域上有很大差别。英美马克思主义处于后工业社会,其关注的焦点主要在资本主义制度、全球化、生态环境、男女平等、霸权主义等问题上。

四　国外马克思主义学科的研究方法

研究国外马克思主义,首先要有正确、科学的马克思主义观。由于国外和国内对于马克思主义的真义持有不同见解,这就要求我们必须全面、客观地研究马克思的文本,透彻地认识马克思主义,形成正确的马克思主义观。没有正确的马克思主义观,就无法对当前国外马克思主义的理论做出恰当的评价。其次,任何实践和认识活动的开展,都离不开一定方法的指导。而判断一门学科是否成熟的主要标志,也是看其是否具有一套独立、完善、特色鲜明的研究方法体系。国外马克思主义研究的方法是指人们在正确理解、评判国外马克思主义者的理论观点，将其成果与实践结合时所用的途径和手段。本着实事求是、与时俱进的原则，系统梳理该学科的研究方法对提升学科研究的现实针对性具有重要意义。

（一）全景综合式研究

全景综合式研究是最有广度的研究方法，不针对某个学派，而是从宏观、整体上对国外马克思主义的发展、演变及前沿问题进行研究。国外马克思主义研究作为一门二级学科，还包含了多个不同的研究方向，它们之间有着交叉或融合，有着不可分割的联系。如果我们就某一个学派来孤立地研究整个国外马克思主义，就无法真正地把握国外马克思主义的发展动态，导致对它的评判也是片面的、主观的，失去研究的意义。同时，由于马克思主义理论体系涉及了多个学科，我们在研究时也可以采取跨学科的研究方法，从而整体把握国外马克思主义在各个学科中的不同影响。

（二）学派人物思想研究

在对国外马克思主义有了整体的把握之后，要开展深度研究。研究某个流派，研究该流派的代表人物及其思想，找到具体问题深入论述，进行专、精、深的研究。研究国外马克思主义不仅要了解马克思的文本，还要对国外某学派人物的文本进行解读，与人物所处时代、历史背景相结合，尽可能地走近人物，呈现其真正的思想。去挖掘其理论内部与马克思主义的关联，客观地对其进行评价。一直以来，对流派人物的研究都是该学科的一大特点。比如对早期卢卡奇、葛兰西的关注，再到对法兰克福学派各代表学者的研究等，都取得了很大成果。对于我们来说，前人的研究已经相当完善，很难超越。我们可以将关注点放在20世纪70年代以后诞生的流派，放在聚焦现实的前沿问题上。

（三）专题研究

划分不同的问题域，找出一个主题，把涉及其中的各个流派、人物放在一起展开研究。这个研究过程要求我们收集资料、整理、分析，再进行综合、思考，得出成果，有利于提高我们对资料的整合能力，对有效信息的筛选能力，扩大我们的学术视野。国外马克思主义研究的内容可以划分出多个专题，譬如，生态主义、女性主义、人性论研究、总体性研究、阶级观研究、美学思想研究、意识形态研究等。

五　国外马克思主义研究的话语体系与学术价值

（一）国外马克思主义研究与构建本土话语体系

学术研究和学科建设的初心就是使具有学术性质和学科意义的话语体系充分彰显出一个国家、一个民族所特有的文化魅力、历史底蕴和人文力量。学术研究虽然有普遍的规则，但这并不意味着学术研究只能千篇一律地开展。将普遍的学术规范和用语与本国的话语体系相结合，才能使学术成果扎根现实，真正为我所用，体现出其强大的生命力。譬如，黑格尔对德国古典哲学的贡献，正因为他完成了让哲学说德语的话语创新，才使哲学的最新成果得以与德国本土思想和历史相结合，充分显示出了德国民众的精神追求，构建了哲学学科话语体系的巅峰。这也在真正意义上实现了学术话语的本土创新、构建。

我国所进行的马克思主义研究可以分为马克思主义中国化和国外马克思主义研究，在这个过程中我们要始终坚持马克思主义的立场、观点、方法。当今中国的马克思主义发展与中国实际问题、资本主义社会的发展、西方国家思想的发展紧密相关，我们要牢牢把握这三重语境。特别是作为西方思想发展代表的国外马克思主义，其对资本主义新问题的批判，给我们审视当代资本主义社会提供了重要的参考意义。

由于国外马克思主义的研究涉及多个学科，也加大了本土语言体系构建的难度。我们要多关注中国哲学、马克思主义哲学和西方哲学之间的沟通，不断取其精华，去其糟粕，为本土话语体系的构建奠定基础。国外马克思主义还有一大特点是其研究具有阶段性。处于不同的时代的人物，关注的现实问题不同；同一流派不同人物面对特定历史问题的思想理论也各不相同。正因如此，才使得国外马克思主义的理论成果各具特色，只有这样才能真正构建出属于他们的话语体系。我们处于全球化的背景之下，更要清醒地辨别国外马克思主义中的合理和错误，使它为我们的话语体系构建提供重要的理论资源。

此外，国外马克思主义学者在解读马克思文本时，结合现实问题提出了新的话语概念，显现了地域性的文化特征及富有民族色彩的历史背景，有利于丰富和发展马克思主义理论。当前国外马克思主义所关注的前沿问题，如生态问题、数字资本、社会公正观、空间正义等，都体现了其新的话语概念与资本主义发展新特点的结合。不论其是否坚持了马克思主义的方法，这都体现了他们敏锐的问题意识和对社会现实的关注。而他们所关注的现代化问题，也为我国的发展提供了前车之鉴，值得我们反思。

（二）国外马克思主义研究的学术价值

国外马克思主义研究既分析了当代资本主义的新变化，又揭示了对当代国外社会主义革命道路的探索。他们主张站在哲学本体论的角度对当代资本主义社会产生的新问题进行研究，致力于找出一条使西方人走向自由解放的路径。这其中有许多的内容可以发展转化为中国马克思主义哲学理论的组成部分，为我们处理现代性的问题提供借鉴。

我国的国外马克思主义研究经历了从拒绝排斥、否定，再到理解的过程。这也对我们反思马克思主义哲学的本质起到了推动作用。我国进行国外马克思主义研究不仅仅是为了了解和评判其理论观点，更不是为了发展国外马克思主义理论。我们的研究都是基于中国马克思主义理论的发展和中国特色社会主义的建设，立足于现代化进程中的理论问题和现实问题。我们进行的国外马克思主义研究是为了使其服务于我国的马克思主义理论建设。我们要以客观的立场对国外马克思主义的成果进行分析、鉴别，将其合理的部分转化为当代中国马克思主义理论研究的一部分，推进马克思主义中国化、时代化，这也是开展国外马克思主义研究的学科意义与当代路径所在。

第五节　中国近现代史基本问题研究

2008 年，国务院学位委员会、教育部下发了《关于增设"中国近现代史基本问题研究"二级学科的通知》（以下简称"08 通知"），将"中国近现代史基本问题研究"增设为马克思主义理论一级学科中的第六个二级学科。为什么把中国近现代史基本问题研究作为二级学科放在马克思主义理论一级学科中呢？它与历史学一级学科中的中国近现代史二级学科存在着怎样的关系？与政治学一级学科中的中共党史二级学科有什么关系？与马克思主义理论一级学科中的其他五个二级学科是什么关系？下面就设立中国近现代史基本问题研究学科的背景、依据和意义，学科建设的现状，学科建设中亟待解决的问题等方面进行分析。

一 学科设立的背景、依据和意义

2005年，国务院学位委员会和教育部在组织专家学者论证调整和增设马克思主义理论一级学科和"马克思主义基本原理"等五个二级学科的必要性和可能性时，学术界对此并不存在太大的异议。当时争论的焦点主要在于是否应当将"马克思主义哲学""马克思主义政治经济学""中共党史"和"科学社会主义与国际共产主义运动"这四个二级学科也放入马克思主义理论一级学科的框架内。

对此问题，学术界和相关部门进行了深入的论证。最后形成的主流意见是将"马克思主义基本原理"等五个二级学科调整进入马克思主义理论一级学科，"马克思主义哲学"等其他四个争议较大的二级学科暂不列入。做出这样决定的最主要原因是即使不将这四个二级学科调整进入马克思主义理论一级学科，也不会影响其他五个二级学科形成有机统一的具有内在逻辑性的科学体系。如马克思主义哲学、马克思主义政治经济学、科学社会主义与国际共产主义运动在知识体系和研究范围等方面与"马克思主义基本原理"二级学科存在很大程度上的相似性。由此来看，暂不将这三个二级学科放入马克思主义理论一级学科的框架内，并不会直接影响马克思主义理论的系统性研究和马克思主义理论学科建设的整体性发展。

相较于其他三门学科，当时争议比较大的是政治学一级学科下的中共党史的学科属性问题。有学者认为在马克思主义理论一级学科中的"马克思主义中国化研究"二级学科内涵盖了马克思主义中国化的历史进程研究。而这部分内容与中共党史的研究对象和研究内容多有重合，两门学科具有一定的同质性。因此，可暂缓将"中共党史"作为二级学科放入马克思主义理论一级学科的框架内。实际上，"马克思主义中国化研究"二级学科的研究范围和研究内容虽然内含着中国共产党革命史、执政史的梳理和阐述，但显然更偏重于中国化马克思主义的思想和理论成果的研究，并不能完全替代专注于历史研究的"中共党史"的学科地位和作用。遗憾的是在2005年的学科调整中并没有将"中共党史"纳入马克思主义理论一级学科内。这就导致在该一级学科内，缺少一门专门梳理、阐释、研究马克思主义在中国传入和发展的历史背景、历史规律、历史经验，凸显马克思主义鲜明的"历史与理论相结合"特点的二级学科。

此外，2005年教育部对高校思想政治理论课也进行了结构性改革。调整后"马克思主义基本原理概论""毛泽东思想和中国特色社会主义理论体系概论""思想道德修养与法律基础""中国近现代史纲要"四门课构成了当前高校思想政治理论课的基础课程。前三门课在马克思主义理论一级学科下的五个二级学科中均能够找到相对应的学术支持和学科支撑。只有"中国近现代史纲要"这门课在马克思主义理论学科内并没有直接的学理支持。

一般来说，与本专业关联度最高的是历史学一级学科下的"中国近现代史"和政治学一级学科下的"中共党史"。但是二者在学科定位和研究范围等方面与中国近现代史纲要的教学要求并不完全相符，具有较大的差异。比如"中国近现代史"是典型的历史类学科，以史料为依据更加强调求真，重视从宏观的视野梳理和阐释近代以来中国历史发展过程本身。而"中国近现代史纲要"课是从思想政治理论学科的角度出发，更倾向和侧重于对中国近代以来的经济、政治、文化、社会、军事等专门史的研究。就研究范围而言，"中国近现代史"学科的时间范围是1840年鸦片战争到1949年开国大典。而"中国近现代史纲要"课的时间范围是从1840年鸦片战争至今。二者的上限是一致的，但下限时间差距较大。又如，"中共党史"的时间范围是从1921年中国共产党成立至今。它的下限与"中国近现代史纲要"的下限相同，但上限范围有较大不同。因此，无论是"中国近现代史"还是"中共党史"均不能全面覆盖中国近现代史纲要的教学内容。

可见，在马克思主义理论一级学科的框架内缺少一门凸显"历史与理论相结合"的二级学科，其既无法满足马克思主义理论学科体系整体性研究、系统性发展的内在要求，也不适应当前高校思政课教育教学的发展要求。有鉴于此，"08通知"中也特别指出增设"中国近现代史基本问题研究"二级学科的主要目的之一就是解决"中国近现代史纲要"课的学术支撑和学科支撑的问题。

二　学科建设的现状

（一）学科属性

就学科属性而言，有部分学者根据"08通知"附件二学科简介的一句话："中国近现代史基本问题研究学科是在中国近现代史研究基础上发展而来。"由此来推定该学科的历史学属性，强调以史料为基础的"求真"价值和摆脱政治教育和意识形态色彩的学术立场。实际上，是混淆了"中国近现代史基本问题研究"与历史学一级学科下"中国近现代史"的关系，突出了它的历史研究与历史教育的功能，忽视了其作为马克思主义理论二级学科的逻辑性和规定性，模糊了二者的界限，是一种明显的误读。但大部分学者对于该学科的马克思主义理论属性是没有异议的。他们的主要依据是"08通知"中关于本学科的学科定位："中国近现代史基本问题研究是围绕历史和人民怎样选择了马克思主义、中国共产党和社会主义道路，即中国的发展举什么旗、走什么路、由谁来领导等中国近现代史的基本问题，专门系统研究中国近现代的历史进程及其基本规律和主要经验的学科。"这段表述清楚地阐述了"中国近现代史基本问题研究"马克思主义理论的学科性质和鲜明的意识形态教育功能。可见，马克思主义理论一级学科下的"中国近现代史基本问题研究"二级学科必须是也只能是马克思主义理论的学科性质和功能定位，必须坚持马克思主义理论学科的基本学术规范和话语系统，在马克思主义理论的学科框架内梳理和阐释研究对象和范围、研究内容和重点。

（二）学科研究范围和重点

关于本学科的研究范围，"08 通知"中也做出了明确的说明，即中国近现代史"三个选择"问题研究，中国特色社会主义道路历史规律研究，中国改革开放历史规律研究，中国近现代史基本规律和主要经验研究，马克思主义中国化的历史背景研究，高校思想政治理论课"中国近现代史纲要"课教学重点、难点、热点理论问题和教学实践研究，科学的历史观教育研究等。

这些具有原则规定性的表达是我们全面准确地把握该学科研究范围和重点的重要抓手。根据"08 通知"的精神，学界进行了广泛的讨论，形成的主流意见是"中国近现代史基本问题研究"的学科研究范围是以鸦片战争以来中华民族的一段特殊发展阶段作为宏观的历史背景，系统的研究、梳理和阐述中国共产党如何领导中国人民取得新民主主义革命、社会主义革命、社会主义建设的伟大胜利和巨大成就，及时总结党在各个阶段的实践经验和集体智慧，不断创新马克思主义中国化的理论成果，实现中国人民从站起来、富起来到强起来的伟大飞跃，实现中华民族的伟大复兴。

具体来讲，明晰"中国近现代史基本问题研究"的学科研究范围和重点，必须厘清该学科与"中国近现代史""中共党史""马克思主义中国化研究"的学科关系。

就该学科与"中国近现代史"学科的关系来说，二者既相互联系又相互区别。一方面，如上文所述"08 通知"指出："中国近现代史基本问题研究学科是在中国近现代史研究基础上发展而来。"学术界从未否认二者在研究对象和范围、研究内容和重点、研究方法等方面具有相互交融、密不可分的共性，充分肯定了较早设立的"中国近现代史"对该学科的学术滋养和学科支撑的功能和作用。[①] 另一方面，"中国近现代史基本问题研究"的学科名称特别是"基本问题研究"这几个字已经表明其与历史学下的"中国近现代史"有着质的不同。相较于更关注历史进程

---

① 张静、解庆宾、王俊桥：《"中国近现代史基本问题研究"学科建设的再思考》，《思想理论教育导刊》2016 年第 1 期。

本身和具体历史细节的"中国近现代史","中国近现代史基本问题研究"更强调宏观的梳理和阐释中国近现代社会发生、发展的主题主线和基本的历史进程、历史脉络、历史规律。①

　　就该学科与政治学一级学科下的"中共党史"的关系来说，二者的研究范围有所交叉，都是研究中国近现代社会的历史进程和历史规律的学科。但本学科研究的覆盖面比"中共党史"学科更宽广，后者的研究重点相对聚焦。"中国近现代史基本问题研究"是以辩证唯物主义和历史唯物主义的研究方法解析中国近现代社会的历史进程，阐述历史规律，既研究中国共产党领导中国人民进行革命建设改革的理论和实践，也研究近代以来影响中国社会发展方向的其他重要事件、人物的地位和作用。而"中共党史"学科的研究范围和重点主要以中国共产党的活动为主线，梳理党在各个时期的路线、方针、政策及其变化，以及中国共产党自身建设的历史。

　　就本学科与马克思主义中国化研究学科的关系来讲，二者在时间范围与研究内容和重点等多方面有所交叉但仍具有较大差异。从时间范围来看，虽然早在1899年英国传教士就在《万国公报》上把马克思的名字传入了中国，但学界普遍认为五四运动后马克思主义才在中国广泛传播。因此马克思主义中国化的时间上限，一般认为是1919年五四运动。即使是从1899年开始算起，仍与本学科的时间上限有五十多年的时间差距。所以，许多学者认为本学科的研究内容为马克思主义中国化研究提供了历史背景的梳理和分析。虽然二者都在不同程度上覆盖了马克思主义中国化的研究。但本学科的研究视野更为宏观，一般只涉及具有重大影响的历史事件、人物，不牵扯具体的细节和事例，研究的对象也不局限于中国共产党的理论和实践。而"马克思主义中国化研究"学科对五四运动以来历史的梳理不只局限于宏观视角，从中观、微观等视角以具体事例"以小见大"的文章和专著已有不少。研究的对象则聚焦于中国共产党的理论和实践，较少涉及其他。

---

① 沙健孙：《关于增设"中国近现代史基本问题研究"二级学科的几个问题》，《思想理论教育导刊》2008年第8期。

通过与三个相近学科的比较，更容易全面系统地把握马克思主义理论一级学科下属的"中国近现代史基本问题研究"二级学科的研究对象、范围和重点以及研究的主题和主线。

三 学科研究范围及学术前沿问题

"如果要看前途，一定要看历史"，"历史研究是一切社会科学的基础"，要想研究历史现象和历史问题，往往需要变化角度来看，每变化一个不同的角度，就会对同一个历史现象产生新的认识，从而使研究深入一步，中国近现代史的研究就是这样。

对于自1840年以来的中国近现代历史，可以从多个角度进行研究：一是从时代主题变化的角度来研究，以中华人民共和国成立作为前后两个时代的分野；二是从思想发展史的脉络来进行研究，也就是以五四运动为分界线。当然，除了这两个角度，还可以选择很多角度来对中国近现代历史进行深入的研究，同时也可以将两个角度结合起来。对于同一个研究领域，不断转换研究的视角，可以使得我们的认识更加全面、更加辩证。

对于中国近现代史基本问题研究的研究范围、领域及学术前沿问题，主要包括以下十一个部分。

（1）近代中国灾荒与社会

以近代中国灾情为线索，来探讨灾荒发生的社会因素以及对近代中国社会的影响。

（2）近代中国的改良与革命

先是对"革命"与"改良"两个概念进行释义，由此来说明近代中国历史上的改良与革命。

（3）民初议会政党政治的崩溃——以国会和进步党为中心

以各个事件发生的时间脉络为线索，来分析国会的解散和进步党的瓦解。

（4）李大钊与马克思主义在中国的早期传播

从时代背景、文化基础、理论渊源来探讨李大钊传播马克思主义的"历史使命"，由此开启马克思主义中国化的历史主题。

（5）1921—1927 年中共对反帝斗争的领导

对于这一时期，总结揭露国际帝国主义的侵华阴谋、平定商团叛乱、五卅运动、省港大罢工、汉口以及九江租界收回等事件的宝贵经验及教训。

（6）红军的创建——以土匪问题为中心

收编土匪武装是建军之初迅速壮大红军的重要手段，改造土匪武装，以及六大严厉政策的提出。

（7）20 世纪 30 年代三民主义文化思潮

这一时期是对三民主义进行的重新诠释，以及对三民主义文化思想的推动。

（8）解放战争时期中国共产党与中间力量的关系

从对中间力量群体的认识为起始，来阐明中国共产党对资产阶级的政策，与民主党派的合作关系以及对国民党军政人员的争取。

（9）中国共产党对社会主义建设道路的艰辛探索

分析这一时期许多重大历史事件，包括对和平的国际环境的争取，毛泽东与新中国的工业化道路，社会主义市场经济的最初萌芽，政治变革对经济变革的引导，两弹一星的战略决策，等等。

（10）改革开放序幕的揭开

从 1974 年至 1975 年的全面整顿开启，进一步探索开展关于真理标准问题的大讨论以及其他各方面的工作，为期 36 天的中共中央工作会议，从而研究正式揭开改革开放序幕的中共十一届三中全会。

（11）改革开放以来我国基层民主自治建设

以改革开放后为时间线，分析我国基层民主自治建设的主要历史、内容、成效、特点以及意义。

前三个部分描绘了一幅内忧外患的清末民初的社会图景，这就是中国旧民主主义革命终结和新民主主义革命兴起的大背景。灾荒频发作为中国近代社会的突出特点，天灾人祸相互交织，造就了晚清时期社会中的各种矛盾错综复杂、相互激荡的革命局面。接续的五个部分，也就是第四部分至第八部分，深入探讨了马克思列宁主义和中国共产党人为什么能够带领中国人民获得新民主主义革命胜利的重要方面。最后三个部分，也是一段刻骨铭心的历史，在这一时期中国共产党带领中国人民找到了中国特色社会主义道路，进入了改革开放和社会现代化建设的新时期。鉴往知来，在中华民族伟大复兴的征途上，唯有以史为鉴，面对现实，才可以使得我们始终保持清醒的头脑向前进。

第六节　思想政治教育

思想政治教育作为马克思主义理论一级学科下的二级学科，其所研究的基本领域相比较于马克思主义基本原理、国外马克思主义研究等其他二级学科具有十分突出的自身特点，这是由其本质所决定的。思想政治教育的本质可以总结为：思想政治教育是教育者按照自身所属阶级和社会制度的要求，坚持自身所在阶级发展的指导思想，利用一切可以利用的教育资源、教育手段等对受教育者施加一定的影响，期望并引导受教育者发生某种思想上的变化的实践活动。

一　思想政治教育学科的建立与发展

思想政治教育作为一种社会实践活动，在不同的历史时期思想政治教育的名称也存在差异。思想政治教育学科是中国共产党依据一定的理论和实践经验在相关学科的基础上独创的。从1984年确立学科至今，经历了一个曲折而又多彩的历程。

（一）学科含义的概述

在思想政治教育的初期一般采用"宣传工作"的提法，无产阶级自成立以来就把宣传工作提到重要的地位，并注重在人民群众中开展意识形态宣传工作。虽然那时的工作体系还不完备，但"宣传工作"的提出却完善了思想政治教育的内容与功能。列宁作为马克思主义的集大成者，首次提出了著名的灌输理论，并提出"政治工作""政治教育工作"的概念。列宁面对当时俄国在政治上出现的斗争情况，意识到对人民思想施加教育影响的重要性，列宁的政治教育思想不仅壮大了当时俄国无产阶级政党的队伍，对现代思想政治教育也有重要的借鉴意义。

（二）思想政治教育学科概念在我国的发展

思想政治教育学科这一概念在我国得到广泛传播是深受俄国十月革命的影响，思想政治教育的提法对我党的发展产生了深远的影响。建党初期，如前所述，主要用"宣传工作"的提法来宣传马克思主义，唤醒工农的无产阶级意识。中华人民共和国成立前，我党为加强红军战士的共产主义意识一直沿用"政治工作"这一概念。中华人民共和国成立后，这一概念又发生了变化，三大改造完成后，针对社会主要矛盾的变化，又出现了"思想政治工作"的提法。毛泽东同志在《关于正确处理人民内部矛盾的问题》中也强调了推进思想政治工作对促进社会发展的重要意义。直到1978年，思想政治教育的发展才迈上了新的台阶。"思想政治工作"一词最开始是作为一些重要文件和讲话的重要词语。到1984年教育部为培养更多的思想政治工作人员，决定在部分高校开设思想政治教育这一专业。这一时期正式确立"思想政治教育"的提法并成为这一领域的专用词。

众所周知，学科概念作为该学科的核心思想，是人们了解该学科范畴、来源的重要根据。思想政治教育的概念是指社会或社会群体用一定的思想观念、政治观点、道德规范对其成员施加有目的、有计划、有组织的影响，使他们形成符合一定社会、一定阶级所需要的思想品德的社会实践活动。从中我们就可以了解到该学科是以培养人，提升人的品德修养为重要追求。所以把该学科称为"思想政治教育"最合适不过。随着人们对该学科认知的深化，越来越多的青年才俊投身到思想政治研究的领域中，学科教学、学科人才队伍都日趋庞大，体系也更加成熟，学科的科学性、先进性也充分凸显。

二　影响思想政治教育学科地位的因素

当今世界国内国际环境的变化，给当代中国带来了发展机遇的同时，也对当前思想政治教育带来了巨大挑战。

（一）思想政治教育环境的新变化

全球化自 20 世纪 80 年代提出以来就备受关注，它促进了人类社会的发展，推动了世界在经济、政治、文化等领域的交流与发展。然而，在全球化的影响下，信息的流通速度更为迅猛，在不断开放的环境下，思想政治教育的处境变得更复杂，可控制性逐渐削弱。另外，西方国家常常运用越来越隐性化的手段向我国传播西方的理念，这种在一定程度上具有欺骗性的方式，蒙骗了社会上一部分人的思想，使人们容易丧失对西方所传播的意识形态和价值观的判断能力，容易使部分人的共产主义理想信念产生动摇。思想政治教育作为一门新兴学科，自身还需要不断完善和发展，面对世界大环境的影响，人们更要坚信马克思主义的世界观和价值观，稳固我国的思想政治教育学科地位。

"十四五"时期，我国进入到重要的战略机遇期，在市场经济下，人们的思想观念更容易受到物质生活的影响而发生变化，多元化的市场经济使人们的思想观念更加多元化，在经济驱使的环境下人们主要以自我价值是否实现为最终目的，完全缺乏共产主义所具备的先人后己、无私奉献的优良品质。在市场经济下，人们的价值准绳也随时代的发展不断变化，使原本就很复杂的社会环境变得更复杂，也加重了思想政治教育工作的难度，倘若不能好好引导则容易给该学科的发展造成不利影响。

当前的时代是一个融媒体时代，互联网的普及程度就像大海那样宽广，高度的信息化不仅开阔了人们的视野，同时一些不可估量的负面影响也在改变着人们的思想观念、价值取向和行为方式。在互联网这种虚拟的环境里，人们容易失去在现实社会中的伦理道德约束，发生道德失范现象，在信息时代人们对信息的掌握速度甚至远超思想政治教育工作者，这在一定程度上对工作者的话语权造成挑战，有碍于其在实施教育中权威性的发挥。

（二）思想政治教育学科的现实制约

思想政治教育学科是一门与我党联系密切的科目，一直以来党和政府也投入了大量的人财物资源支持该学科的发展。然而受今天的各种因素冲击，在开展思想政治教育时面对一些难题，处理的方式难免低效。

思想政治教育学科存在着研究领域落后，思维方式陈旧的现象。人们往往都会浅显地认为该科目的终极目标是为本专业培养合格人才，所以，教育工作者把学校作为该学科的研究范围，忽视了对社会这个大环境的研究，使学科变得相对封闭化，无法突出思想政治教育的时代价值和社会功能。还有部分思想政治教育工作者思维方式陈旧，不能做到与时俱进，只会写出高投入、低产出的研究成果。

缺乏问题意识，导致研究成果指导实践的作用较弱。问题意识是指思维的问题性心理，在人的认知中经常会遇到一些不明白的问题或现象，并经常产生疑问和探求的心理状态。当前我国已经进入了新时代，同时容易引发思想上的矛盾。思想政治教育的直接目的本是解决人们思想上的困惑，帮助人们树立正确价值观的教育，但由于缺乏这种问题意识，往往在指导现实工作时出现问题才去解决，因此缺乏了应有的预见力。在探究新情况、解决新问题时容易缺乏动力，阻碍了学科的进一步发展。

部分思想政治教育工作者应该加强对学科素养的培育，作为思想政治教育的工作者应该始终具备扎实的学科理论知识功底和高尚的道德品质，然而在今天仍有部分思想政治教育工作者存在自身政治理论素养水平不高的现象，在工作时对政治的敏感度下降，认识水平、能力有所下降，导致对马克思主义信仰不够坚定，身为思想政治教育工作者出现这种现象是十分危险的事情。有的思政工作者还缺乏相应的学科创新精神，高校的思政工作者和社会的党政群体是思政教育研究的主力，他们在研究时更注重经验和感觉而不是科学性，最终对时代发展新出现的问题无法做出理性的判断，这容易限制该学科的深度和广度，难以发挥出学科的最大优势。

三　思想政治教育研究的领域

思想政治教育本质的复杂性以及思想政治教育要素的多样性决定了思想政治教育研究领域的多重性。新时代高校思想政治教育作为我国教育系统中重要的组成部分，其研究的基本领域除了体现着思想政治教育的一般特征，更带有极其浓厚的学校特征、学术特征。

（一）思想政治教育学基本原理

思想政治教育学基本原理是研究思想政治教育内容、功能、本质、特征、规律等的学科。在思想政治教育各个研究领域中，思想政治教育学基本原理是其他一切领域研究得以开展并深化的基础和前提，如果没有对思想政治教育基本原理的探究，那么其他一切的研究都是悬浮于空中的海市蜃楼。

思想政治教育的内容分为主要内容和辅助内容。其中主要内容体现为新时代高校思想政治教育开展过程中的核心课程。同时这些核心课程也是达到高校思想政治教育育人主要目标的重要手段，主要包括：教导学生树立正确的道德观念，形成正确的道德判断标准，形成符合社会主义社会发展要求的道德行为等道德观教育；引导学生并使其形成正确的政治观念，拥有坚定的政治立场，始终保有一颗爱国赤诚之心的政治观教育；帮助学生树立好正确的人生观、价值观，树立起唯物主义的世界观，树立起正确的三观教育。这些主要内容更加突出地显示了新时代高校思想政治教育将受教育者培养成建设社会主义现代化国家所需要的德智体美劳多方面发展的新时代人才的主要功能。其本质也蕴含于其中，即教育者对受教育者施加一定的影响，并引导受教育者发生某些期望内的符合教育目标的变化。思想政治教育具有实践性、教育性等特征，同时还具有马克思主义理论的一些特性，比如意识形态性、先进性等。但是新时代对其特征又提出了新的规定，即时代性特征，即将我国面临新的世界环境对人的要求融入进思想政治教育的内容当中，不断涤荡原有的教育内容，符合时代发展要求的留下，不符合时代发展要求的抛弃。高校思想政治教育始终围绕人的教育与发展，因此，其必须要符合教育目标高于受教育者自身现有水平、始终坚持以受教育者作为教育主体、教育活动开展过程符合受教育者心理成熟以及接受程度等规律。

（二）中国共产党思想政治教育史

中国共产党思想政治教育史是高校思想政治教育中一个偏向历史类的研究领域，其所依托的材料以及研究的对象就是自中国共产党成立以来以党为中心的各个阶段开展的思想政治教育。1921 年中国共产党从南湖启航，自那一天起中国共产党就在探索中创立着独属于其自身的有关于思想政治工作的体系，这个体系是一个包含着军队体系也包含着人民体系等庞大且复杂的体系，而"思想政治教育是其基本内容和中心环节"①。

以时间分期来梳理，其主要内容包括：中国共产党思想政治教育的创立与形成、党的思想政治教育的实践创新与成熟、解放战争时期思想政治教育的新发展、中华人民共和国成立初期思想政治教育的新发展、社会主义探索时期思想政治教育的积极探索、"文革"十年时期思想政治教育的挫折与教训、思想政治教育的拨乱反正与改革发展以及新时期思想政治教育新发展。其中每一个阶段都有着其自身明显的阶段性特征。因此，这个领域研究的主要内容是中国共产党在各个历史时期开展思想政治教育的主要内容，该阶段开展思想政治教育主要针对的对象及其原因，该阶段党思想政治教育的经验教训，等等。其中党在历史各个阶段上开展思想政治教育所获得的经验教训是该研究领域研究的重点。新时代背景下在高校环境下进一步研究中国共产党思想政治教育要坚持好"实事求是、一切从实际出发、理论联系实际、坚持在实践中检验真理和发展真理的传统""要求思想政治教育工作者在思想上、理论上与时代同进步，站在时代前列，不断推进理论创新"②。

中国共产党思想政治教育相比起其他的研究领域更加突出了意识形态性、更加突出了中国共产党在我国思想政治教育体系的建构、发展过程中的至关重要的作用，其研究所获得的经验等对新时代我们继续推动思想政治教育的发展具有指导性意义。

（三）比较思想政治教育学

比较思想政治教育学是通过对比中国古代德育与中国当代德育，比较国外德育与中国德育从而为我国思想政治教育发展找出更好的前进路径。比较思想政治教育相比较其他研究领域，全球性视野是其突出特点，即不仅研究中国的思想政治教育还研究其他国家的思想政治教育，同时还具有开放性的特点，即该领域的研究"没有固定的边界""不必用条条

---

① 张耀灿：《中国共产党思想政治教育史论》，高等教育出版社 2006 年版，第 1 页。

② 张耀灿：《中国共产党思想政治教育史论》，高等教育出版社 2006 年版，第 382—390 页。

框框束缚自己的手脚"。①

比较思想政治教育的研究范畴主要可以分为两个部分：其一是中国由古至今的思想政治教育，其二就是世界各国的公民教育。其中，世界各国的公民教育是当前比较思想政治教育研究的重点领域。西方国家以自由、平等、博爱等价值观念作为公民教育的主要价值引领，更加突出个人成才的路径。同时，西方国家进行公民教育的途径更多地偏向价值澄清与学生自发进行探索，这与我国课堂系统的知识教育是相差较大的两种教育途径，因此也会给我国思想政治教育的发展提供新的思路。

该领域在整个思想政治教育体系中起到的是一种由外而内的引导作用，与其他领域相比该领域在意识形态性上较弱，但是通过比较既可以吸收我国古代思想政治教育的一些好的经验，也可以向外研究最终以我为主并吸收借鉴他国公民教育中所取得的经验成就，从而进一步推动我国思想政治教育实效性的提高。

（四）思想政治教育方法论

该领域所要进行的研究"是关于思想政治教育方法的理论"②，是从根本的方法指导层面出发，以原则性方法为指导，为新时代高校思想政治教育教学实践提供方法论指导。方法论是哲学领域中的基本内容，并不像具体的教学方法，例如课堂示例法、小组讨论法等，能够明确地指出该怎么做以及具体怎么做，而是在大层面上进行指导，即"研究思想政治教育方法形成、变化和发展规律""研究思想政治教育方法的联系规律""研究思想政治教育方法的具体规律"③，以及这些规律未来的发展趋势。

原则性是该领域研究最为突出的特点，主要体现在基本方法论的笼统性上。新时代高校思想政治教育不同于以往任何时期的思想政治教育，其所处时代背景更新，受教育者的心理、对于受教育者的教育方法等都有了巨大的变化。如果用以往的方法论作为原则性上的指导，那么必然

①　陈立思：《比较思想政治教育》，第 2 版，中国人民大学出版社 2018 年版，第 10 页。
②　张耀灿、郑永廷、吴潜涛等：《现代思想政治教育学》，人民出版社 2006 年版，第 360 页。
③　郑永廷：《思想政治教育方法论》，高等教育出版社 2010 年版，第 5 页。

会出现，在原有方法论原则的指导下所产生的具体的教育方法与新时代的教育内容以及新时代学生群体的新特征相脱节的困境。

在新时代，高校进行思想政治教育方法论领域的研究是不断提升高校思想政治教育实效性的重要之策。在已得出的方法论中，例如"认识方法""实施方法""调节评估方法""提高方法"等，既有符合新时代育人要求的内容，也有不符合时代新人成长需要的内容，这将直接影响到新时代高校思想政治教育的质量，更深一步影响到新时代高校人才培养的质量，乃至于影响到国家社会人才的整体质量。因此，在新的时代背景条件下，依托高校平台对思想政治教育开展方法的原则性探究，这是推动新时代高校思想政治教育发展必不可少的重要举措，也是当今高校思想政治教育学科中需要重点研究的领域。

（五）思想政治教育心理学

该研究领域是将思想政治教育与心理学相结合所产生的。实证性是该研究领域最为突出的特点。但该领域相比较其他领域的研究，其主要探究重点不是思想政治教育教学方法、教学环境等，而是受教育者的心理特征，这主要体现在研究过程中心理学调查问卷的设计、发放、回收以及统计上。以实证性研究为基础，在此基础之上进一步改进思想政治教育的其他要素，这是思想政治教育心理学研究领域的特殊性所在。

该领域研究大致可以分为两个部分：一是对思想政治教育的受教育者的心理状态、心理承受能力、心理倾向性等进行研究分析；二是在前者的基础上结合思想政治教育的基本原则提升思想政治教育的有效性。

新时代带来了新的国内外环境，受教育者因为价值观等的不成熟性，容易受到其他因素的影响，因而产生了不同于以往任何时代的心理特征，因此开展心理学调查是针对受教育者当下的心理状态而不断改进思想政治教育、进一步提升实效性的基础。

（六）高校思想政治理论课研究

"高等学校的思想政治理论教育是中国共产党整个思想政治理论教育

的重要组成部分。"① 新时代对我国高校思想政治教育及其所要培养的人提出了新的要求和规定。

我国目前高校思想政治理论课主要包括思政课教师、思想政治理论课教材以及学生群体三个要素，其中思政课教师是课程的主导因素，在一定程度上影响高校思想政治教育的水平，因此其研究的第一个方面就是如何提升思想政治理论课专业教师的素养。第二个方面也是近年来学界研究较为重视的方面——思想政治理论课本身方面的研究。这一部分主要研究思政理论课教材的内容、我国高校思政理论课设立发展的历史沿革以及思政理论课教学的方式方法。对于学生群体的研究主要体现在对学生群体的时代性心理特征、个人现有水平与国家社会要求水平之间的差距等方面。

高校思想政治理论课以高校思想政治教育理论为其理论基础，是将思想政治教育课堂化的主要形式，是将思想政治教育育人等功能落实下来的实践活动。其研究是理论与实践的统一，是社会性与历史性的统一。在新时代对高校思想政治理论课的诸要素进行研究，是当前一段时间提升高校思政理论课质量、提升思政课教育教学水平的重要手段。

四　思想政治教育学科地位的基础与意义

如何判定一门学科的合法性以及该学科的立足基础呢？就思想政治教育学科来说，应该从学科合理性的角度来探究该学科的合法性。

（一）思想政治教育学科的合法性基础

思想政治教育有属于自己学科的研究规律，学界普遍认为是对人们思想品德形成规律的研究和对人们进行思想政治教育规律的研究。一般而言，一个人思想品德的形成是综合多方面的结果，是人们对社会存在的反映，人们对教育的接受程度与个人原来的认知能力和知识水平密切相关。思想政治教育需要探究这些规律，目的是培养人们形成正确的思想观念和崇高的品德修养。目前学界把思想政治教育的基本规律和思想

① 石云霞：《高校思想政治理论课程建设史研究》，武汉大学出版社 2006 年版，第 3 页。

政治教育的具体规律看作存在于思想政治教育中的两个规律。一般把思想政治教育的基本规律定义为：它是思想政治教育的一般规律，普遍存在于思想政治教育中，贯穿思想政治教育始终。在内容上主要体现在三方面：思想政治教育与社会相互作用的规律，主导性与多样性相统一的规律，加强思想政治教育系统自身的管理与建设的规律。一般把思想政治教育的具体规律分为：主客体互动规律、内化外化规律、理论创新和方法创新规律等。正是在这些具体规律的作用下，推动思想政治教育不断得到完善和发展。

近年来，思想政治教育学科不断发展，这不仅得益于马克思主义理论的长期指导，还应该关注该学科与其他相关学科所产生的内在联系，该学科是在内化吸收其他相关学科理论成果的基础上不断发展的；吸收借鉴过教育学、心理学、社会学等学科。它们都与思想政治教育存在联系，在实际工作中，这些学科在一定程度上有助于思想政治教育学科的发展，同时思想政治教育学科的发展也会让这些相关学科获得补充内容的灵感。

思想政治教育是否具有合法性也可以通过考察思想政治教育的功能来判断，它通常是指思想政治教育系统内各要素之间及其与外部环境之间用一种特殊的方式相互作用而产生的特性和效果。一般认为思想政治教育在意识形态中的功能是它的特殊功能，包括政治导向功能、经济发展功能、文化整合功能和为最大程度促进人全面发展的激励、调节、转化功能等。

（二）巩固思想政治教育学科地位的意义

思想政治教育对我国的发展起着举足轻重的作用。若社会缺少思想政治教育的引导必定会引发动乱，巩固思想政治教育学科的地位有利于该科目的完善与发展，思想政治教育的成效与否关系到国家的富强、民族的繁荣和社会的进步。如今思想政治教育学科与不同学科之间的交流趋势明显，然而在学科交流过程中，容易出现研究界限不明晰，学科定位不清晰的现象。因此，应增强该学科理论研究的独立性，推动该学科理论研究规范化，彰显该学科的特色，同时巩固该学科的地位，有助于坚持该学科发展的社会主义方向并始终明确马克思主义的主导作用。

通过判断一门学科是否对社会的发展有利，是否合乎社会发展的需要也是判断该科目是否具有存在的必要性的依据。思想政治教育的独有功能对经济、政治、文化的发展有着重要意义，要加强对该学科的宣传，让人们自觉接受思想政治教育，同时要为思想政治教育工作的顺利开展创造出良好的氛围。还应该通过提高思想政治教育工作者的待遇和社会地位，提高他们工作的积极性和主动性，推动思想政治教育团队的建设从而强化该学科在学界的地位。

五　提升思想政治教育学科地位的现实途径

过去人们缺乏对思想政治教育功能和价值的认识，而在当今的条件下，有效性的实现也是关系该学科地位是否稳固的关键；切实加强学科自身建设是完善该学科构建和巩固该学科地位的必要选择。

（一）提高对思想政治教育功能和价值的认识

思想政治教育经历了无数次历史的考验，直到今天思想政治教育仍然处在一种不可撼动的地位上，它是保持我党生机与活力，保证党始终走在时代前列的关键。在当代，要始终保持我国发展的社会主义方向，发挥我党的引领作用，要加强我国的社会主义意识形态建设就必须重视思想政治教育。改革开放以后在西方"和平演变"政策之下，我国意识形态领域一直存在斗争现象，这种趋势越发明显。导致一些人开始怀疑马克思主义的指导作用，这种变化会危及我党执政地位的稳固和社会的和谐。一般而言，判断一个理论是否还具有实质性的意义，要从时代背景来判断该研究有没有超出其应该研究的范围，当今时代仍然是资本主义和社会主义两种制度并存的时代，马克思主义揭示了资本主义必将灭亡，共产主义必将实现的人类社会发展趋势。马克思主义引入我国以后与我国的具体实际相结合，形成了具有中国特色的马克思主义。所以，马克思主义不仅在当代没有过时，而且始终是我国进行各项建设的指导思想，通过思想政治教育来捍卫社会主义思想，引导社会的意识形态。

要在营造出良好的舆论氛围中掌握整个社会的思想发展状况。思想政治教育工作者能够及时掌握社会舆情，更容易了解社情民意，开展工作更能做到"对症下药"。拉近政府与公众之间的关系，让政府更好地获得第一手资料。使政府的决策更合民意，集民智，消除负面影响，促进良好社会风气的形成。

（二）增强思想政治教育的有效性

增强思想政治教育的有效性，也体现在要求我们始终坚持马克思主义的世界观和方法论中。我国社会发展到今天，重视并强化我国意识形态领域的安全性建设对于改善整个社会的环境、风气起着重要的作用，通过增强思想政治教育的有效性帮助人们走出精神迷茫期和空虚期显得至关重要。思想政治教育实践性的特点要求，在开展思想政治教育中必须从现实出发来阐述理论，给实践以科学的指导，人们在实践中不断出现新情况，产生新问题，思想政治教育要发挥帮助他们正确认识并理性分析的效能，就必须以有效性的发挥为前提。

重视思想政治教育对内容划定、阐释的有效性，现在的思想政治教育在内容上仍然存在过大、过空甚至在现实生活中用不上的情况。所以，思想政治教育的内容需要与社会发展的步伐一致，明晰人们最关心的地方，有方向性地对教育内容进行整改。还要注重思想政治教育方法的运用，要避免单向度的"填鸭式"的教育方法，采用民主平等的对话方式讨论问题。注重利用新媒体，发挥网络覆盖面广的作用，以此为媒介增强该学科资源的社会利用率，推动该学科知识的普及化。例如，通过网站信息及时掌握社会大众关注点、兴趣点，帮助人们理性地对待社会问题。要提高解决问题的水平，增强其教育的说服力，思想政治教育工作者应该在掌握学科基础理论上把握学科前沿，积极创新，引导受教育者将所学知识内化为自身的品行。同时在开展教学时应该以身作则，以自己的行为作表率，增强其内容的可信任程度。思想政治教育工作直白说是关于说理的工作，所以在揭示事物规律时，应该遵循艺术规律，运用形象生动的表达方式将事与理相结合，提升思想政治教育的有效性。

（三）切实加强学科自身建设

要切实加强基础理论研究，由于当前该学科在基础理论的研究内容上重复较多，学科基础理论体系不够完整，因此，应该加强学科的理论研究，运用马克思主义经典著作中的相关论点、观念、方法来加强现代思想政治教育学科的理论研究，同时必须加大对思想政治教育基本规律、价值、概念和范畴的定位，推动该学科基础理论建设。

要着力探讨新情况，解决新问题。提高学科理论应变能力，这也是要求思政工作者要树立问题意识、创新意识。一些工作者由于缺乏创新意识，单纯进行理论性研究，导致脱离社会现实，使研究显得苍白无力。面对当今社会出现的新特点，思想政治教育工作者应该立足当前社会发展实际，瞄准切入点。当前人们对自身价值与发展的关注度普遍增强，在理论研究上应该着重个人发展的研究，关注人们的现实需求和精神需要，进一步提升该学科在理论上应对社会情况和问题的能力。

要加强研究队伍建设，高校和高校以外的党政机关，企业相关部门和军队相关部门是该学科研究队伍的代表。这些研究力量虽然涉及领域广泛，但容易导致学科研究力量分散、不够专业的现象出现。要通过大力培养学科带头人来强化队伍建设，要加大培养该领域领军人物的力度，在加强队伍建设中助推该学科的发展。加强对青年骨干的选拔和培育，组织他们参加各种培训班和高水平的会议，提升理论研究的能力和水平。通过组建学术梯队，为该学科提供强大的人力支持和人才保障，应该把各部门联合起来，形成合力。支持思想政治教育工作者之间进行学术上的沟通交流，找到适合自己的研究领域，定期对团队进行考核，增强学科研究团队的整体力量。

第三章

马克思主义理论研究选题方法

马克思主义理论研究选题，其中选题之"题"，首先在于问题域的发现，这一问题域是指无论是理论还是现实指向的待开发的，具有理论可能性、成长性的研究领域。题目之"题"，则是对上述选题（问题域）中某一具体问题的解决。理论研究就构成了选题的审视、确定和问题解决的整个过程。

第一节　选题原则与常见问题

选题是马克思主义理论研究的开端。在选题的过程中，对于一些研究者来说，往往会出现无从选题或者选题不当等问题，这就需要我们坚持选题的原则，从而更好地完成选题。会选题、选好题，这是我们每一位马克思主义理论学科研究者所必备的研究技能。

一　选题的常见问题

学会提出好的问题是学者在研究过程中必须要做到的。好的问题代表着一个好的方向。从一个问题出发往往可以形成相应的问题域，问题域指的是以一个问题为中心而形成的包括与此问题相关联所有内容的领域。通过长时间在这个问题域中的积累与凝练，便会形成自己在相应领域内的研究基础和研究优势。"衡量一个科研人员的科研能力和论文撰写能力，首先得看他能否选择有价值的课题。"① 选定好的题目就是文章成功了一半，这是历来研究过程中产生的经验之谈。而如果选择的是一个没有研究意义的问题甚至是一个伪命题，那么研究就会陷入困境从而失败。因此，对于马克思主义理论学科的研究者，特别是初涉此领域的青年学子来说，选题过程中需要避免出现下列几个常见的问题。

（一）选题没有以问题为导向

对于问题，马克思这样说过：问题就是公开的、无谓的、左右一切个人的时代声音，每个时代都有属于它自己的问题。习近平总书记在治国理政中也不断强调树立问题意识的重要性。善于捕捉问题的人，是能够感知学术价值所在以及回应时代诉求的智者。

初入马克思主义学科研究领域的研究者，由于种种原因，无论是在学术生活中还是现实生活中，容易浮于事物表面，从而缺失问题意识。其原因主要在于：首先，年轻学子因为平时阅读和实践的匮乏因而缺少学术积淀，他们不能敏锐地发现问题或者对于问题内核把握不够深刻。其次，对于他人提出的问题和见解，只能低水平地重复他人的观点。无法提出自身独有的观点，如此循环，对于问题的敏锐度是不会提高的。最后，缺乏提出问题的勇气。青年学者可能会在发现问题的时候质疑自己是否具备提出问题的资格或者解决问题的能力，从而错失了提出问题的机会。培养学术问题意识，最重要的还是要注重文献的精读精思并且积极参与现实生活的实践。在学习中积累经验，在现实生活中提高涵养，培养自己具有一双善于发现问题的眼睛。

（二）选题没有创新价值

学术创新分为理论创新和实践创新。目前，学界比较有声望的专家或学者在理论方面往往会实现大大小小的创新。这是因为这些专家、学者长时间的深厚积累，所以创新往往更加容易实现。而对于初涉马克思学科领域的学子来说，无论是出于学术造诣还是研究能力的角度，大都不想去触碰理论创新方面的选题。他们更加乐于进行实践性创新，这是

---

① 庄虔友：《略论社会科学研究中的研究设计》，《社会科学管理与评论》2012 年第 3 期。

因为实践性创新更贴近于生活，方便对选题进行观察和分析。但这里并不是说，理论创新就比实践创新高尚，因为理论创新和实践创新都来源于时代和现实的需要。

目前，马克思理论学科研究者学术研究出现了创新上的瓶颈问题。主要表现在几个方面：首先，无限重复前人的观点。青年学子在初入研究领域时虽然会占有一定量的文献资料，但出现重复前人观点，不能提出自己创新点的一个原因在于无法综合分析和概括梳理所占有的文献资料。实际上，对于文献资料的综述是论文准备前期的关键一步。文献综述能够整理出前人学者在此领域的主要观点以及已经完成的学术创新，研究者应该以此来寻找自己的创新之处和着力点。其次，选题脱离现实生活和时代需要。青年学者由于对理论知识掌握不扎实，研究学习后回馈现实生活的能力较弱，因此，他们无法及时发现符合现实生活需求的前沿问题，或难以寻找到新颖的研究论点和研究方法。最后，选择创新的角度发生偏差。虽然，对于青年学者来说，如果能够拥有理论创新确实是他们学术生涯的巅峰，但并不是说只有理论创新才是学术上唯一的闪光点。青年学子在难以进行理论创新时，可以选择视角创新、方法创新、材料创新，等等。如果只是拘泥于去实现理论创新，而现实水平又达不到，反而事倍功半。

（三）选题缺乏可操作性

一般来说，选题的大小、难易是相对的范畴。对于处于学界领先地位的学者和专家们来说，他们选择题目的范围和难度肯定是要高于一般学者的。而对于初入马克思学科研究的学者来说，这些题目是无法驾驭的，这就是所谓对于初学者来说选题过大。另外，选题也要注意避免空洞，应关注所选择的题目是否具有理论依据和现实依据，是不是本人的主观臆断。如果选择了太过于空洞甚至是根本不存在的问题，那么选题本身也就失去了研究意义。当然，选题也不宜过小。狭窄抽象的选题也会增加研究的难度。

（四）选题学科定位偏离

近年来，马克思理论学科逐渐壮大，占据着越来越重要的地位。随着马克思理论学科的发展，交叉学科和跨学科选题也日益增多。从正面的角度来看，这是一件有益于马克思主义学科发展的好事。这有利于马克思主义理论学科吸收更多其他专业领域的科学知识，助推了马克思主义理论的发展创新。但从反面的角度来看，这样的现象却不利于马克思主义理论学科的聚焦，在一定程度上削弱了此学科的针对性。选题的学科归属不清甚至出现错误的情况一般是由于选题人认识不足。之所以如此，可从以下方面来分析：首先，选题人可能缺乏对于学科分类和学科归属的认识。马克思主义理论学科是独立的一级学科，下分了六个二级学科，包括思想政治教育、马克思主义中国化研究、马克思主义基本原理、国外马克思主义研究、马克思主义发展史以及中国近现代史基本问题研究。部分选题人对于这些二级学科之间界限的划分模糊不清，具体的研究方向也不甚熟悉。这就导致了在不同专业开展选题时容易出现"越界"的现象。其次，研究者对于学术研究规范相关规定不熟悉。青年学子对自身毕业论文选题的学科归属要求不清楚，会出现张冠李戴的现象。比如，思想政治教育专业的研究生选择了关于马克思主义中国化方向的问题。这就会导致论文外审或答辩时会被专家学者质疑其专业性。

二　选题的基本原则

选题原则指的是研究者在选择研究题目时所依据的准则，马克思主义理论学科的选题原则是在长期学术研究过程中形成的合理化内容。马克思主义理论学科在选题上除了具有与其他学科相似的选题原则，还具有自身学科特点所要求的一些选题原则。为了做好选题，马克思主义理论研究者在选题过程中应该遵循下面选题的基本原则。

（一）坚持正确的政治立场和导向

马克思主义理论本身的特点具有科学性、阶级性和发展性。科学性在于它可以作为理论基础指导实践，并且始终代表广大人民群众的根本利益，是无产阶级用以解放全世界的思想武器。马克思主义理论的选题坚持维护马克思主义理论的科学性，同时也必须站在无产阶级的立场上进行研究。同时，马克思主义理论也是在不断发展、创新的。马克思主义想要在中国的土地上生根绽放，就要依据中国的实际问题和时代发展来发展自身。这是我们的祖辈在探索中国革命道路与中国社会主义发展时悟出的真谛。"中国马克思主义理论研究成果必须首先写在中国大地上，透析中国国情才是高质量的。"① 这说明，马克思主义理论研究的选题必须要依据中国的现实发展特点和要求来确定。

"马克思主义理论学科有鲜明的政治性，它是根据中国特色社会主义事业发展的需要应运而生的一门学科，中国特色社会主义是科学社会主义的传承。"② 从理论渊源和学科基础的角度来看，马克思主义理论学科的选题必须要坚定地站在马克思主义的立场上，运用马克思主义观点和方法，坚持与各种反马克思主义的理论与实践做斗争。从时代发展和现实需求的角度来看，马克思主义理论学科要坚决与党中央保持一致，维护党中央的权威，符合中国特色社会主义事业的发展。因此，从本质上来看，马克思主义理论学科研究的原则之一就是政治性与学术性的统一。

（二）坚持理论与实践的统一

理论和现实的关系问题贯穿于生活之中，理论是现实的反映却又具有相对独立性，实践反过来也能够检验理论。恩格斯曾指出：理论与现实"就像两条渐近线一样，一齐向前延伸，彼此不断接近，但是永远不会相交"③。理论研究与实践研究分别属于形而上研究和形而下研究的领域，而形而上和形而下是不能完全割裂的。虽然在实际中存在着理论性强、纯学术性的文章，但是归根到底是不会脱离现实生活的。选题过程中，首先要归纳总结能够支持所选领域的学术理论和实践经验。没有这些则无法支撑所选题目的真实性和可操作性。其次，要善于捕捉现实生活中的具有学术价值的热点问题。这些问题往往来源于现实生活的需要，表现了所处时代一些亟待研究解决的问题。最后，选题中坚持理论与实践相结合的原则。毛泽东在《增强党的团结继承党的传统》一文中提到：

---

① 王文兵、荆世群：《马克思主义理论研究的方法论思考》，《中国矿业大学学报》2020年第2期。

② 张涵：《马克思主义理论学术论文选题原则探析》，《文教资料》2020年第7期。

③ 《马克思恩格斯选集》第四卷，人民出版社1995年版，第744页。

"理论与实践的统一，是马克思主义基本原则之一。"① 因此，马克思理论学科研究选题也需要遵循马克思主义的原则。理论在不断更新的同时新的实践要求也已经提出。相较于以前的时代背景，我国已经进入了新时代。面对新的社会矛盾，人民美好生活的愿望成为我国社会发展过程中的新指向。新时代是马克思理论学科研究的新的背景和起点，这需要我们在总结之前经验的基础之上，发掘新时代的新经验以更好地指导马克思主义学术研究。

（三）坚持审慎思考与兴趣关注的统一

兴趣是一个人最好的老师。当我们在做某件事情的时候如果足够热爱，那么这件事情往往可以高效地、高质量地完成。从兴趣点出发能够调动人的主观能动性，想要把学术研究作为自己的快乐，无疑是要选择自己感兴趣的甚至是热爱的选题。同样，在我们专注于自己感兴趣的论文写作时，会产生某一种让自己愉悦的情绪。而这种情绪正是积极心理学家所说的"心流"。由此可见，兴趣研究在论文写作中的重要价值。对于初涉马克思理论学科的青年学者们来说，可能不会轻易地探寻到自己研究的兴趣点所在。那么可以通过以下几种途径寻找自己的兴趣点：第一，阅读文献期刊，从中找到感兴趣的文章并摘录。第二，关注时事政治，这是马克思主义理论学科较为独特之所在。因为，这一领域的研究内容是必须要服务于我国社会发展的。第三，参会和交流，通过他人的启发，找到自己的兴趣所在。因此，大多学者可以从时事热点中寻找选题的兴趣和方向。然而，我们也要杜绝"三分钟热度"即对某个选题的兴趣不能持续整个研究过程，仅仅维持在开始阶段。因此，我们需要坚持审慎思考与兴趣关注的结合。这里所说的审慎思考包括两点即审慎思考兴趣所在和审慎思考选题内容。审慎思考兴趣所在能够有效避免出现兴趣不能持续的问题；审慎思考选题内容包括思考选题的价值性和可操作性。

（四）坚持承接与原创的统一

冯友兰先生关于哲学研究的问题提出过"照着讲"和"接着讲"观

---

① 《毛泽东选集》第五卷，人民出版社1977年版，第293页。

点。虽然这是冯友兰先生在哲学研究上提出的关于承接与原创的方法，但是在马克思主义理论学科研究中同样适用。人文社会科学的创新是"接着讲"，这里的"接着讲"不是"照着讲"，而是一种原创性的突破和创造，其最终的指向是顺应我们时代的发展。"照着讲"高度概括的话就是一种承接精神。承接的是先贤圣人的原创，把他们的理论和经验作为自己"接着讲"即研究创新的基础。

在马克思主义理论学科研究中要坚持承接和原创的统一，大体上包括两种方式：一是在原来的基础之上进行广度或者深度上的扩展，二是将原有的理论在新的范围或领域内进行运用。因此，马克思主义理论学科的"接着讲"主要有三个维度：将原有的理论基础进一步挖掘来实现创新、将原有的理论基础和研究成果进行广度上的扩展而实现创新、将原有的理论和经验放置在新的范围或者新的视角等来进行研究以实现创新和补充的效果。"接着讲"的三个角度则包括学术思想的创新、研究方法的创新和学术观点的创新。

（五）坚持自身能力和专业需要的统一

自身能力指的是自己是否能够完成选题的研究，这属于主观方面的限制。专业需要是选题是否能够满足专业的需要和现实的要求，这属于客观方面的限制。自身的能力要求我们在选题上必须要坚持量力而行的原则。选题常见的问题中提到的选题过大或者空洞往往就是因为研究者不能正确衡量自己的研究能力而造成的。随着马克思主义理论学科研究的发展，研究选题的范围也随之扩大了。在众多的研究领域中，对于年轻学者们来说容易出现"乱花渐欲迷人眼"的现象。因此，选题是因人而异的，学者们应该依据自己的时间、经验、能力等来把握。

正确衡量自己的研究能力需要多与自己的师长和同辈学者交流沟通，在吸取别人的经验教训的基础之上确定合适自己的选题。同时，选题也应该符合学者所学专业的需要。马克思主义理论学科专业的需要包括对时代的反馈，且任何事物想要不断地发展都要符合时代发展的规律。有些问题看似是很有研究价值的，但是如果超越了现实社会实际的发展水平，则是无法正常开展研究的，或者是低于社会发展水平的过时的选题，价值太小同样不适合开展研究。满足专业需要更不能超出所学专业的范围，选择的论题要具有专业性。

第二节　选题基本要求、方法与途径

在研究过程中，确定一个好的选题和研究方向的过程，既是研究的开端，也是研究过程的一部分，在这个过程中，需要我们遵守选题的基本要求，适当遵循研究的合理的基本方法和途径。

一　选题的基本要求

选题的过程中必然要受多种因素的影响，没有一个固定的模式去遵循，但是研究者可以通过遵循选题的一般方法要求，确定研究问题与方向。具体要求如下，同时衡量一个选题优劣与否也可以用以下要求来评判。

（一）扎实有效的理论支撑

在一定意义上，选题就是要实现理论创新，但是这一创新必须建立在已有的理论基础之上。在选题过程中这就要求我们要做到实事求是，以客观事实为依据，以科学理论为依托，能够使选题不偏离轨道，而且有理有据，拥有坚实的事实和理论作为支撑。这要求论文选题要"实"，不能"虚"，任何一个选题都必须建立在充分坚实的理论支柱和现实依据之上，不能脱离实际，天马行空固然是好，但是如果没有一定理论和事实作为"根"驻扎在广袤大地上，便会一吹就倒，变成了"豆腐渣"工程以及"空中楼阁"，迟早是站不住脚的。每一个选题都会要求有一个理论来源，旨在使研究选题具有一定的理论依据和现实依据，才能够使选题成立，以及再进行下一步的研究和探索。所以说科学性是第一位的，要使选题避免空洞，避免理论以及现实依据不足的状况。

（二）可预见的理论创新

选题就是要实现对某一个问题进行与时俱进的分析，对问题的理解、观点以及解决方法等方面有创新之处，有自己的合理并且独到的见解。选题具有创新性是对每一个论文的要求，时代在发展，如果没有创新之处，便会被时代所抛弃，跟不上时代前进的步伐。因此，选题的创新性一方面要求现有的理论基础之下的创新潜在可行性，另一方面又要求创新在选题之后的实现。因此，对于选题我们要有所警惕尽量避免重复，要学会紧跟时代潮流，培养善于抓住"热点"的能力，具有前瞻性眼光，从新的视角或者角度对不饱和状态的论题进行研究。

（三）可行与可延展性

可行性是要求选题现实可行，在研究方案、理论分析、材料分析以及收集、实施过程中都可以符合现实依据，具有长远性特征，现实可行并最终能得到相应的效果和预期成果。可延展性是指选题问题域的解决与拓宽，选题最好有助于进一步纵深研究，类似于富矿的探明、开采和纵深的开采过程。所以选题一般是根据实际问题或着眼于社会和理论创新需要而获得，研究者在选题内容中提出的相应措施也需要符合实际，并能够产生一定影响和成果。这就指明研究者在进行选题时要具有现实性，这也是每个研究者在选题时所面临的难关，也许已经过了新颖性这一关，但在收集资料的过程中便会发现选题太新以致没有人去做，而且实施过程也过于理想化，这就要求选题在符合科学性、创新性的前提下，必须要有可行性。不然终归是止于理想，而破于现实。

（四）价值判断

选题要具有理论或者现实意义，具有一定的价值。选题出发点是"实"，最终也要落实到"实"中来，就是要有意义，对推动理论发展和创新具有一定的借鉴意义，对于现实问题具有一定的实际意义，能够真正落到实处，产生一定的价值和作用，这就是选题要实现的目的，最终还是要在科学性、新颖性、可行性的基础上，落实到"意义"上来。这就需要研究者真正从实际科学出发，根据时代要求增添新的内容，不仅现实可行，并且能够达到产生一定的意义价值，选题就要最终实现"意义"价值，才算"完美"。

除了以上所提及的四个一般方法要求外，还存在着选题的具体操作性要求，就是要学会"提"炼问题、科学分析学科的发展"前"景、关注本学科及相关学科的理论创新、关注本学科及相关学科的研究方法更新、关注个人兴趣，联系实际。在选题的过程中，无论是选题的一般原则还是具体的操作性原则，都是需要研究者深刻把握并牢记在心，只有在此基础上才可以将好的"选题"提炼出来，并深入进行下一步。

二 选题的具体方法分析

研究选题的选定并不是一件很容易的事情。如果题目选不好，后期将会做大量的工作进行修复，以致一些研究者会半途而废，甚至会推倒全部重来。所以掌握一些选题方法是很重要的。掌握一些科学、有效的选题方法，能够帮助研究者在确定选题之前就能够把一些研究误区完美地躲避过去，从而确立一个"行之有效"的研究选题。在研究实践中较好的选题方法，具体可以包括创新选题法、逆向选题法、思辨选题法、移植选题法、热点选题法、就近选题法等。

（一）创新选题法

"创新选题法"就是在选题时着重关注未被发现的问题或者被发现但是并没有学者对此进行深入的论证研究，存在很大研究空间的选题，也可以称作研究领域的"空白处"或"空缺处"。创新选题强调的是创造和新颖，并不是等待研究内容慢慢发展，在于主动去探索发现。科学总是受现实条件的限制存在一些未被发掘且需要被呈现的内容，所以需要在实践中不断探索，潜心发掘新的突破点。提出一个新的观点是一种创新，发掘一个新的研究方法是一种创新，在前人基础上对一个问题有新的看法也是创新。在一般的选题过程中大多善于从前人研究成果的基础上发掘一个新的研究点进行具体论证，这是一个创新的重要途径。

除此之外，立足于现实的创新主要体现在切实的实际操作中，比如思想政治教育专业在具体的思想政治理论课堂教学中总结发现的新问题。除了创新研究领域的"空白处"，对于研究领域学科"交叉处"的创新也是选题选择不可或缺的方法手段。随着研究内容的不断深化，在学科的交界处也出现了一些交叉学科共同创造出的一些新概念，这些内容涉及交叉的学科内容对于其中任何一个学科来说都是创新。比如近年来出现的"传播社会学""生物医学工程"等概念，在马克思主义理论学科中思想政治教育与不同的学科交叉进行教学提出的"课程思政"概念，都是在本学科的基础上和其他学科建立起相关联的地方进行新的研究点创新，不断丰富学科内容。

（二）逆向选题法

逆向就是和正常方向相反的方向，即在选题时摆脱原来的思维定式，打破常规的思路而与传统思维相反的方向选择。逆向选题需要具有逆向思维、发散思维和求异意识，积极寻找被忽视的问题。最重要的是具备对已有问题质疑的勇气和敏锐的洞察力，质疑不仅是对这些问题提出自己的疑点，还要有自己对这个问题的新看法。所以在选题时可以对已经被提出的论题进行精细分析，分析其内容选题的依据、论题的论据、研究的价值等方面是否经得住推敲。综上，逆向选题需要不断积累知识，也需要灵敏洞察，及时瞄准有研究价值的问题。

（三）思辨选题法

辨就是通过逻辑推导进行理论的思考，就是将意念升华为选题。这种意念是一种灵感的迸发，潜意识里形成的观点具有非理性的特点。这个灵感产生的过程也是对已有权威的观点中一些研究不足的地方进行批判的过程。这个选题法在本质上也是一种求异存在，打破了传统的认知过程，通过多角度、多方法去分析旧的论题使其有新的突破。在这里也可以被叫作旧题新论，一些论题在众多学者的研究下已经很全面不需要做进一步探究，可以针对此类选题结合当下新的时代特点、新人的思考角度进行新的内涵阐发形成新的学说甚至一个新的领域。

（四）移植选题法

移植就是参考其他学科的方法来研究本学科的内容，是一种学科与学科之间的交叉、融合创新的方法。移植的目的是通过多学科的交流互鉴启发新的论题，引发新的选题方向。在对其他学科进行科学认识的基础上，与本学科进行合理的整合，善于发现不同学科之间研究内容、思维方向的联系和区别从中得到提出新问题的启发，并且扩展本学科的研究领域。这样对交叉的学科双方或者多方的研究领域都是一种扩充，只有在研究内容上做到有所侧重，使研究成果为本学科所服务，才能给本学科带来新的研究成就。比如研学旅游是旅游管理学科比较普遍的选题，把它移植到思想政治教育专业中进行结合可以形成一个新的选题即"以研学旅游创新思想政治理论课实践教学研究"。这个选题既可以作为旅游学科的选题也可以作为马克思主义理论学科的选题。

（五）热点选题法

"热点选题法"是根据热点进行选题，热点就是研究领域内学者关注的重点、焦点、时政热点等。热点选题不是别人选什么就选什么，而是在大多数人关注的选题上及时捕捉新的内容，以独特的视角去阐发普遍存在的问题。这样可以使这类选题在学界广泛关注的时候推出自己的观点从而得到认可，要达到这种抓住准确热点并运用的水平需要不断提高自己的各个方面的能力。比如日常学科知识的积累、对当前研究热点的准确辨别把握能力、不断和各个学科进行学术交流的能力等。

2021 年是中国共产党建党 100 周年，各个学科根据这个时政热点纷纷推出这方面的研究内容，使建党和各个领域相结合。特别是马克思主义理论学科在今年的选题中围绕建党提出了很多新的选题，同时今年除了中国共产党建党史的研究尤为突出，在马克思主义理论学科中同时掀起了"四史"的研究，即关于中国共产党史、新中国史、改革开放史、社会主义发展史的研究。所以热点选题就是参照本学科领域内近期重点关注的问题或者当前时政热点问题，通过自己敏锐的洞察力提出对这个问题新的思考形成新的选题思路。

（六）就近选题法

"就近选题法"通俗说就是立足就近原则，从周围事物出发，从自己熟悉、了解的领域选题。如果舍近求远选择一些比较生疏、研究不深的选题，在后面的写作过程中也会很吃力。当然就近也不是说就要一定舍远，而是强调从近处出发，考虑日常身边不容易被发现的小问题进行思考，先把最近的领域了解清楚再去做深入的研究，再去考虑远处的内容。

当然，就近选题需要注意的是及时把握学科的研究动态，储备大量的理论基础。没有足够的基础储备就很难发现就近潜在的选题，所以在利用就近选题法进行选题时要排除主客观因素的不利影响，这样才会选择出合适的选题。

三 学术论文选题的途径

选题的途径有很多种，主要有以下四种选题途径，即从实践需要中选题、从理论研究中选题、从纵横比较中选题、从已有成果中选题。

（一）从实践需要中选题

实践是检验真理的唯一标准。实践也是进行研究选题的主要途径之一。实践需要和社会需要是许多课题研究的出发点，许多重大成果也是在基于实践需要和社会需要的课题中产生。生活中不缺乏美，而是缺乏一双发现美的眼睛，许多具有重大意义和学术价值的课题就存在于日常生活实践需要中，比如新冠肺炎的防范、乡村振兴的有效方法和实施途径等，留心发现总能够在实践需要中发现富有学术价值和研究意义的课题。一般而言，关乎实践需要的课题都具有范围较广的研究方向，对此研究者可以使其具体化，从学科角度出发，寻找契合的方向进行研究，既有利于发挥学科优势，又有利于促进学科理论知识与生活实践需要相结合，真正印证了理论与实践的结合，使选题不仅具有新颖性，更富有可行性。此外，更要注重从实践需要出发去选择研究选题，切勿将选题方向脱离实践需要而缺乏实际价值意义。

（二）从理论研究中选题

所谓理论研究，顾名思义是对文献书籍等承载理论的载体进行广泛阅读和深入探究。已有理论是选择课题的重要灵感激发地，即通过对相关领域的理论进行广泛阅读，掌握其中的主要内容和主要特点，发掘具有重大现实意义和研究价值的方向，集大家智慧和精华于一身，并结合时代特点或者自身思考，选定合适的研究选题。对此就需要研究者具有强大的综述能力和探究发现能力，能够在复杂庞大的体系中找寻合适的研究选题，集众家思想于一身，并在此基础上发现与时代或者自身兴趣点所契合的"未饱和点"，对"未饱和点"进行探索和研究，形成自己的思想和观点，使自己的研究选题能够拥有超前的创新点和研究价值。当然，创新点是需要建立在科学合理的综述的基础之上的，即根据学科发展趋势，查阅近二三十年有关选题的理论内容和文献进行综述，亦可以通过查阅学科内学术大咖和领军人物的文献著作等进行综合。总之，研究者在选定研究选题的过程中，要充分进行文献综述，并吸取其中理论精华，激发创造灵感，从而确定研究选题。

（三）从纵横比较中选题

学会在不同学科交叉处寻找课题，科学的发展趋势是交叉和渗透，会产生大批崭新的综合性研究课题。研究者大多数是术业有专攻，一般在自己熟悉的领域涉猎，但是专业性并不代表就要舍弃综合性。在相关或者相近的学科进行研究和探索，采用类比移植、比较的方法对相关领域进行综合，借鉴其他学科的理论和方法，致力于解决本学科内的相关问题。此类学科交叉类型的选题往往能够开辟出一条崭新并独具特色的道路。譬如在思想政治教育学科研究中，将美育与思想政治教育培养相融合，以美育融入思想政治教育为主线，使美育与思想政治教育互相促进为着力点，致力于促进人们审美能力以及政治观点、道德水平、思想观点的提升和发展，在不同学科之间寻找到一个契合点，互相借鉴，互相促进，互相发展。对于某些特定的领域，更多的还是倾向于纵向的，在本学科领域内进行挖掘和探究，在已有成果的基础上，再挖掘出新的创新点，此类方式也是一种常用的行之有效的选题途径。总之，研究者在选题过程中，要充分运用好纵横比较的选题途径。

（四）从已有成果中选题

已有成果是前人历经数年苦心钻研的心血和智慧结晶，需要一代又一代的新人进行传承和发扬，并从中汲取智慧力量。在研究过程中，研究者们所接触的材料和书籍文献都是前人所留下的宝贵财富，同时研究者的大部分理论基础也都是来源于间接经验，所以在选题的过程中，研究者们要充分利用好已有的宝贵经验和成果，站在巨人的肩膀上不断前进。

此外，人的认识是无限发展的，需要随着时代的更迭而不断与时俱进。每个学科的发展和完善也是永无止境的，研究者要根据时代发展需求在已有成果的基础上进行再次挖掘，不断完善已有理论并增添新的时代篇章，使学术研究达到更高的水平和层次。

第三节　论文题目锤炼的方法

选题与论文题目两者之间存在极其密切的联系。两者如果存在包含关系的话，应该是前者包含后者，前者表明确定的研究领域、范围或者方向，后者则是指向更为聚焦的理论或者现实问题解决方案。论文题目需要形成于论文撰写之前，但是在很多时候，论文题目的锤炼、修改与推敲却是伴随了整个论文撰写的始终，成为整个研究和论文撰写的始终不可分离的一部分。

一　论文题目的作用

论文题目凝聚着一篇论文的思想和灵魂。论文题目以客观凝练、立意新颖、生动醒目的文字来概括和浓缩整篇论文。所以一个好的题目是一篇文章的立意与精神所在，可以很好起到先声夺人的效果。论文题目的作用主要体现在以下几个方面。

（一）反映论文研究的核心内容

论文题目是论文的窗口。人们阅读文献时，首先要看的就是文章的题目。论文题目是论文研究内容的直接反映和高度概括。读者可以通过这个窗口之"一斑"，而窥到文章的全貌。题目以最精练的文字概括文章最核心的信息，能引导读者发掘论文的关键价值，抓住这篇文章的"灵魂"。题目可以准确地提炼出论文的主要内容、研究对象、研究目的、研究范围和研究方法，便于读者准确而快速地把握整篇论文的核心内容，也便于文献的追踪和检索。同时，题目还具有一定的引导性，揭示了课题的本质，交代了本篇论文写作的线索和中心思想，也是整篇论文框架的支撑所在。如《新时代大学生劳动价值观教育研究》这个题目，我们就可以知道这是一篇研究新时代大学生劳动价值观教育的文章，由此便对文章形成了一个初步的认识和了解。确定论文题目是论文写作过程的第一步，只有这样论文写作才会围绕题目层层展开、层层递进，对问题才能进行深入挖掘，切忌写完内容再取题目的做法，这样会使论文作者忘记所写的内容，逐渐偏离研究的主题。

（二）引起其他研究者阅读的兴趣

题目是文章的题眼。当今社会处于一个知识爆炸和信息爆炸的时代，学术研究成果层出不穷，令人应接不暇。在浩如烟海的文献中，通过题目检索论文已经成为一种习惯。新颖别致、简洁醒目的题目能够使一篇论文在众多学术研究成果中脱颖而出，给读者留下鲜明的印象，使读者眼前一亮，过目不忘，激起读者阅读的兴趣。好的题目能发挥引人入胜、先声夺人的作用，对表现文章主旨、增强文章魅力、提升文章品位起到画龙点睛的效果。而一个平淡乏味的题目则令人兴味索然，阅读兴趣缺失，也难以给读者留下良好的第一印象。引人入胜的题目能够抓住读者的眼球，增加阅读量、采用率和转载率，有利于学术成果的传播，提高学术成果的影响力和论文的使用价值；而枯燥无味的题目则无人问津，即使文章内容深刻精彩，"养在深闺人未识"，这篇论文的价值也会大打折扣。因此，拟好一个简洁新颖的论文题目，使其像一双盈盈秋水似的眼睛，勾魂摄魄；同时也使作者的写作才华在第一时间显露给读者。

（三）反映作者研究的深度和广度

一般来说，论文题目集中体现着作者的科学思维能力和理论认识水平。从选题到最终确定题目是进行科学研究的第一关。"文章不厌百回改"，科研论文具有较强的科学性、逻辑性和严谨性，在这个过程中论文作者对科研论文题目必须经过反复思考，与其他题目相互比较，经过百般推敲、琢磨、锤炼、修改才能完成。定题是一个充分发挥主观能动性的过程，在确定题目之前，作者需要收集、阅读、整理、分析大量的文献资料，了解现阶段的研究现状，进行批判性思考，不断掀起头脑风暴，碰撞出思想的火花，从感性认识上升到理性认识，不断深化理论认识水平，实现思维的飞跃。论文题目反映了作者对该专业领域了解的程度和对基础理论知识掌握的深度，具有开阔的科学视野和独立见解，对研究工作做了充分的设想和论证，并在头脑中大致形成了论文初步轮廓。通过题目，大体可以看出作者的研究方向和学术水平。

二　锤炼论文题目的基本要求

论文题目本身既存在着一些基本规范性的要求，也存在一些题目提升性的要求。一个好的题目，必须符合这些要求。

（一）论文题目应言简意赅

学术论文题目应使用平铺直叙的口吻来表达，较少使用疑问句或祈使句。所谓平铺直叙，主要包含两层含义：一是使用专业术语，精确地表达研究者的研究对象，使专业同行对论文的主题一目了然；二是利用简单句直截了当、准确精练地概括论文的本质特征。拟定题目时，应注意以下几点：（1）论文题目不宜过长。题目过长表明作者缺乏抽象概括能力，同时也使文章的逻辑关系变得复杂，给读者累赘、烦琐的感觉。（2）论文题目应避免使用缩略词、外来词等。拟定论文题目应选用最精练、最恰当、最明确的关键词进行逻辑组合，每个关键词都应该规范化、标准化和严谨化，不应使用陌生词、外来词和缩写词，切忌晦涩烦琐，也不需要刻意追求独特的艺术韵味，必须能够简洁、恰当地反映论文的主旨内容，恰如其分地反映研究的范围和达到的深度，做到精益求精。已得到整个学术界或学术专家公认的缩略词才可用于题目中，否则就会引起歧义，使人不知所云，影响整篇论文的质感。（3）中英文题名的一致性。同一篇论文的英文题名与中文题名内容上应一致。注意中英文语法的差别，适当地调整语序。（4）论文题目应避免使用符号（如化学结构式、数学公式、商标、代号等），防止非专业人士读不懂，使读者摸不到头脑，影响论文成果的传播和推广。（5）论文题目谨慎使用副标题。当题目语意未尽时可酌情使用副标题，副标题隶属于论文的主标题，起到补充主标题的作用，但使用副标题也会有一定的风险：会导致一题多论，主次不分，无法集中解决主要问题。

（二）论文题目应准确反映论文的核心思想

论文题目应力求准确精练地反映作者研究的主要内容，醒目、高效地展示出论文的亮点，恰当地表达出文章的创新之处。论文题目不能随意地放大或缩小论文的研究对象，避免"头重脚轻"或"头轻脚重"。论文题目一般是以名词短语或简单句为主要形式，避免形容词等进行修饰，便于清晰地表达论文的主旨。论文题目涉及的核心概念不宜过多，最多为两个，最好是一个。[①] 核心概念过多就很难把握论文的研究内容，分散论文的研究主题，而且整篇论文都是由概念界定堆砌而成，淡化了实质性的内容，致使整篇论文的质量不高。

（三）论文题目应规范表达

如何使论文在茫茫文海中脱颖而出，论文题目起了关键性的作用。读者读文章，首先映入眼帘的便是题目，论文题目实际上起到了"广告"的作用。将论文主体这个"产品"通过论文题目这个"广告"推销给读者，就需要题目有亮点，能够引起读者的兴趣。平平无奇的题目味同嚼蜡，难以引起读者的关注。论文题目要有新意，准确无误，不应该使用模糊不清、引起歧义的词语，否则会文不对题，在论文写作过程中也容易偏题。题目的书写一般不包含谓语动词，基本上由一个或几个名词加上前置或后置定语构成。论文题目应该严谨得体，少用口头语多用书面语，少用文学语言多用科学术语，表达要规范科学，不要以哗众取宠的"小伎俩"达到夺人耳目的效果。

（四）论文题目应确定具体的研究范围

论文题目通常会把学术研究限制在某一领域或范围之内。科研新手往往不会选题目，题目大而无当，内容空泛，只是蜻蜓点水，研究往往无法深入下去；题目太小，研究者"无话可说"，过度注重细枝末节，尤其是某些细节不具有代表性，不能正确反映事物发展的趋势，由于研究者的视野太小，无法从细节中发现事物发展的基本规律，从而使研究失

[①] 刘钧、才立琴：《如何写论文》，机械工业出版社 2020 年版，第 56 页。

去了品位和价值。成功的题目应该是范围具体的，有明确的研究对象和研究范围，并且结合自己的学习实际，确保在规定的时间能完成科研任务。这样，既容易收集资料，也能够深入研究问题，提出有学术价值的观点，发现事物的本质和规律。等研究者积累了一定的科研经验，对于论文题目的研究范围就会有更好的把握。

（五）论文题目应接受实践的检验

任何理论都是来源于实践并且接受实践的检验。研究者在自己的生活和学习过程中不断发现问题，根据自己实际具备的主客观条件确定题目。科研题目是在实践中产生的，具有很强的针对性；研究者的实践经验为题目的确定提供了现实依据。科研论文题目不同于文学作品题目，最终还要回归到现实中去，要经得起社会实践的检验和推敲，其应用价值符合社会发展的实际要求，能够为社会进步做出些许贡献，即使有些前瞻性的题目，目前的实践水平无法检验其真理性，终有一天社会实践会证明其科学性。

论文题目的优劣对学术论文的质量起着至关重要的作用。一个精彩的题目引人入胜，吸引读者阅读的兴趣，反映论文的核心思想，反映了作者思想的广度和深度。题目不仅仅是简单地给论文划定范围，后续的开题报告、大纲框架以及每部分的展开书写都与题目息息相关。对于初稿科研的本科生或硕士生，可以通过现实性原则、价值性原则、创新性原则、可行性原则来确定自己的学位论文题目，同时要注意论文题目要规范严谨，经得住实践的检验，经得起学术界的推敲，全面如实地反映自己的研究能力和水平。

三 论文题目锤炼的过程

题目是以最恰当、最简明的词语反映论文中最重要的特定内容的逻辑组合。论文题目是一篇论文给出的涉及论文范围与水平的第一个重要信息，必须考虑到能否更准确、有效地被检索到有关特定实用信息。论文题目十分重要，必须用心斟酌选定。有人描述其重要性，使用了一句话："论文题目是文章的一半。"对论文题目的要求是：准确得体、简短精练、外延和内涵恰如其分、醒目。研究论文题目锤炼的方法，确定一个好的题目，不仅可以吸引读者的眼球，还可以起到画龙点睛的作用。

（一）题目审查：从何而来？

一个论文题目的产生不是凭空而来的，它涉及以下几个方面的问题。首先，拟定选题需要精细化思考。所拟定的选题仅仅是一个有意向的研究题目而已，如果没有深入的、精细化的具体选题研究设计，没有对具体的研究思路、研究步骤、研究内容、研究计划等进行明晰的设计安排，选题或许就只能浮于表面，无法进行真正深入的研究。

其次，要确定拟采用的分析方法和研究手段。不同的方法、不同的研究路径将导向完全不同的研究设计和研究方案，必须要有与研究目标和研究思路配套的研究路径和研究方法，否则研究将无以为继。

再次，论文题目要有依据和立足点，要以事实为依据，同时有理论支撑。除此之外，选题要有明确目标，着重突出解决哪一方面的问题，比如基础理论问题还是现实问题。与此同时，设想要先于题目产生。学术研究分为自然状态下的研究思考和自觉状态下的研究思考。前者属于自在状态，比较被动，没有科研的意识。后者属于自为状态，在阅读的过程中能够做到自我反省，具有强烈的问题意识，把思考当作一种习惯，形成科研意识。不管哪种研究状态，任何设想的产生必须建立在大量阅读文献的基础之上，在阅读的基础上不断思考，学与思相结合，设想的速度会大大加快。情商与智商并重。题目的产生不仅仅需要丰富的知识和广阔的眼界，同时也需要意志、情感、想法等。

最后，情境创设有利于催发题目的产生，会在一瞬间对作者的大脑产生刺激，灵感随即而来。因而题目的产生也不是单凭静坐完全得到，"艺术来源于生活而高于生活"。科研同样如此，只有在一定的生活情境中，到实际生活中去体会和领悟，感同身受，融入感情，才能引发读者的共鸣。

总之，任何论文题目都要具有新颖性、科学性、可行性和有意义，其中科学性是首要的，所谓科学性，指的是选题要求要以事实为依据，以科学的理论方法和态度为依托，使选题做到有理有据，具有坚实的理论支持和事实支撑。新颖性是要求选题具有创新点，并具有特色，具有时代性，对问题的理解角度、方法、观点和材料等方面有创新之处。可行性则要求选题现实可行，在研究方案、理论分析、资料收集、材料处理措施落实等方面都现实可行，能够得到有效的实施并取得预期成果。有意义，这是要求选题具有理论或者现实意义，具有研究的价值。

（二）题目内容、形式与逻辑审查

题目的形式要足够精练，同时要检验是否有语病，是否符合逻辑。题目应简明、具体、确切，能概括论文的特定内容，有助于选定关键词，符合编制题录、索引和检索的有关原则。

在这里要特别说明一下英文题目的形式。英文题目需要注意的地方可总结为五个方面：①英文题目以短语为主要形式，尤以名词短语最常见，即题名基本上由一个或几个名词加上其前置和（或）后置定语构成；短语型题名要确定好中心词，再进行前后修饰。各个词的顺序很重要，词序不当，会导致影响表达。②一般不要用陈述句。因为题名主要起标示作用，而陈述句容易使题名具有判断式的语义，且不够精练和醒目。少数情况（评述性、综述性和驳斥性）下可以用疑问句做题名，因为疑问句有探讨性语气，易引起读者兴趣。③同一篇论文的英文题目与中文题目内容上应一致，但不等于每个词语要一一对应。在许多情况下，个别非实质性的词可以省略或变动。④国外科技期刊一般对题名字数有所限制，有的规定题名不超过2行，每行不超过42个印刷符号和空格；有的要求题名不超过14个词。这些规定可供我们参考。⑤在论文的英文题名中。凡可用可不用的冠词均不用。

题目的内容要足以概括全文的中心，通过题目即可知道论文的主旨大意，同时语言要简洁，字字扣题，最长不要超过20字。同时要审查题目是否太笼统，过于笼统的话，指向性和概括性不强，当然也不能太过片面。而且要有重要的、可信的资料作为论文选题的依据，多注意观察信息，是否有新论点、新方法的出现，可以作为自己的理论支撑，不能随便选题。任何选题必须要有存在的意义，预期的成果要帮助决策，为现实服务。同时也要考虑预期成果是否与传统观念、道德信念相抵触，能否被大多数人认可。

除此之外，要有明确的写作方向，限定专业范围，解决哪方面的问题。正副标题要虚实结合，既要有实际理论依据，又要有抽象的理论高度。比如"人工智能'伦理迷途'的回归与进路——基于荷兰学派'功能偶发性失常'分析的回答"① 这个题目，正标题"人工智能'伦理迷途'的回归与进路"则属于全篇主旨的抽象概括，副标题"基于荷兰学派'功能偶发性失常'分析的回答"则是此篇论文的理论依据。

（三）题目理论与现实价值分析

论文的利害关系涉及情怀与价值、社会抱负、合作与建设性态度等多个方面。首先，就情怀与价值来说，论文写作不应该流于形式和应付作业，声音只有从心底里发出，才会带着认真的态度和全部的精力投入到论文写作中去，这篇文章才会具有一定的意义，成为具有作者灵魂的写作，从而产生巨大的成就感。其次，就社会抱负来说，这里涉及文章的价值与意义。社会意识具有相对独立性，有时会先于或落后于社会存在的发展，而不是与社会发展完全同步。好的论文可以变为一种现实的生产力，为社会的发展指明前进的方向，同时厘清和总结过去的错误与经验，来为现实服务。

马克思在中学毕业论文《青年在选择职业时的考虑》中就表明要为人类的幸福而奋斗，因而他一生的创作都是围绕无产阶级的解放来阐述的。《共产党宣言》为无产阶级的反抗运动提供了科学理论的指导，剩余价值的发现揭露了资本家剥削工人的秘密，找到了推翻资产阶级的现实依据，共产主义理论谋划了人类社会发展的美好前景。"批判的武器当然代替不了武器的批判，物质力量只能用物质力量来摧毁；但是理论一经群众掌握，也会变成物质力量。"② 这段话表明了理论会迸发出巨大的力量，从而推动现实的发展，也只有这样的理论才是有意义的。就合作与建设性态度来说，论文写作要多向有经验的人请教，同辈之间经常分享

---

① 孙波、周雪健：《人工智能"伦理迷途"的回归与进路——基于荷兰学派"功能偶发性失常"分析的回答》，《自然辩证法研究》2020 年第 5 期。

② 《马克思恩格斯文集》第一卷，人民出版社 2009 年版，第 308 页。

与交流，借鉴别人的长处，给出对方建设性的意见，达到美美与共的结果。

（四）题目研究范围审查

首先，要严格划定研究的范围，实现研究均质统一。只有划定专业范围，专攻某一领域，研究才会深入。必须形成研究课题，并确定学科领域和边界。研究课题所属和所涉及的学科领域必须清晰明确，当然多学科、交叉学科和边缘学科的选题是允许并且应该被鼓励的，但是必须把落脚点和着力点放在本学科内。同时又不能拘泥于一定范围，达到"随心所欲，而不逾矩"。整体方向和主题既要把握好，又要游刃有余，实现各专业自由转换，抓住精髓。其次，要用特殊性来揭示共性，抛弃普通与平庸。论文写作要突出个性，必须采取特殊性的语言和理论，表明独特的见解。比如"进路"要比"路径"和"对策"更有深意，更符合学术性的语言表达。再次，方向集中才能分析有力。即论文的主攻方向要集中，整篇文章要十分紧凑，观点鲜明。同时每一部分又要各有特色，虽然整体上服务于论文选题，整体写作风格要一致，但每部分的观点和角度又各有不同，各个部分缺一不可。最后，用力过轻或过猛都有害。论文的语言表达、主次安排、选题范围都要适中。要在社会和法律认可的范围内，同时也要考虑读者的感受。另外，你有话说，要让读者读后更有话说。这是论文评价的标准之一。

（五）题目立意实现的初步评估

提炼问题要着重对文献的阅读和梳理，从对实践及其经验的分析中发现问题，寻找空白点以及关联性的问题。要能从前人和他人的研究中发现问题，并将其提炼出来，进而找到突破和超越之处。要保持审慎和批判的眼光，通过对以往研究中没有涉及的空白点或者模糊不清的问题，以及旧有理论和观点方法等与新事实之间的矛盾冲突等来发现和拟定选题。同时要充分认识选题的背景，包括学科现状和发展前景。预测将会遇到的问题。

马克思主义理论学科要注重基础理论和前沿问题的研究，要注重社会经济文化的发展，要注重理论与实践的结合，要有国际视野，要对学科的理论、实践的发展方向和最新动态及热点问题等有敏锐的洞察力，通过与实践相结合、与时代结合，探索新问题，分析新现象。在此基础上选择适应时代发展的选题，与时俱进，接受实践的检验。开展学术评价和学术批评，开放、公正、客观、科学规范的学术评价和学术批评，将有力推动马克思主义理论学科的学术繁荣与学术水平的提升。

除此之外，要进一步认识选题的利益和情怀所在。马克思主义理论学科要具有强烈的现实感，需要联系实际，有的放矢，切忌空谈，要研究现实，指导现实，为现实服务。马克思主义理论学科具有明确的政治导向、价值诉求和实践旨趣，要明确反对不讲政治的抽象评价和过度政治化两个倾向，要与国家和人民的利益紧密结合起来，符合当代的政治导向，在创新的基础上为社会发展指明前进的方向。

另外，要适当重建脉络和题目。论文题目需要经过多次的锤炼，才能确定选题，既要形式美观，也要符合论文题目的写作规范，同时要与全文的内容相一致。在探索的过程中，还会发现许多新问题和新方法，也可能需要论文题目的重新修改。提纲构成论文写作的脉络，通过提纲，我们能够了解论文的构架，即主要内容。而提纲的提炼必须要紧扣题目和题目内在关联。因而题目的改动和提纲的修改在步伐上要一致。

在论文写作过程中，随着问题的层层阐发，问题意识会越来越强烈，对全文的把握也越来越顺畅，也难免会出现一些新思路、新想法，因而往往需要经过多次反复推敲才能最后确定题目，甚至有时候需要写作完全篇才能选出最佳题目。马克思曾说："在科学上没有平坦的大道，只有不畏劳苦沿着陡峭山路攀登的人，才有希望达到光辉的顶点。"[①] 论文写作需要持之以恒的精神和多次打磨的耐力才能最终完成。最后，论文题目的选定必须要得到印证，具有强烈的说服力。首先要达到一个让自己满意的水平，写作完之后脑海里要有一个清晰的概念，同时可以请教学长，经过多方点评，不断进行修改，变得有说服力。

（六）研究中的题目保护与开放

题目必须经过反复锤炼与思考，才能确定下来。这其中涉及了题目

---

① 《马克思恩格斯文集》第三卷，人民出版社 2009 年版，第 108 页。

的保护与开放的原则。经过审慎思考之后，能够获得更进一步的认识，或者更高层次的见解，颠覆性地推翻原有的结论和看法，站在新的高度，重新确定选题。或者在查阅文献以及与其他人交流的过程中，产生了一些新观点和新看法，进而对题目进行创新性的修改。此外，选题要遵循适当的原则，要考虑自己能否驾驭，同时要寻找是否有可支撑的材料，前人在此方面没有解决的问题，是否在大多数人可以接受的范围内，是否有研究的必要，能否给社会和公众提供一些有价值的东西。

另外，选题必须眼光长远，有很多问题带有阶段性和连续性，有继续写作的可能。选择一个具备无限潜力的选题，可以一直做下去，不仅目标明确、收获巨大、专业性强，而且还会产生巨大的成就感。题目和内容要反复互动。内容一定要紧扣题目，不能跑题、偏题，主题要鲜明，提纲要符合逻辑。

确定论文题目看似简单，但事实上需要缜密的思考。在读者搜寻资料库和论文的参考文献时，他们首先会根据题目来判断论文内容，捕捉与自己的主题相关性的论文，显而易见，题目的作用不容小觑。这不仅是我们学术能力的一个体现，也是我们看问题看事物的一种思维。因而每一篇论文题目都值得我们精细加工，使得题目更加精练，更加有力。

第四章
文献阅读与综述

　　文献法是马克思主义理论研究中非常重要的一种方法。马克思主义经典作家以及后世与当代的研究者为我们留下了丰富的文献著述。马克思主义产生以来，在世界各国，尤其是中国得到广泛传播和长足发展，产生了极为丰富的文献史料，这就为文献研究提供了极大的便利，也彰显了文献法在马克思主义理论研究中的重要性。

第一节　文献准备与搜集

　　研究者做好文献准备与搜集工作具有重要意义。因为文献研究不仅有助于提高研究效率，而且有助于从前人的研究成果中得到启发。文献是记录人类科学文化知识的载体总成，包括文字、图形、乐谱、符号、图像等。文献准备与搜集工作是论文写作必不可少的步骤，是影响论文质量的重要因素，是研究课题与研究成果的纽带。文献数量繁多、种类复杂、内容丰富，因此文献资料的准备与搜集是一项复杂而系统的工程，研究者从纷繁复杂的文献中找到自己所需要的资料是从事研究工作必不可少的能力，既需要事先进行大量的准备工作，又需要进行全面且有针对性的搜集工作。

一　文献的分类

文献是记录知识的一切载体。由定义可以看出，文献具有记录性、知识性和物质性这三个基本属性。也就是说，文献是将知识用文字、音频、图片、视频和符号等信息以一定方式记录在一定的物质载体上的一种结合体。

由文献的概念可以看出，文献有多种类型，不同类型的文献具有不同的特点，记录的信息也各有侧重点。因此，在进行文献搜集工作之前了解文献的种类，对于文献准备与搜集工作具有重要作用。

（一）根据对文献的加工深度，将文献分为零次文献、一次文献、二次文献和三次文献

零次文献是未经记录成为载体或未经出版发行的文献，包括口头交谈、笔记、手稿、书信和报告等，具有一定价值，但获取途径困难。一次文献是已经公开发表的记录为载体的文献，包括期刊、学位论文、科技报告等，这类文献具有很大的专业性并且数量众多，是文献准备与搜集工作的主要文献。二次文献是按照一定的逻辑顺序将一次文献加工提炼而来，包括索引、目录和文摘等，如 CNKI 中国期刊全文数据库，这类文献具有可检索性，是文献准备与搜集工作检索的主要工具。三次文献是利用文献检索工具，围绕有关专题整理归纳大量一次和二次文献形成的文献，包括综述、字典和评述等，这类文献可以反映某研究领域的发展动态，为文献准备与搜集工作提供一条重要途径。

（二）根据对文献的记录载体，将文献分为印刷型文献、视听型文献、缩微型文献和机读型文献

印刷型文献是传统的以纸张为载体记录知识的文献，具有便于流传与阅读的优点和占用空间大、相对不便于保存等缺点。视听型文献是利用声像技术记录知识的文献，包括录像带、电影和幻灯片等，这些资料有时正是文献准备与搜集工作所找的有力证据。缩微型文献是以胶卷或胶片为载体记录知识的文献，具有便于携带、保存和复制的优点与阅读不便的缺点。机读型文献是利用计算机相关程序通过编码记录知识的文

献，包括光盘和磁盘等。

（三）根据对文献的出版形式，将文献分为图书、报刊和资料

图书是对三次文献经过系统组织和总结而成的，具有数量广泛、系统性等特点，是掌握一门学科的基础。报刊是具有固定的刊名和特定的版式连续出版的文献，具有涉及面广、刊载速度快、专业性、数量众多和新颖性等特点。资料是非图书和非报刊的文献，包括专利文献、学位论文、政府出版物等。

二　文献搜集的原则

为了使文献准备与搜集工作更具科学性，有助于后续研究的顺利展开，文献准备与搜集工作应该遵循以下原则。

第一，准确性原则。该原则一方面指研究者应根据选题要求，结合实际情况，选择内容真实、来源可靠的文献资料。要对所选文献进行深入、翔实的考证，确保文献作者诚实，在写作文献时没有主观臆断，确保文献反映事实，符合历史逻辑。另一方面指研究者所准备与搜集的文献要与选题联系紧密，对于课题研究有一定的用途，要根据课题内容进行发散式的搜索但不能偏离主题。例如，研究者的课题是关于马克思主义经济思想时，研究者所搜集的文献必须紧紧围绕马克思主义经济思想这个主题。不注重这一点，文献搜集与阅读就失去了意义。

第二，全面性原则。这个原则一方面指文献准备与搜集工作要力求全面，不能漏掉与本课题相关的重要文献，应尽可能做到内容丰富、形式多样。既要收集纸质版资料，又要收集电子版资料，包括图书、报刊、期刊、网络资料等；既要收集中文资料，又要收集外文资料；既要收集与自己的观点相同的研究成果，又要查阅与自己的观点不同的文献资料。

第三，代表性原则。代表性指文献的典型程度和作者的代表性程度。准备与搜集文献时，研究者应尽可能选择更具代表性的文献。尽量选择一手资料，具体到马克思主义理论领域，例如研究者所要研究的是马克思的经济思想，那么一手资料即指马克思本人关于经济方面的经典著作或者马克思本人对该著作的分析，或者是他的一些书信当中提到关于这个作品的内容。二手资料也是非常重要的参考资料，其即指一些研究者对于一手资料的研究，例如某些研究者对马克思经济思想的研究成果就是二手资料。在收集二手资料时，要尽可能选择权威出版社和权威期刊出版的著作和文献。这里并非说非权威出版社或非权威期刊的文献质量就一定不高，而是从概率上来讲权威出版社和权威期刊的文献通常质量较高。

第四，及时性原则。该原则包括两个方面：搜集工作的迅速和文献资料的新颖。文献准备与搜集工作要以新为主，由近及远，时间范围最好集中于近五年，对于某些重要文献时间可以放宽。要了解某一个研究课题的历史和现状，文献准备与搜集应包括：关于该课题的奠基者的著作、具有重要意义和重大贡献的文献以及具有新观点、新思想的文献。这里的"新"，不仅仅指的是发表年份的"新"，还包括思想观点的"新"、研究方法的"新"、写作结构的"新"，等等。要及时跟进与研究课题相关的各种新信息、新资料，做到与时俱进、守正创新。

第五，连续性原则。文献搜集要注重连续性，这主要体现在两个方面：一方面指围绕研究课题进行文献准备与搜集工作时，尽可能不要中断，从过去追溯到现在，做到时序上的连续性和积累性；另一方面，在论文写作的过程中，各种文献资料都在不断更新发展。因此，文献搜集工作并不是一蹴而就的，而是一个连续的过程。研究者要定期查阅收集相关资料，不断更新知识结构。若不注重连续性原则，那么收集的资料就可能残缺不全，无法反映该研究课题发展过程的全貌。

第六，经济性原则。经济性原则是指在时间、精力、金钱等方面尽量降低成本。要做到这一点，研究者可以选择从以下几个方面着手：首先，尽量选择计算机检索方式。选择借助网络资源检索文献具有省时省力并且能够降低调研成本的优点，研究者在搜集文献时可以首先选择借助数字资源。其次，研究者若要去图书馆搜集文献，可以尽量就近选择图书馆，首先考虑本地图书馆，然后是外地图书馆。当然不管是通过计算机来搜集文献还是去图书馆搜集文献，通常是本着先免费，后收费的原则，若资料不足再对收费资料进行搜集。

三 文献搜集的常见问题

做好文献的准备与搜集工作需要满足多方面的要求，特别是对于没有丰富经验的研究者来说，在搜集和分析文献时容易出现一些常见问题，研究者应尽量避免。

第一，文献陈旧，新颖性和先进性不足。一些研究者在准备和搜集文献时主要聚焦于较早的文献成果，可能没有涉及最新研究成果。出现这一问题的原因主要包括研究者没有全面了解文献的搜集途径或者对该研究课题还没有比较充分的了解等。针对这一情况，研究者需要多与他人沟通交流，扩大自己的知识面，尽量发掘最新文献和研究成果，以此提高研究课题的新颖性和先进性。

第二，高水平文献不足。一些研究者在搜集文献时，可能会把一些对研究成果没有太大作用的文献囊括进来。这是因为研究者的搜集途径不够规范或者缺乏科学的文献搜集方法。解决这一问题最有效便捷的方法是尽量选择高水平期刊和出版社的文献和专著，从概率上来讲，这一类期刊和出版社的文献和专著通常质量比较高。若要选择一般期刊和出版社的文献资料，研究者应提高辨别能力，择优选择对研究课题起真正作用的文献资料。

第三，文献搜集不够全面。指研究者在搜集文献时可能不能全面梳理过去的研究成果，这就可能导致学术史回顾不够科学和系统。具体到马克思主义理论领域，例如当研究者的课题是关于国外马克思主义理论时，一些研究者往往不能从一手资料出发，而是聚焦于对二手资料或者三手资料的研究。出现这一问题的主观原因主要包括研究者自身的能力问题，对外文资料不能熟练阅读和理解；客观原因主要包括受制于外部条件，例如高校或者科研机构所能提供的资料有限而无法获取一手资料。因此，研究者应尽量扩大获取资源的渠道，尽可能多地占有有效文献。

四 文献搜集的途径和方法

文献准备与搜集的途径和方法是多样的，特别是随着新兴媒体计算机的出现，除了传统的检索途径，例如索引、目录、文摘等，利用计算机检索也是搜集文献不可或缺的一种方式。研究者除了要广泛获取文献搜集的途径之外，还要掌握具体的搜集方法，主要包括顺查法、逆查法、抽查法和追溯法。

（一）文献搜索的途径

传统检索方式是文献搜集的途径之一。利用各种目录、索引、文摘等检索工具书和辞典、百科全书、年鉴等参考工具书查找文献线索和文献信息资料的方式属于传统检索方式。例如研究者要研究马克思主义理论领域的经济思想时，那么研究者就可以通过《马克思恩格斯选集》《马克思恩格斯全集》等著作的目录来检索出与经济相关的内容。这种检索方式通常不需要特殊的检索设备，查找方式也比较简单，具有比较广泛的适用性。去图书馆查找文献以及去书店购买所需资料都属于传统的检索方式。无论是学校图书馆还是市区内的图书馆，或者是科研机构的图书馆，馆藏资源都有可能非常丰富，是获取文献资料的重要来源。某些无法在图书馆、档案馆或其他机构获得的文献资料，研究者可以选择采购的方式，可以到书店购买，或者到书刊资料中心订阅。不管是去图书馆查找文献还是去书店购买资料，二者相较于新兴检索方式，也就是计算机检索方式来说都比较费时费力，同时购买文献资料还需要花费较多的费用。但传统检索方式也具有一些新兴检索方式所不具备的优点，通过传统检索方式获得的文献通常更具有权威性和真实性。

计算机检索是指研究者利用计算机的各种数据库查找所需文献。与传统检索方式相比，计算机检索方式极大地提高了文献资料的检索效率。从手工检索向计算机检索发展，使文献检索适应了信息时代的发展方向。计算机检索主要指研究者上网查阅文献，从中检索出所需文献。研究者可以通过学术期刊网站进行检索，也可以查阅网上免费图书馆，或者到研究性学习网站进行文献搜集。通过计算机的数据库来搜集文献是目前比较便捷有效的方法。一般而言，选择资源数据库和检索工具时，应尽量选择与研究课题领域联系密切、契合度高的数据库和检索工具。例如，当选题属于马克思主义理论领域内时，我们应尽量选择与马克思主义理论相关的数据库和检索工具。中文资源主要包括：超星数字图书馆、读秀学术搜索、中国（CNKI）学术文献总库、万方—数字化期刊、中文科技期刊数据库（重庆维普期刊）、人大报刊资料全文数据库、中国共产党思想理论资源数据库等；外文资源主要包括：Ebrary 电子图书、EBSCO-host、Kluwer Online、Project Muse、EB Online 等。利用互联网搜集文献不仅能够节省时间、提高效率，而且花费成本也比较低，更加经济。但互联网上的资料良莠不齐，一些文献资料质量不高甚至不符合事实，研究者应该注意甄别，尽量选择质量好、可信度高的资料。

除却以上的传统检索方式和计算机检索方式，研究者还可以选择与他人沟通交流的方式来搜集文献。一个人的力量可能是渺小的，一群人的力量通常是强大的，成功的学术研究成果往往是群策群力的产物，离不开与他人的沟通交流。当凭借个人力量无法完成文献搜集工作时，与他人进行沟通交流不失为一种好的方式。沟通交流的方式是多样的，初级研究者或者学生可以选择与老师或者经验丰富的研究者进行交流，也可以与同学进行交流，或者通过参加学术会议的形式与专家学者进行交流。通过沟通交流，研究者通常能够迅速打开思维、开阔视野，获得思想上的升华。

另外，如果是关于某一具体方面的文献，研究者还可以到相关单位进行查询。例如，研究课题关于某地财政问题时，研究者可以到当地的财经研究或管理部门搜集文献；研究课题关于农业问题时，研究者可以向有关农业研究与管理单位借阅。假如文献资料是未公开出版的或是个人的日记、自传、回忆录、信件等，首先要获得文献写作者的同意方可搜集。如果是官方的文件、统计资料、法律法规等文献，则需要经过有关部门同意后方可搜集。

总之，搜集文献的途径是多种多样的，研究者要根据自身需求和课题要求，选择合适的途径，尽可能全面、系统地梳理搜集文献。

（二）文献搜集的方法

准备与搜集文献是一个系统性的工作，要注重长期性和完整性，否则搜集到的文献很可能是残缺不全的，不能反映事物发展的全貌，因此搜集文献必须遵循一定的方法。

第一，顺查法（顺时法）。该方法指研究者从研究课题的起始时间开始进行检索，直至推进到目前最新成果。这种方法可以对该研究课题的成果有一个比较全面的认识，以便了解该课题研究成果发展的全过程。但此种方法比较费时间，要求研究者按照时间顺序全面梳理研究成果，从中找出对自己的研究课题有用的文献资料。顺查法适用于研究范围广泛，所需文献系统、全面、复杂的课题，时间紧、任务重的课题则不适合采用这种方法。

第二，逆查法（逆时法）。该方法指研究者从研究课题的最新成果开始检索，逐步向先前年份的研究成果展开搜索。在搜集文献时，提倡首先采用逆查法，如果采用顺时法，可能会发现后来的资料更新、更全面、更可靠，就会导致收集到的许多资料是过时的。这种方法有利于论文写作者了解关于本课题的最新观点和最新方法，是研究者目前最常用的方法之一，多适用于新课题研究的文献准备与搜集。

第三，抽查法。该方法指研究者针对某一具体时间段的文献进行重点搜集。例如关于马克思主义自然观的研究成果在某一段时间比较多，那么研究者要研究这一方面的内容时，就可以着重关注研究成果发展迅速的时间段。这种方法有助于论文写作者对文献资料作有针对性的了解，缺点是可能会遗漏某些研究成果。抽查法适用于聚焦于某一时间段或者在某一时间段内有较大发展的研究课题，以便能够迅速有效地搜集相关研究成果。

第四，追溯法。研究者在准备与搜集文献时要注意关注手头文献中的参考文献，收集参考文献中出现的资料也是文献搜集的重要方法之一。研究者可以从参考文献中搜集与自己研究课题相关的并且比较有价值的文献，再从这些文献的参考文献中搜集积累，以此类推，像滚雪球一样展开。

五　文献搜集的步骤

文献搜集是一项实践性很强的活动，必须按照一定的步骤进行。一般包括研究分析课题、深入了解文献、进行全面系统的文献准备与搜集工作以及整理和鉴别文献资料四个步骤。

第一，研究分析课题。在进行文献准备与搜集之前，研究者要对研究课题进行深入分析，弄清课题要求和所要研究问题的关键，做到心中有数，有的放矢，对症下药。明确查找方向，确定应该找什么是首要的问题，弄清这个问题可以提高工作效率。否则，在准备和搜集文献时就会缺少目标，不知从何处下手。

第二，深入了解文献。研究者在进行文献准备与搜集工作之前，要做好基础工作。首先，要对文献有一个大致的了解，熟悉文献的特点、种类、价值，明确哪些文献质量较高，哪些文献可能对自己有用。其次，要明确项目标志，主要包括作者姓名、文献类型、发表日期、文献主题、出版社信息等，便于在实际准备与搜集工作中有效甄别选择文献。

第三，进行全面系统的文献准备与搜集工作。在对课题进行了深入的研究并对文献有了一定的了解之后，研究者需要进行全面系统的文献搜集工作。资料的收集有助于后续研究的展开，使得研究内容丰富、论证可靠、框架完整。进行文献搜集时，研究者不仅要收集一手资料，还要收集二手资料。例如研究者在研究国外某一个马克思主义者的理论时，文献搜集范围不仅要包括其本人的作品、著作、书信等，还应包括其他学者对其理论的研究成果。如此，文献搜集才能更具全面性和系统性，才不至于遗漏某些重要研究成果。

第四，整理和鉴别文献资料。在对文献进行了全面系统的搜集之后，研究者要对所搜集的文献进行整理和鉴别，这个过程有助于使研究更加科学有效。整理文献可以按照其主题、内容的不同来区分，例如某一研究课题关于马克思主义自然观，那么研究者就可以按照马克思主义自然观的内容、马克思主义自然观的特征等对文献进行分门别类的整理。文献的鉴别工作也是十分重要的，这关系到研究成果的科学性和严谨性。特别是对于二手文献，研究者务必要对文献进行充分的鉴别，若是想要引用二手文献中出现的引文，务必要找到一手文献中的原话，确保引文正确无误，否则就是谬误流传了。

第二节　文献的管理与阅读

在确定研究选题方向之后，往往需要阅读大量的文献资料内容来丰富自己的知识体系。文献管理方面主要包括文献搜集、整理、分析与追踪，目的是获取当前研究趋势，对于马克思主义学科来说，在作者确定选题之后，需要根据自己的选题涉及领域对相关的所有文献进行搜集、整理、阅读，全面了解和掌握这些文献的研究框架和研究内容，并在此基础上对所搜集的优秀文献资料进行梳理，找到文献研究资料的共通之处，比较各个文献资料的内容差异，指出所搜集的文献资料的创新之处，展望所选择研究领域的未来发展趋势，等等，对这些文献资料进行综合叙述和评论。

一　文献的管理

文献资料管理，就是根据一定的标准对有关文献资料进行分类或者划分，从而实现某种目的的行为。文献资料管理是一项十分重要的基础工作，资料管理越有秩序，研究者以后查阅和阅读资料就越有效率；反之，文献资料如果管理不当，不仅会对研究者以后查阅文献造成阻碍，而且对文献也是一种损害。所以文献资料管理是一项十分重要的基础工作。文献管理得当，可以为研究者以后的工作创造良好的前提条件。

（一）资料管理存在的问题

对于有些研究者来说，认为资料管理工作是一项可有可无的工作，对于资料的管理工作缺乏重视，在资料管理方面存在着一些问题。这些问题需要研究者重视并加以改进，做好这项基础性的工作。

首先，存在分类杂的情况。对于资料管理来说，首要的工作就是对资料进行分类。但是，有些研究者对于资料分类不重视，资料随意罗列摆放，资料分类杂乱无章，排序混乱。当研究者想要查找某类资料时，毫无头绪，就会浪费大量的时间。

其次，随意摆放。这类问题主要是针对纸质版的资料而言的，对于一些纸质版的资料更应该好好存放。一些珍贵的原始资料更需要好好保护，原始资料是全人类宝贵的精神财富。因为相比于电子版的资料来说，纸质版的资料更容易损坏，更加难管理和储存，所以对于纸质版资料的保护尤为重要。

最后，命名混乱。这类问题主要是针对电子资料而言的，现在信息技术发展迅速，研究者可以在互联网上检索到许多资料。相对于纸质文献，研究者可以阅读和接触到丰富的电子研究资料和文献。但是，对于一些研究者需要的电子资料（期刊、论文、会议等），当研究者把这些资料下载下来时，并没有对它们进行有效的整理和命名，等过一段时间，研究者想要再次阅读资料或者需要引用资料时，就会浪费大量的时间去寻找这些资料。

（二）资料管理的方法

1. 对资料进行系统科学的分类

对资料进行分类的方法有很多种，可以根据资料的主题、资料的来源、资料的作者、读者的兴趣爱好等来对资料进行分类。对于马克思主义理论学科研究者来说，对于研究资料我们可以按照二级学科的名称进行分类。当然，研究者也可以根据别的方法进行分类，不管用什么样的方法对资料进行分类，重要的是，做好分类以后可以使研究者在以后使用资料时节省大量的时间。

2. 电子文献的层级和路径管理

这类方法解决的是电子资料命名乱的问题。对于一些电子资料，例如我们从知网、维普、万方上下载的期刊、论文、学术会议等文献资料，我们可以通过建立文件夹的方式将它们分类整理，通过有效的分类和命名，这样不仅可以使我们的电脑桌面看起来整洁有序，而且对于研究者以后查阅资料将十分有帮助性。

3. 纸质文献的摆放有序

这类方法主要解决的是纸质资料随意摆放的问题。对于纸质版的资料，研究者一定要好好保存和摆放，当然，资料的摆放也一定要具有系统性。尤其是对于有特殊要求保存条件的资料，这类资料更应该好好存放和护理，尤其是对马克思主义原始文本的收藏和管理。① 资料的摆放可以根据研究者的日常习惯进行摆放，也可以将资料进行一定的分类之后进行摆放，并且，也要在资料上贴上一定的小标签，便于研究者以后查阅。

二　文献阅读的基本策略原则

"阅读策略（Reading strategy）是阅读者以建构文本意义为目标而有意识地采取的一系列调控行为，包括阅读过程中的字词解码、文字理解、信息提取和对文本的评估等。"② 阅读作为一种集合了人的动机、目的、情感等多种心理因素的高级认知过程，读者的阅读习惯和阅读目的将会在很大程度上影响阅读效果。因而读者在进行资料阅读中需要合理分配所有注意力，克服干扰因素，运用理性的阅读策略对资料文本进行分析与解读。

（一）　由浅入深，层层递进

"关于自然和历史的无所不包的、最终完成的认识体系，是同辩证思维的基本规律相矛盾的；但是，这样说绝不排除，相反倒包含下面一点，即对整个外部世界的有系统的认识是可以一代代地取得巨大进展的。"③人的认识从不完善到完善，从不成熟到成熟，必然会经历一个过程。读者在对文本资料的研读过程中，也要注意遵循由易到难、由点到线、由线到面的阅读策略。一方面，在阅读实践中，读者既要灵活利用精细加工策略、控制策略等阅读认知策略来促进阅读中遇到的识别理解困难等问题的解决；另一方面，读者也要运用计划、监控、评估手段在元认知层面对自己在阅读过程中的阅读意识和行为进行有效监控、纠正和调节，由浅入深地对资料进行阅读。

---

① 张云飞：《学科建制视角下的马克思主义文献学》，《教学与研究》2007 年第 3 期。
② 李洁：《阅读素养多维研究·PISA 阅读的启示》，武汉大学出版社 2019 年版，第 21 页。
③ 《马克思恩格斯选集》第三卷，人民出版社 2012 年版，第 794 页。

（二）基础阅读与拓展阅读相结合

基础阅读是拓展阅读的基础。基础经典阅读中运用的实证、阐释、批判方法，蕴含的学术理论和视野角度都成为读者赖以学习、分析与研究的重要方面，因此思想内容丰富、学理性价值高的经典文献作品值得读者去反复阅读。当读者对经典文献达到熟读精思、熟读成诵的水平，对文献资料形成自己的独特见解时，与基础阅读相关的拓展阅读应及时提上阅读日程安排。只有与不同题材的作品以及不同作者进行交流，才能不断丰富自身学术视野，拓展学术思维。阅读不同相关作品层层深入，进而提出系统全局或局部具体的问题，这也是促进读者沿原有思路、不断发散思考，提升自身统筹全局的系统思维和自身问题意识和能力的有效途径。

（三）阶段阅读与长期阅读相结合

资料阅读并非朝夕之功，是一个长期积累的过程，在阅读中要警惕三天打鱼，两天晒网，把难啃的硬骨头分领域、分阶段、分专题等渐次击破，坚持阶段阅读与长期阅读相结合。人文社科资料研究与梳理，离不开阶段性、专题性的文本资料阅读与摄入，没有阶段性的"量"的积累，也就谈不上长期阅读"质变"的飞跃。只有阶段性分散性的阅读，没有长期系统的积累，就缺乏系统性全局性的规划、分析与研究，永远不可能实现认识上的飞跃和质变。

无论是阶段阅读还是长期阅读，对文本资料分析与佐证的思考都应贯穿阅读过程的始终。加强对不同表现形式的资料，如视频、音频、图像、文本的分析解读，注重从条件出发分析路径过程与结果，或是从结论进行逆推，以提纲、摘录、标记等形式对阅读资料进行标记摘录，注意以理论知识的分类检视对资料的理解，促进自身理智思考。

（四）计划性和层次性相结合

高质量的资料阅读消耗读者大量的精力，为了将阅读有计划地深入，一步步达成最终预期目标，需要制订阶段性阅读计划。阶段性阅读计划目标的制订需要遵循层次性原则，以是什么、为什么、怎样做的思路逻辑不断将阅读研究引向深入。读者在阅读过程中也往往会遇到计划外的问题刺激，为了使读者的阅读计划不至于陷于无序和紊乱状态，而有效汲取资料中的理论营养与实践精华，需要读者注意以问题意识贯穿阅读过程，以创造有价值的问题引领读者对资料文献与数据的阅读解析，并作出相应判断：新问题和原有阅读问题计划达成是否处于一个系统之内？二者是什么关系？如果处于一个系统之内，那么该问题是阅读研究计划当中问题的哪一个侧面？如果不是处于一个系统之内，遇到的新问题，是否可能将从前积累的问题研究全部推翻与颠覆？还是只是在视野与理论层面上的纯粹丰富？思考新问题和原有计划的关系，从而将阅读计划和研究不断丰富立体化。

三　文献阅读技巧与方法

以上述四项基本阅读原则为指导，为促进读者把理论层面的阅读指导原则贯彻下去，深入挖掘数据文本资料营养，需要读者在阅读实践当中以具体的阅读技巧与方法为抓手，渐次深入阅读。

（一）泛读

泛读有利于读者在较短时间内收集摄入自己的痛点和兴趣点，为后期精读打下坚实的阅读基础。泛读对读者掌握理解文本资料的要求较低，只要求读者粗线条地掌握文本梗概框架，大致圈画了解文本资料。泛读阶段中，读者对资料当中的兴趣点和痛点信息进行的关键标记，将为读者精读节省大量时间。

对于不同文本来说，不同形式的资料有相适应的泛读方法和步骤。比如关于文本资料，泛读首先要对文章的篇名、索引、目录、引言等进行浏览，再去了解资料的大致逻辑与篇章分布。读懂表格，要大致了解标题、横行和纵行所涉及的对象信息，留意表格中的数据峰值。分析统计图则要首先阅读标题和注释，再阅读图表中的图形或折线。由于统计图在视觉上的直观性更强，因此读者在泛读过程中，很容易抓取图中的关键对象和信息。视频资料与以上文字、表格、统计图等静态资料不同，读者无法在短时间内通过扫视抓取关键信息，获取动态视频的基本内容。只有当读者以倍速、不完全倍速或同速的速度看完全部视频，才能对动态视频当中的思想内容和背景有所了解。

当然，人文社科学术理论研究大多涉及对文本资料的研究。在对文本资料进行泛读时，如果形成眼脑直映的看书效果，对于提取关键信息，促进文本泛读十分有利。"在即时的基础上，眼球运动基本上受到了认知加工的影响并反映了认知加工活动。"① 在运用字群、意群阅读法进行阅读时，可以适当提高注意力，从而直接提高阅读速度。眼脑直映，关键在于达成从字群到词组意群的整体意义把握。在进行意群阅读时，读者可以以一个关键词为中心，过滤掉无关词语，把词意相关的词联成一个较大的意义群，一组组地进行阅读理解。掌握精通字群和意群阅读需要循序渐进地逐步积累和提高，不断提升读者自身的整体感知能力，逐步达到由字、词、句、段到页的整体感知整合。

（二）精读

精读要求对前期泛读当中积累收集的痛点和兴趣点进行认知层面的精细加工与理解，是读者将阅读认知逐渐由浅入深，横纵向深入思考的关键时期。因此读者要想在阅读当中有所收获，必须在资料精读与思考方面下功夫。

在精读阶段，读者阅读速度放缓，读者能够复述资料信息，更为清晰明白地获悉摄取信息的现象与细节，学习文本语言字词语句的语言组成与段落逻辑。但精读资料的重要意义不止于此，更重要的在于受经典高质量文本的启发，进行发散性思考与分析，并能够在新的情境中进行迁移运用，这也是促进精读的两大手段。

如何实现发散？一是积极参与相关知识讲座、读书演讲、学术报告等，促进组合知识概念信息能力的提升。二是在阅读中加强对文本资料的发散思维训练，从问题中心出发纵横发散，对给出资料数据信息横向类比、跨域转化、交叉融合，批判分析，从不同角度，向不同方向和路径进行分析、加工、整合，求得问题的解决和创新。

怎样进行迁移？读者从资料中汲取与研究相关的语言表达、思想内

---

① 吴迪、舒华：《眼动技术在阅读研究中的应用》，《心理学动态》2001 年第 4 期。

容、理论方法的营养，迁移运用到相似情境环境中去。首先，需要清楚地认知阅读资料，能够从语言表达、逻辑结构、学术理论层面对资料进行欣赏与评析，摘取资料精华。其次，思考阅读资料与自己的相关研究相同与不同之处，思考资料信息缘何如此组织，分析与论证过程的精妙所在是什么、有没有偏颇与失误，为什么能出现资料中的结论与结果等。最后，结合自己的理解与研究对资料中汲取的精华进行辩证否定和创新性表达。

（三）辅助工具

把泛读和精读、快阅读和慢阅读结合起来，当快则快，当慢则慢，需要一定的辅助工具，阅读需要动手和动口。高质量的经典作品善用留白，刺激读者在现有材料基础上进行新的发散性思维思考，激发读者在原有观点、语言、论据、结论基础上得到新启示，并且进一步刺激读者激发创造性，结合新材料、视域、工具、理论，运用发散思维进行新的实践理论创造。因而读者在对人文社会科学资料进行阅读，且当读者阅读认知发展到更高层次阶段时，读者不能仅仅止于阅读本身。

读书心动时动手标注、圈画、评点，可以帮助读者厘清观点逻辑，及时记录灵感乍现的思维火花。首先，思维导图是读者梳理文章理路的有效工具。思维导图以生动形象的图文模式呈现阅读资料大意，将资料的逻辑层次与重点关键词立体化，为读者再次进行资料检索与分析提供备份，方便读者查阅。其次，即时的读书批注可以记录读者对某一句话、某一观点的理解、联想、灵感，以及读者对痛点和兴趣点的看法，也是帮助读者深入理解以及研究文本的重要工具。最后，做好珍贵重要纸质资料保护与留存工作也相当重要，拍照备份、语音转换工作将为后期读者研究产出奠定坚实的资料基础。

动口也是阅读的辅助手段。与单纯的视觉阅读相对比，动口不仅使用了视觉功能，还发挥了听觉功能。经过朗读，读者将得到更加深刻的阅读体验、记忆和理解。除此之外，与他人分享读书体悟，也是推动读者深入理解与思考的一种媒介与方式，能有效推动读者阅读力的提升。

第三节 文献资料阅读的目的与导向

文献阅读的目的在于文献分析，并在此基础上形成自己的观点。文献资料分析，就是对已有的文献资料进行整理和研究，准确理解作者的观点和用意。对于资料解读要清晰，不要误读、错读和"亵渎"，需要遵循一定的原则才能将文献资料解读得更加透彻。对于资料的分析可以分为综合分析和专题分析，其中，综合分析就是将不同类别的文献资料，进行综合比较研究分析；专题分析就是将文献资料按照一定的专题类别进行分析解读。

一 文献资料阅读的目的

对资料进行一定的分析解读是研究者要进行的一项重要的工作，只有在对资料进行认真分析的基础上，研究者才会对资料有一定的把握，从而更好地了解文献作者的观点和想法，并在此基础上形成自己创新性的理论成果。从学术选题的角度来说，文献资料阅读的目的主要表现在以下几个方面。

（一）了解选题研究现状

在对选题进行相关文献资料收集的工作基础之上，对文献资料进行泛读精读，分析和提炼对当前选题有帮助的内容，以此来了解选题的历史发展背景以及选题的国内外研究现状是非常必要的。很多时候在进行学术研究时提出的批评，早在之前就已经被前人提出，之所以出现这种现象是由于阅读量、知识积累不够，对当前研究领域的现状分析不全面，造成对前人研究简单重复的状况。

通过文献资料阅读，研究者可以对当前选题领域的知识面进行扩充，全面了解当前选题的现实背景，对当前选题是否符合时代背景进行思考，更加明确自己选题的意义，进而明确自己选题的起点和目标。同时，学术研究需要不断前进，要取得具有创新性和有效性的研究成果，使自己的科研成果具有借鉴和参考意义，就必须深入分析前人对此做了哪些研究，并在目前取得了什么样的成果，避免出现与前人研究简单重复。这就需要我们在借鉴前人研究成果的基础之上，对研究成果进行分析，发现当前选题的研究现状还存在哪些需要进一步做出努力的方面，对此提出新的问题。同时通过阅读相关资料，可以对当前选题的研究热点有充分的了解，研究者可以通过当前研究热点来调整和修改自己的研究内容，以使自己的研究成果对当前的研究领域具有现实指导意义。

（二）借鉴选题研究思路

要研究透彻自己的选题问题并取得具有较高学术价值的学术成果，就需要对自己的研究思路和研究方法进行周全考虑。对研究思路和研究方法的考虑是进行学术研究的基础保障，也是开展论文写作的一个重要步骤。在进行学术研究时，不可避免地会出现大大小小的研究困境，这时通过阅读他人的学术研究成果来了解前人的研究思路，了解他人是从什么问题、什么角度切入，通过什么逻辑去论证问题，并对此进行总结，启发自己的研究思路。同时通过对前人的研究方法的借鉴，对自己的研究方法进行拓展，以寻找最佳的研究方法来解决所研究的问题。

厘清研究思路主要包括以下三个方面：一是明确自己的研究目标，对自己进行学术研究所想取得的研究成果进行预期。研究目标的确定，要从当前选题前人研究现状和研究基础出发，确定自己论文的出发点，同时要考虑研究目标的创新性，以使研究成果具有参考和借鉴的价值。二是研究内容的确定，研究内容的确定要紧扣自己的选题，需要在阅读文献资料的过程中有意识地来思考自己选题的大体研究内容，同时提炼能够辅助论证自己论点的论据，以使自己的论点有足够的理论支撑。三是研究者重点的确定，在阅读文献资料的过程中，要着重分析前人是对当前领域的哪些问题进行重点研究，并以辩证、批判的思想来看待其研究，思考自己可以在研究中做出哪些创新，提出哪些新的问题，以此来作为自己的研究重点。厘清研究思路体现了文献资料阅读的必要性。

（三）参考选题研究方法

研究方法作为哲学范畴的专业术语，包括文献法、思辨法、比较研究法、历史研究法、概念分析法、行为研究法等。研究方法是否科学，不仅关系到研究工作能否顺利进行，而且关系到获得的研究结论是否准确、是否具有说服力。研究一个问题可以选择多种不同的研究方法，如果对于选题的研究方法无从下手或者当前自己所掌握的研究方法具有一定的局限性，可能会使当前选题陷入困境，这时可以通过阅读前人的文献资料来对自己的研究方法有所启示。同时，选择合适科学的研究方法对于透彻研究选题内容、不断提炼新观点得出正确的结论等具有重要的价值。在阅读文献资料的过程中，通过吸收、借鉴他人文献资料的研究方法，对不断完善自己的研究方法使其更加科学高效地产生学术成果具有重要意义。

二 资料阅读的目的导向

没有目标导向地去阅读文献资料，很有可能会导致获取的知识是碎片式的，或者可能无法形成自己的观点。

（一）基础模式：从这里出发

"阅读是以文本为中介的作者传达。"[1] 当读者刚刚接触专业某一视域视角的课题，旨在对该领域基础研究对象、规律与方法以及相应热点问题进行基础了解时，读者处于基础模式。在基础阅读阶段，读者尝试调动和运用已有知识来理解作者传输信息与表达，激荡迸发出少量思想火花。但由于此时读者初读，尚不能窥见资料文本信息的全貌，所以尤其要注意清晰解读文本资料，注意区分开自我与作者的思想观点，分清你我，避免误读、错读和"亵渎"现象发生，注意对文本思想观点的深读与慎读，对文章思路资料和方法进行有选择性的舍弃与学习，从而达到重点攻破的效果。读者完全理解文本资料传达的思想观点，并迸发出新的思想观点，需要长期阅读横纵深入与积累。

文献阅读研究是社会科学学术研究的一个最为广泛使用的研究方法之一，是我们"站在巨人肩膀上"登上学术高峰的重要途径，一切的学

---

[1] 曹光灿：《阅读本质论》，《西南师范大学学报》（哲学社会科学版）1996年第1期。

术研究都要从这里出发，无论你走向哪里。选题已定之后进行大量文献阅读研究的目的：一是从文献阅读中奠定该选题领域的理论基础；二是通过对学术史的梳理，了解当前选题的研究现状，使自己的学术研究具有一定的创新性，避免自己的研究内容与前人简单重复；三是从前人的论文中提炼观点，来支撑自己的论点。

同时在阅读文献时我们要清晰客观地解读作者观点，不能误读、错读和"亵渎"。对一个问题的研究应该从该问题原始的面貌出发去理解而不加个人主观成见。不管是对当前研究现状进行综述还是提出见解，对研究成果进行肯定还是否定，都要在大量客观证据的基础之上进行，有根有据以理服人。

（二）对话模式：交流与创新

当读者想从文本资料中汲取或结构或思路或方法的营养，想深入到文本当中与作者的思路逻辑观点同频共振时，读者处于对话模式中。与文本相互借鉴、取长补短、对话交流的前提是要做到尊重与欣赏。在与文本的交流中，读者静心与读者处在不同的时空视野下同频共振，思考读者观点理论逻辑进路含义是什么，为什么提出，怎样理解，有无其他理解方式等。对话模式有三个维度：第一个维度，被动倾听输入与复述，对作者观点不甚理解，只能机械复述阐明，但仍然努力做到输入与倾听；第二个维度，主动交流对话解读，尝试联系自己已有知识，对作者观点进行部分创造性解读；第三个维度，对话反馈，能借助一定理论方法和理论工具对作者观点进行跨学科跨视域发散性解读。三个维度逐级递升，第一个维度是第二、三个维度的基础，第三个维度是第一、二个维度发展的必然结果。三个维度逐级递升的过程，除了需要读者锲而不舍，驰而不息地阅读输入努力之外，更需要火花碰撞和灵感激发。

文献阅读不应该停留在文字表面而要推开门走进去，穿越时空与作者进行"对话"，思考作者的观点和内容，抓住重点，把文章内容真正消化掉以获得新的认识。同时推开门走出来也要有自己的收获，赞同或者否定形成自己的观点和立场，能够形成自己的学术问题。这就需要我们带着问题意识去阅读，梁启超说："能够发现问题，是做学问的起点。"

所谓问题意识就是从为什么出发，去解决研究问题。问题的出现需要我们去与前人"对话"，需要大量地去阅读文献资料。那么怎样提出好的问题就至关重要，如何提出研究问题主要有以下几个方面：一是从当前国家大事和身边小事中发现感兴趣的问题，从而进一步研究其缘由。例如，当前我国开放了三胎生育政策，其背后的推动因素是什么？二是发现理论与当前事实不相符合的地方。当理论文献与现实事件之间有所出入时，我们就要从理论和事实相悖之处进一步寻找新的解释。三是进行理论对话，从各个不同的理论流派中我们可以寻找二者之间的关联，或将其之间的关系进行调和或从不同派别中寻找自己的学术立场，通过与现存理论的对话和相互作用，来推进自己的理论概念建构。

以上发现问题的方法都离不开文献资料的阅读，都需要基于理论和知识沉淀，运用社会科学的想象力去发掘新的问题。

（三）争鸣模式：质疑、论辩与创新

读者对文本资料质疑，以质疑为导向对文本进行斗争论辩与革命。搞懂弄通高水平文献资料，与高手过招，是提高自身学术水平的重要途径。对文本资料进行实事求是的真诚否定，警惕陷于形而上学的片面偏执否定与斗争的囹圄。既要学会尊重文本资料观点，学习接受合理思路理论观点，对其进行丰富补充完善；又要学会尊重对手，有理有利有节地对文本资料进行实践与理论上的逻辑学论证与推演，运用综合视域理论知识进行辩证否定与斗争。如何有理有利有节？笔者认为首先要明晰斗争的领域，即杜绝"眉毛胡子一把抓"的片面性，选择性地对原文本资料的方法、语言、论据、结论、领域、维度进行辩证否定批判与超越。其次要选择合适的斗争技巧和方法，对资料文本持一分为二的观点，秉持"君子和而不同"的斗争哲学，选择合适的斗争艺术。最后要依实、依需、依势选择合适的斗争烈度。高明的斗争，是于无声处响惊雷。

相较于普通的阅读行为，批判性阅读是更高一层次的阅读行为，不仅限于对文章的阅读理解和吸收，更加强调阅读的更深层次。通过阅读抓住作者的观点，通过批判性和辩证性思维去判断作者观点及背后隐藏

的深层次的信息，根据对文中观点和论证深层次的批判分析得出自己的研究结论。任何资料文献都不可能是完美的，都会受社会和作者主观等因素影响而存在一定程度上的纰漏，这就要求我们在阅读的过程中树立批判的思维去看待文献资料，有所保留地阅读。批判性阅读首先要求具有理性思考的能力，要求边读边思考，不是简单被动地对文本进行理解和吸收，要不仅能够提炼出作者观点，而且能够带着问题意识去分析作者为何得出这个结论，发现文章的不足及具有进一步研究价值的地方。质疑不是凭空想象，一般而言我们可以通过对比和溯源的方式来质疑。其次要具有评价表达能力，批判性阅读的目的在于解决自己的问题并形成自己的观点，进一步提高综合创新能力。

辩证的阅读就是不要迷信资料权威，而要有所分析对比。可以就文章中的一个观点、一个史实追踪出其原始出处及相关资料来了解其来龙去脉，从一个文献出发搜索相关文献，不断扩展知识面。同时要进行比较阅读，对不同说法的相同点与不同点进行对比分析，"由此及彼"即考察事物上下左右以及内部与外部的各方面联系，达到"知其然，知其所以然"的境界，这样不仅对一个问题得到立体全面的掌握，也学会从不同角度观察和分析事物的辩证能力。

（四）建设模式：补足、丰富与完善

"阅读乃是对于符号的解释。"[1] 读者在阅读中，基于自身已有知识理论背景和认识经验体系，对所读资料产生独特理解。批判超越与补足是学习与接受、尽致尽知资料文本的必然结果。当读者以补足丰富文本为目的进行阅读，读者即进入建设模式。补足丰富与完善需要广博的阅读储备，既需要立足于文献，又要走出文献，进行新的下沉实践降维研究或理论层面升维新思考。无论是哪种丰富与完善，都离不开对文本资料的深入阅读与分析。

做任何研究都要最大限度地收集到与之相关的文献资料，并进行广泛的阅读积累。做研究想要达到事半功倍的效果就要从当前选题领域的

---

① 张必隐：《阅读心理学》（修订版），北京师范大学出版社 2004 年版，第 3 页。

研究成果进行深入分析。在学习接受前人研究成果时，要从其某个观点及参考文献部分引出更多的资料、著作、原始文献等，使可阅读的书目更加丰富，做到尽致尽知。同时，阅读过程中要善于发现前人研究的薄弱环节，从哪方面可以对当前研究领域进行辩证性的丰富、建设性的论辩，如何进行新概括、运用新语言、补充新材料、提出新见解、得出新结论，而不是把前人的研究成果拆分拼凑进行简单重复。哲学社会科学领域存在一些不良风气，学术浮夸、学术不端、学术腐败现象都不同程度地存在，要想使自己的研究成果具有创新性、可参考性，单靠零零碎碎地收集资料，一知半解地了解选题领域，没有最大程度上的文献阅读、研究材料是不可能实现的。

（五）无关模式：舍弃与尊重

读者在广泛阅读前期收集资料文献的基础上，经过阅读，读者发现研究问题的相关资料文献支撑薄弱，或者其他学者已作了尽致尽知的论辩与研究，已没有新的问题、新的观点、新的资料对其进行补充，也无法在新的视域与理路上发现新异化，这里的参考资料文献相对读者的研究来说就已经无关无用，必然发生舍弃。在无关模式中，现有阅读资料虽然对读者没有直接作用，但对作者具有触发和启发作用，使读者发生了新的层面降维与升维的思考与研究。所以，无关模式的本质不是心不在焉悠悠然与毫不在乎，而是基于现有阅读材料认真思考与扬弃的结果。

在当今文献资料浩如烟海的学术世界中，为了避免无效阅读，我们要学会去筛选与选题相关的资料，有目标地去阅读。在筛选出来与选题相关的文献资料之后，要想高效率地获得相关知识，就要掌握高效率的阅读方法，浏览、泛读、精读相结合。浏览的过程是筛选与自己选题有关联的文献资料的过程，主要了解此篇文献主要讲了什么，是否符合自己的需要，有没有继续阅读下去的必要。这个阶段我们可以通过对论文的大框架进行阅读，查看论文的题目、关键词、引言、各部分的大小标题和结论，思考这篇论文作者做了什么、怎样做的、结果如何，来判断此篇文献是否与自己的选题有所联系、文献的里面是否有相关知识可以辅助自己论证自己的观点。泛读是对整篇文章进行阅读，但不要求字斟句酌，主要了解作者的研究思路、研究方法以及研究结论等，一篇文献可能对自己有启发和借鉴的地方甚少，这就要求我们在泛读的过程中筛选出来对自己有帮助的部分进行重点标注，方便对此处进行精读。

在阅读过程中，首先应该将文章的主要观点提炼出来，我们只有了解了他人的观点是什么，对此有所思考，有意识地锻炼自己提炼观点、提出观点的能力，才能应用于自己的写作过程。其次必须拒绝被动阅读即把一篇文献从头到尾、一字不落地仔细阅读，这种阅读方式不仅耗费精力，也会使自己在广泛阅读文献资料的过程中抓不住重点，使知识不能融会贯通到自己选题的知识框架中，从而导致无效阅读。积极的阅读，要学会抓住材料的观点、理由、证据等，如果读完一篇文章后不能明确指出作者主要解决了什么问题、做了什么工作、得到什么结论，那么此次阅读就是低效或无效阅读。

精读即在浏览、泛读的基础之上，对筛选出来的有效部分进行仔细阅读。精读也是被动转化为主动的一个过程，在精读的过程中要带着问题去着重阅读能够解决自己当前问题的部分，只有这样才能较为敏感地找到答案，为自己的选题研究提供供给。

同时，在阅读文献资料的过程中不可避免地会遇见与当前选题无关的新的内容，这时我们要平衡好拓展眼界与专业研究之间的关系，带着问题去阅读，克服自己散漫没有目的的阅读行为，明确自己阅读的目的，紧扣自己的选题，使阅读的各文献资料与选题之间有一定的关联性，丰富自己选题领域的相关知识。

（六）碰撞模式：刺激与思维提升

当收集资料与读者研究完全无关，处于两种完全不同的思路逻辑与频道时，读者阅读目的并不在于从文献中获得有关研究的新论点与新论据，而是旨在收获另外一种视域与领域的火花与思维碰撞。持碰撞目的的读者，跳出原有偏执的立场与认识，有可能收获全新的视域、视野与逻辑方法，从而开拓出一片新的桃花源。面对同一研究对象、同一研究文本，从不同视域去解读，得到的定义与论断也不一样。以对网络流行语的研究为例，从语言学来说，网络流行语仅仅是无规则字词、语句，一种具有再生意义的语言符号；而从社会学角度来说，网络流行语是对社会现实的隐喻化反映，具有社会学意义。由此观之，两个领域对同一研究对象的性质定义是完全不一样的。"横看成岭侧成峰，远近高低各不同。"这也启发我们对内在极其复杂的层面要进行多角度反思，从正反两面来汲取经验和教训，只有这样才能窥见现象与本质、偶然与必然、原因与结果的来龙去脉与发展全貌。碰撞模式是读者与文本资料的激烈碰撞，是获得研究提升的必由之路。

第四节　文献综述的撰写

文献综述是文献阅读的初步成果呈现形式。文献综述是作者紧紧围绕其研究的问题，在对其研究领域内的文献进行大量阅读之后，将其整理筛选、分析研究和综合提炼出来的一种学术论文，是一种高度凝练的文献报告，具有极高的学术价值和参考意义。文献综述应能够反映出该学术领域的新问题、新动态、新趋势，从而更好地掌握本学科、本专题的发展规律进而预测其发展趋势。从纵向来看，文献综述能够反映某一特定的学科或者专题所在领域的历史现状以及研究进展；从横向来看，通过对当前阶段国内外各研究单位的研究成果进行横向的比较，体现出当前学术研究的倾向，为我们提供一些最新的学术动态。

一　文献综述撰写的意义

文献综述作为一种学术写作体裁在写作中占据重要的地位，在写作过程中发挥着重要作用，考虑清楚文献综述的写作意义极为重要。

首先是世界学术研究蓬勃发展的时代背景。中华历史磅礴上下五千年，书籍卷帙浩繁，有无数个谜团等待着我们的探索。尤其是中华人民共和国成立后，进入社会主义初级阶段，人们的物质生活得到满足后，更加追求精神生活的富足，越来越多的人投入到学术研究中。加之社会重视和聚焦人文社会发展规律，因此我国的学术研究领域，尤其是马克思主义的研究领域呈现出繁荣的局面。这样的繁荣场面使我们感到学科前景光明的同时，更应该以自己的实际行动投入学术研究的洪流中去。

国内学术研究氛围浓厚，世界更是有着百花共艳的文明，构筑了丰富多彩的世界知识宝库。就马克思主义这一门学问来说，马克思和恩格斯创立的马克思主义，而后又经历了后世继承者的丰富和创新，使得马克思主义不断与时俱进。而最早开始研究马克思主义的就是西方以及国外的一些马克思主义者，许多国外观点对于我们学术研究有重要意义。众多学术研究各有创新点和侧重点，不进行梳理就不能够还原事物和规律的全貌，因此，写作文献综述是归纳整理学术研究，使我们更好地进行学习的一个重要的方法。

其次是进行文献综述的撰写是我们更好地进行自己的学术研究和观点创新的一个途径。通过撰写文献综述，有助于我们熟悉和了解所要研究问题的已有研究成果，一方面避免重复劳动，另一方面也做到了站在前人的肩膀上观察理解事物，有效提高了我们的眼界，丰富了我们的知识结构。做学问绝不可闭门造车，须得与人交流，而搜集文献以及整理资料就是最好的方法。

再次，进行文献综述撰写的过程中，促进我们了解学术前沿。在分析文献的过程中，了解相关问题的研究，发现前沿性问题，或者将还未完善的问题作为自己未来研究的方向，或者对于前人的观点提出否定性或创新性见解。如果有机会，能够使自己的综述成为推进科研前进的力量之一，那么不仅对于个人，更是对于整个科研发展来说都是大有裨益的。

最后，撰写文献综述有助于拓展研究思路和研究方法，提高我们的分析和总结能力，从而提高科研能力和论文写作能力。对于观点的综合和总结，从而提出自己的见解是对学术能力提高的关键一环。不对前人的科研成果进行学习和总结，就只能是闭门造车，难以有明显的科研水平的提高。

二　文献综述的内容分类

根据写作方法，可以将文献划分为：系统型、半系统型和综合型。系统型文献综述是文献综述写作的主要写法，主要是以文本为基础，通过系统分析和打磨，减少研究者主观偏见，得出可靠结论。半系统型文献综述，这种研究方法更侧重于选定的领域多个主题随着时间变化推移出现的变化，或某一个主题出现跨越传统研究的理论创新。也就是说，半系统型文献综述对于该研究问题的集中统一阅读要求较低，更加需要作者系统总结和归纳相关问题，最好拥有横纵向视野相结合的能力，可以综合不同主题的理论观点，对作者要求较高。例如，后金融时代新自由主义发展对当代大学生的影响的研究，需要在后金融时代这个时期之下了解新自由主义的新发展，落脚点应该是新自由主义对当代大学生的一系列影响。综合型文献综述是通过综合研究某一类问题，形成新的理论框架，更加适合于已经接近完备的研究。

根据写作的侧重点，可以将文献综述概括为：历史性综述、理论式综述和方法性综述。历史性综述是对于文献资料的纵向梳理，追溯这个问题的历史起点和发展，直至今日的研究状况，主要是以时间为主要线索。理论式综述主要是对某一个时期内出现的重要研究突破和理论创新进行的梳理。同时对于某一些理论的补充论证和对一些理论的否定性意见，评判其优劣及高下。方法性综述是对文献研究进行的相关研究方法和研究视域进行的分析，更加注重方法的分析，在理工类文献撰写中有所涉及，因为在一些研究中，不同的研究方法和操作的先后顺序可能会得到不同的结论。

三　文献综述的要素与标准

文献综述的格式要求是写作综述必须要了解的，格式不正确，会给人以不专业、不认真的印象，因此，要注意格式正确，以及不犯低级错误（如错别字等）。好的文献综述能够给人以春风拂面的感觉，这也是每一个学术研究者所需要追求的论文写作所要达到的水准。

（一）文献综述的要素

文献综述中有几个不可缺少的内容要素，即题目、作者、摘要和关键词、前言、正文、结语和参考文献。

摘要就是内容提要，在文章中所起的作用十分重要。其写作要求是需要将文章的主要观点进行概括，使读者阅读完摘要后就对文章有一个清晰和概括的认识。其主要构成可以包括文章的研究目的、研究的主要方法、研究的主要成果和创新点以及研究意义。摘要需要充分概括，简单凝练，有独立性和自明性信息。关键词一般来说3—5个，是从主要内容中提取出来的，使读者在检索文献时能够快速找到文章。

前言的写作，主要是用社会背景、事件、研究数据、研究趋势等引出研究主题，需要说明研究的重要性。例如，"2020年11月16至17日，中共中央全面依法治国工作会议首次提出'习近平法治思想'的重要命题。'习近平法治思想'一经出场，便立即引起了学界的高度关注，学者们围绕'习近平法治思想'展开了热烈探讨和研究，发表了一系列阐释、研究和宣传'习近平法治思想'的理论成果。为了回顾与总结国内学界关于'习近平法治思想'的研究状况，继续推动对这一理论成果的研究不断向纵深发展，本文……"① 在引文中，开门见山提出研究主题，即"习近平法治思想"，并简单概括了该问题研究的热度和研究背景，尽管是新问题，但是已经有很多学者自发参与研究，学界对此高度关注，这篇文章就是基于这样的背景，为了总结与回顾学界提出的重要研究而进行的写作。很多理科和工科的前言会涉及一系列研究数据，而文科类综述在必要时也可对此进行说明，但是需要注意言语清晰。

正文按照框架结构，介绍文献，介绍研究情况。不同的学者有不同的研究视域。由于近年来学科不断扩展和延伸，研究方向和角度丰富，也为我们对一件事物进行全面了解打下了基础。在《习近平法治思想：文献综述与研究展望》中，作者从科学内涵、生成逻辑、实践路径和时代价值四个方面来写，每个方面都涵盖有不同领域专家学者的研究成果。例如，在科学内涵中，就从"人民中心说"维度、"法治建设说"维度、"国家治理说"维度、"战略布局说"维度和"法治强国说"维度进行了梳理。那么了解了五个维度的研究，就可以为我们从不同角度进行研究或者更深一层维度进行研究打下基础。如果文献综述是为开题报告做准

---

① 张天浩：《习近平法治思想：文献综述与研究展望》，《西华师范大学学报》2021年第5期。

备，则可以涉及"有什么研究进展，问题是什么，怎么找方向"的写作。

结语是整篇论文的总结和结尾，在写作时，需要对综述正文部分的内容进行总结，不仅是对既有研究成果的总结，也是对研究的不足进行的总结，能够用长远的视角展望未来有潜力的研究角度。如果这个综述是学位论文的一部分，要引出自己的研究，说明它的创新贡献。

参考文献与收集的资料有关，与研究的问题有关，若此类问题涉及国外的一些研究成果，也需要引用。清华大学高等研究院朱邦芬教授在提高学术诚信的演讲中建议，要区分学术不端和学术不当。用了别人的结果而不引用属于学术不端行为，引用不规范属于学术不当行为。参考文献能够使读者快速了解引用文献的情况，也是对所引用的文献的作者的尊重。引用时需要注意格式和准确性。

完成综述后，也需要进行认真修改，可以请同学帮忙斟酌字句，也可以请老师再做指教，一篇好的文章总是需要多次修改和完善才能达到自己所满意的程度。研究在不断推进，我们需要知道的是，文献综述写作本身不是目的，在结束文献综述的写作后，不仅不代表研究的结束，恰恰相反，是问题研究的开始。

（二）优秀文献综述的标准

一篇优秀的文献综述能够给我们的研究提供指导，优秀的文献综述主要有以下几个比较突出的特点。

第一，收集资料的广度与深度的结合。这是将一个问题挖掘清楚的前提。收集资料时不限时间地点，力争全面获得有价值的相关文献，也可以通过各种学术会议、学术讲座等进行资料收集。

第二，文献综述撰写的逻辑清晰，内容翔实，重点突出。撰写文献综述时，也要重点突出，先综后评，详略得当，逻辑层次清楚合理。把握好"综"与"述"的关系，把握好文献综述写作的学理性。既不能进行综大于述的简单罗列、生搬硬套，也不能使述大于综的胡编乱造，尽量使写入综述的任何一个结论和任何一篇文献都是经过成熟思考和加工的。

第三，论文综述写作的语言要求，注意撰写的学术性语言，论证的准确和清晰十分重要。这需要文献和资料的权威，也需要框架和语言条理分明和逻辑严谨。文献综述要文字简洁，尽量避免大量引用原文，要用自己的语言把作者的观点说清楚，从原始文献中得出一般性结论。

第四，紧扣主题撰写综述，不做无用功。文献综述不是资料库，要紧紧围绕课题研究的"问题"，确保所述的已有研究成果与本课题研究直接相关，其内容是围绕课题紧密组织在一起，既能系统全面地反映研究对象的历史、现状和趋势，又能反映研究内容的各个方面。

第五，对文献资料的客观评价。允许大胆批判，但是批判一定要建立在有充分依据的基础之上。更不可通过贬低他人研究成果而衬托自己的高明。

第六，理论框架创新。肢解式框架是非常忌讳的写作框架，例如，《老子思想对现代企业管理的启示》，如果将框架简单分为老子思想简述、现代企业管理的思想简述以及老子思想与现代企业管理。这是一种表面浅层次的写作，没有深入，没有聚焦，没有问题意识，没有理论结合，仿佛只是把风马牛不相及的东西结合在一起，让读者读起来非常无聊和无感。而一个好的理论框架则会引人渐入佳境，由浅入深。

写好文献综述的能力需要在平时就进行培养，平时多多阅读文献，积累写得好的论文留归己用，注重点滴积累，厚积而后薄发。

四 文献综述撰写的规范

（一）综合性

综合性要求我们在进行文献综述的写作时眼光必须放全面，看到选题所在领域的各个角落，尽可能把该领域的重要的研究成果都予以体现或呈现出来，给读者呈现出一幅完美的构图，使读者更好地了解该领域的研究状况。学术领域要百花齐放、百家争鸣，注意不能只叙述自己感兴趣的部分，或者只是自己认为正确的部分，切忌只选择该领域的知名学者的学术观点进行研究，或者只是该领域某一学派的成果，要引入不同学者、不同学派的不同视角，充分聆听该领域的各种声音。

（二）避免述而不评

文献综述虽然是以他人文献作品为研究的对象，但是我们也需要在阅读文献的过程中阐发出自己的见解，切忌把他人的观点直接罗列堆放在文献综述中，注意区分作者的观点和自己的观点，明确他人的观点只是在文献综述的撰写中充当研究对象的原则。我们可以将作者的观点写到文章中作为论据，而不要通篇都是对作者思想观点的搬运，综述者和文章的作者是两个不同的角色，综述者的研究论题、理论思路和逻辑论证都是自己在阅读文献的过程中归纳总结出来的，如果意识不到这个问题，就会只是把同一主题的研究成果整合在一篇文章里，"就很容易把文献综述写成材料单或者其他研究者的众声喧哗"①。

文献综述的关键内容就是对文献作者所写内容的评判，如果没有综述者自己的看法，那无疑就变成了一种变相的抄袭，或者只是对他人观点的一种转述，综述者更不会在这个过程中有所收获。我们研究相应文献的目的一定是论证自己所选主题的合理性，而不是向读者陈述什么人研究了什么事，得出了怎样的结论。可以这样说，止步于文献而没有建设性的观点，不对温馨的未来研究做探讨，是只有"综"而没有"述"的文献汇编，不属于文献综述的范畴。

（三）避免对他人文献的随意化处理

上面已经论述过，要严格区分综述者与作者之间的界限，引用他人的文献内容时，一定要对其出处做好标注，对于一些论点，一定要给出相应的论据，严禁妄下结论。

再就是一定要尊重他人的学术成果，站在客观公正的角度正确对待他人的学术成果，在审视他人的学术成果时不要带有过多的主观倾向，不要因为一己私利，而对他人的研究成果进行不负责任的主观化断言。不要情绪化处理，不能因为与作者的观点相异，就将批判的情绪上升到了作者本人；也不能因为作者的一些个人问题，就一概否定其在学术领域的成果。更不能因为与作者有师承、学术关系或者学术争论就一味地

---

① 支运波：《人文社会科学研究中的文献综述撰写》，《理论月刊》2015 年第 3 期。

奉承或踩低；不能因为地域歧视、时代问题等就对作者采取偏激的态度；也不能为了得出综述的结论，而对原文进行断章取义，甚至过分夸大自己研究的意义，给自己的研究戴上一些假大空的帽子。

作为一名合格的学术研究人员，就要抛弃一切世俗观念，一切以学术为大，要时刻抱着谦卑的态度，虚心向其他学者学习，礼貌对待其他学者以及其学术成果，以平等的姿态同他人的学术观点进行交流，遵守基本的学术道德规范，谋篇行文犹如为人处世，不断提高自身的修养，超越利害得失，一心向学才能真正在学术领域有所收获。

（四）参考文献引用的注意事项

参考文献是文献综述中非常重要的一部分，必须严格按照规定的格式进行列举。不同的刊物对参考文献的格式有不同的要求，因此在投稿时一定要仔细阅读参考文献的规定事项，不要犯格式上的低级错误，作为一名科研工作者对待工作一定要严谨细心，规范而严谨的格式有利于体现出我们作为一名科研工作者良好的科研素养和正确的科研态度。引用的参考文献一定要是经过作者本人亲自研读过的第一手文献，这是参考文献引用的最基本的原则。目前参考文献的引用存在的一个突出问题就是存在大量对其他作者的二手甚至三手文献信息的引用，脱离了一手文献就容易受二手文献作者主观意识的影响，离原来的文意越来越远。直接从他人的文章中断章取义，会导致信息的曲解，严重者会导致错误信息的传播。

文献综述作者在进行文献综述的撰写时始终不能脱离作者的原文，以原文为根基，其他二手文献仅仅作为参考，此时也要注意对这些二手文献的内容进行甄别，核实其真实性和可靠性，总之，对二手资料的使用一定要谨慎。除此之外，引用的参考文献的数量一定要适度，引用过多可能会导致作者的论述过于烦琐，文章中掺杂着大量的无用之词不利于读者准确把握精髓，引用过少可能会导致论述不够到位，观点模糊也不利于读者的理解。根据所研究问题的具体情况，比如研究背景、文章篇幅等，选择合适数量的参考文献，同时要注意阅读刊物的具体要求。

撰写文献综述就是不停地与文献打交道，马克思主义理论研究中文献综述的地位是不可小觑的，文献综述的撰写能力的养成也是需要严格训练的。撰写文献综述就像打磨一件利器，无数次的斟酌修改之后才会磨平瑕疵，最后变成一件完美的工艺品。把撰写文献综述真正当作一项研究工作来对待，在思想态度上重视起来，积极付诸实践，就一定能写出一篇有价值的文献综述。

附：马克思主义理论学科经典文献①

马克思《黑格尔法哲学批判》及其导言（1843—1844）

马克思《1844 年经济学哲学手稿》

马克思《关于费尔巴哈的提纲》

马克思《德意志意识形态》

马克思《哲学的贫困》

马克思、恩格斯《共产党宣言》

马克思《〈政治经济学〉批判导言》

马克思《〈政治经济学〉批判序言》

马克思《资本论》（1—4 卷）

马克思《哥达纲领批判》

马克思《政治经济学批判》

马克思《法兰西内战》

恩格斯《反杜林论》

恩格斯《社会主义从空想到科学的发展》

恩格斯《自然辩证法》

恩格斯《家庭、私有制和国家的起源》

恩格斯《路德维希·费尔巴哈和德国古典哲学的终结》

恩格斯《论历史唯物主义的书信（1880—1894）》

---

① 文献选取参考郝立新主编：《马克思主义理论学科基本文献研究》，北京师范大学出版社 2020 年版。

列宁《唯物主义和经验批判主义》

列宁《论马克思主义历史发展中的几个特点》

列宁《马克思主义的三个来源和三个组成部分》

列宁《谈谈辩证法问题》

列宁《帝国主义是资本主义的最高阶段》

列宁《国家与革命》

列宁《哲学笔记》

斯大林《论辩证唯物主义与历史唯物主义》

斯大林《苏联社会主义经济问题》

卢卡奇《历史与阶级意识》

柯尔施《马克思主义和哲学》

霍克海默、阿多诺《启蒙辩证法》

马尔库塞《单向度的人》

哈贝马斯《交往行动理论》

阿尔都塞《保卫马克思》

科亨《卡尔·马克思的历史理论：一个辩护》

福斯特《马克思的生态学：唯物主义与自然》

毛泽东《中国社会各阶级的分析》

毛泽东《湖南农民运动考察报告》

毛泽东《关于纠正党内的错误思想》

毛泽东《星星之火，可以燎原》

毛泽东《反对本本主义》

毛泽东《实践论》

毛泽东《矛盾论》

毛泽东《论持久战》

毛泽东《〈共产党人〉发刊词》

毛泽东《中国革命和中国共产党》

毛泽东《新民主主义论》

毛泽东《改造我们的学习》

毛泽东《论人民民主专政》

毛泽东《论十大关系》

毛泽东《关于正确处理人民内部矛盾的问题》

邓小平《解放思想、实事求是、团结一致向前看》

邓小平《坚持四项基本原则》

邓小平《对起草〈关于建国以来党的若干历史问题的决议〉的意见》

邓小平《社会主义首先要发展生产力》

邓小平《党和国家领导制度的改革》

邓小平《一个国家，两种制度》

邓小平《建设有中国特色的社会主义》

邓小平《改革是中国发展生产力的必由之路》

邓小平《科学技术是第一生产力》

江泽民《推进党的建设的伟大工程》

江泽民《正确处理社会主义现代化建设中的若干重大关系》

江泽民《讲学习，讲政治，讲正气》

江泽民《科学对待马克思主义》

胡锦涛《树立和落实科学发展观》

胡锦涛《构建社会主义和谐社会》

胡锦涛《树立社会主义荣辱观》

胡锦涛《以人为本，执政为民》

习近平《实现中华民族伟大复兴是中华民族近代以来最伟大的梦想》

习近平《切实把思想统一到党的十八届三中全会精神上来》

习近平《培育和弘扬社会主义核心价值观》

习近平《加快建设社会主义法治国家》

习近平《在哲学社会科学工作座谈会上的讲话》

习近平《"两学一做"学习教育，基础在学，关键在做》

习近平《中国共产党领导是中国特色社会主义最本质的特征》

习近平《在纪念马克思诞辰 200 周年大会上的讲话》

习近平《在庆祝中国共产党成立一百周年大会上的讲话》

第五章
学科研究相关方法

在马克思主义理论研究过程中，除了前文涉及的马克思主义理论研究选题方法、文献阅读法以及后面所论述的研究论证方法、论文写作方法之外，事实上还存在其他一些相关的学科方法，诸如历史研究方法、田野调查法、口述史研究方法、比较研究法等。这些方法也常为业内学者所使用。

第一节　历史研究方法

"一个伟大的基本思想即认为世界不是一成不变的事物的集合体，而是过程的集合体。"① 因此，在考察事物时，我们应该将其当作过程来进行研究分析，运用历史分析方法，分析与解决问题依靠着历史视野来进行细致考察，掌握当时当景事物更具体的发展动态，以此来揭示历史脉络中，事物发展的内在本质与规律，掌握历史发展的前进趋势。

马克思主义理论的研究方法众多，回顾唯物主义历史观，可以考察历史分析方法缘由何处。可以看到，历史分析方法是作为马克思主义史学方法论之一来考证的。最先提出"人类社会是一个历史发展过程"这一观点的是历史学家维科，但他的这一论述是基于唯心主义的视角下阐

---

① 《马克思恩格斯选集》第四卷，人民出版社 2012 年版，第 239—240 页。

述的，认为人类历史是一个遵从自然、有序发展的过程。其后，具有进步意义的是黑格尔所提出的论断，他将辩证法应用于社会历史当中，认为社会历史是一个事物之间有着相互联系的整体，社会历史是有所发展与完善的一个有规律的揭示本质的思维运动过程，这在当时具有一定的进步性。

在马克思、恩格斯这里，对于社会历史的探究则更为完善与科学，马克思主义将唯物主义与辩证法第一次有机地结合在一起，更好地认识社会历史所发生的现象，从而揭示了历史发展的普遍规律，科学地证明了历史发展的动力源头。将历史分析方法这一科学方法赋予更科学有力的依据，其中蕴含了极大的历史唯物主义色彩。从中我们可以得到，历史分析方法是要求立足于最本质的社会存在，观察和分析历史中有影响的事件，揭示其本质与规律，从而更好地把握了社会发展的前进趋势。

一　历史分析方法的内涵

"历史"通常来说包含着两方面的含义：一是客观存在的人类世界的发展历史，即人类之前所经历、发现以及创造的一切；二是对客观存在事物的认识所合成的历史，即人类对过去所经历、所发生的回忆与再现。需明确的是，历史研究与分析的着力点是确确实实发生过的，不以人的意志为转移的既定事实。

历史分析方法指的是按照历史发生的时间顺序，将所研究的某一对象或人物置于当时特定的时间与空间之下，当作一个客观的整体，进行有机的联系，为解释研究对象历史发生、发展的过程与结果作出进一步的说明，阐释其运动的过程、本质与规律。具体而言，历史分析方法是追溯研究对象的历史渊源，并进行科学合理的分析，对史实资料进行客观意义上的分析，以此来说明研究对象在历史上的发展现状。从历史层面来看，分析则是把所研究的对象在不同阶段的不同表现加以联系与比较，从而把握事物的本质，进一步揭示事物发展规律与趋势。

从具体使用来说，历史分析方法将社会现象置于某一特定的历史时期进行分析，考察在不同历史条件下社会现象之间的纵向历史联系，进一步将当时的历史背景与阶级关系实现有效衔接，以此达到历史、现实与未来"三位一体"的综合分析。

（一）历史研究方法是方法指导而不是教义

恩格斯认为："我们的历史观首先是进行研究工作的指南，并不是按照黑格尔学派的方式构造体系的诀窍。"① 历史研究方法绝不是一种包罗万象的公式指导，也不是万能钥匙，而是一种研究历史的科学方法；它提供的不是现成的教条，而是进一步研究的出发点和供这种研究使用的方法。

历史唯物主义也是现实的历史，切莫对历史唯物主义庸俗化理解。有些人把历史唯物主义方法当作裁剪事实的现成工具，因此，有的人不是从事实中引申出原则，而是杜撰各种公式和规律，从而使唯物主义流于空疏，流于公式化和概念化，这是对唯物主义的抹黑和解构。"马克思的整个世界观不是教义，而是方法。它提供的也不是现成的教条，而是进一步研究的出发点和供这种研究使用的方法。"② 作为一名马克思主义学科的研究者，坚持马克思主义唯物史观的立场极其重要，只有立场正确，方向准确，研究才不会跑偏，才能做出有利于人类社会发展的理论出来，这是学问之根本。所以坚持马克思主义唯物史观，运用历史研究方法，静心梳理，回顾历史，这样从历史中得到的经验教训往往更能让人信服。

（二）历史研究方法是具体实践而不是抽象理论

历史研究方法不仅是方法指导，更是实践本身。"在从事社会历史研究时，既不能从所谓的上帝或神灵出发，也不能从抽象的观念体系如法律、道德、伦理等出发，必须立足于现实的生活关系，从中引出它的天国形式。"③ 这也就是说，历史研究方法不能空泛，悬在天上，而是落在实处，扎根实际。

历史研究方法只不过是用马克思主义方法论来研究马克思主义理论

---

① 《马克思恩格斯选集》第四卷，人民出版社 1995 年版，第 692 页。
② 《马克思恩格斯选集》第四卷，人民出版社 1995 年版，第 742 页。
③ 张亮等：《马克思主义理论学科 学术规范与方法论研究》，南京大学出版社 2016 年版，第 149 页。

的一个具体体现，它打破了文本崇拜的教条主义倾向，将历史性引入到文本之中，其中思想史的梳理是不断更新的，随着人们研究的深入，思想史的内容不断丰富，我们必须承认思想发展是一个动态过程。另外，历史研究方法也不是割裂文本与现实联系的逻辑，相反，它有一个明确的现实点，在一个特定的历史背景下，通过历史研究和现实研究的有机结合，通过深刻的理论透视现实，以寻求马克思主义理论的生长点。

中国共产党的历史是具体的历史。百年历史内容丰富，中国共产党领导人民顽强拼搏，成绩斐然。中国共产党创造性地提出、发展和改进马克思主义，形成了许多思想、理论，所以在进行马克思主义理论学科研究时，进行学术史的梳理非常有必要，引导我们总结经验，吸取教训。这也启示我们今天研究马克思，并不是简单地重复马克思的结论，而是面对现实问题，诸如改革开放问题，针对新时代、新挑战和新任务出现的复杂问题积极面对，提高应对重大挑战的能力，增强面对重大风险的抵御能力，这一研究充分彰显马克思主义的当代生命力，真正在实践中坚持和发展了马克思主义。

二　历史分析方法运用

运用历史分析方法研究马克思主义理论，需要清楚历史分析方法运用于马克思主义理论研究的适用范围、分析要素以及与其他方法的结合使用等方面。

（一）历史分析方法的使用范围

1. 研究对象的概念、范畴或原则——语源学的面向

任何研究对象都有它所蕴含的语源学色彩，应从自身的历史角度来分析阐述，使其研究立足于最基础的内涵解释。对于研究一个对象最本质的内涵时，所要最终追寻的无非是它的思想渊源，当然对这一方面的探寻，不仅是运用学术史上的方式方法，更重要的是对研究对象采取语源的分析，主要是对研究对象这一词语的来源、意蕴进行剖析、考证与研究，着重的是对历史层面上的揭示。

2. 研究对象形成的历史基础分析——制度史学的面向

在研究事物所形成的历史渊源来说，不可避免地要采用历史分析方

法，从当时的背景来论述研究对象在历史上的方位。因为，任何事物都是有历史发展的史实过程的，不会突然出现，更不会突然变化，一切都存在历史原因。而对其研究的视角则是多种多样的、全面探究的，因为对研究对象来说，其发展的轨道都是独特存在的，需要的是将其历史基础进行有方法有理论的研究。

3. 研究对象的观念与文化分析——观念史学的面向

作为社会的主体——人，在传统观念与文化中，不可避免地出现对研究对象在一定意义上的历史分析。因为在人的观念史中，对事物的分析也是涉及对此的认识与了解，另外，在社会的文化史中，所流露的也是对研究对象在一定程度上的剖析。

4. 研究对象的历史解释——解释学的面向

对于研究对象的历史解释，这是无法回避的重要问题，解释这一活动是客观存在的，因为对研究对象的事实分析来说，它的规范问题是抽象的、有待考量的，而对于个案来说，往往是具体存在的事实，从而解释会成为架构在事实规范与个案事实两者之间沟通的桥梁。

（二）运用历史分析方法的要素

研究者在运用历史分析法时，应掌握其使用要素，以便更好地研究和分析对象。综合来说，主要包括以下要素。

（1）研究者应把握住对历史直观事实的联想、考察与分析。在此过程中，考验的是研究者对研究对象整体的把握，应该从直观的历史事实中去解读所研究对象的特征，抓住发展趋势，从而比较历史与现实之间的联系与区别。

（2）研究者应提高自己对史实资料的把控能力。要想正确恰当地运用历史分析法，必不可少的是对最基本的资料的整理分析，挑选出与自己所研究对象相关的资料。一方面，要有确实的史实资料的支撑，可以得到考证，并且是在学术界被普遍公认的；另一方面，在对研究对象运用历史分析方法分析后，在综合前人的研究过程与结果基础上，研究者要有自己一些独到的见解，善于挖掘历史史料，进行理论创新。

（3）研究者应合理地"扬弃"研究对象事实。历史分析法的应用应该是便于研究者对研究对象更好地把握的，因此，应该选取更具代表性的，更能佐证自己所研究的存在合理性与必要性。

（4）研究者应加强逻辑分析。在历史分析方法的使用中，不可避免的是要进行逻辑思考，将事物之间的逻辑关系理清楚，更进一步地分析事物的本质与规律。

（三）历史分析方法与其他方法的结合使用

（1）与归纳方法的结合。在归纳分散杂乱的历史资料时，一方面，需要用到分析方法，分门别类，将其有条理地归纳在一起；另一方面，在归纳总结多种史料之间的关系，阐明它们之间的联系与区别时，同样需要的是运用历史分析方法来进一步分析。

（2）与比较方法的结合。各种文献之间需要比较它们之间的异同点，针对不同的历史文化、历史社会、历史现象、历史人物以及历史事件，都要依靠此方法进行精确的分析与研究。

三　历史研究方法发展趋向

（一）把握全局：历史研究方法有利于增加研究的厚度

要注重研究的厚度。在研究的过程中，如果只是就事论事，根据本课题或者本主题展开论述，那么这篇文章的理论功底就会欠缺，缺少历史的梳理，文章也就显得有些单薄。也就是所说的维度的重要性。例如研究习近平的人民观，如果单纯阐释习近平关于人民的重要论述，而缺少对中华民族优秀传统文化——人本思想、毛泽东的人民观以及邓小平、江泽民和胡锦涛的人民观的知识梳理、历史回顾，那么，本篇文章可以说是不成功的文章，它缺少历史的积淀、时间的验证，其他类型的文章也是同样的道理。

（二）扩宽范围：历史研究方法有利于增加研究的广度

围绕同一问题或相关问题，不同学者分别从特定的历史语境出发，提出自己的认知。而这些不同观点的交汇，共同绘制了一幅脉络清晰的学术思想发展地图，因此，不断增强学术积累，准确把握学术思想发展的内在脉络，不仅是我们从事马克思主义理论研究的一条重要方法，也是我们从事学术研究的必由之路。譬如以马克思的实践观为例，要想真正理解马克思实践观的革命意义，单纯停留在对马克思的文本分析上还略显不够，还必须上升到思想史，借助于思想史回顾梳理，清晰理解西方实践哲学传统的演变，如亚里士多德、康德、黑格尔、费尔巴哈等是如何理解实践范畴的，只有通过这种由点到线再到面的细致梳理，我们才能清晰剥离不同思想家在实践问题上的理论贡献和不足之处，也才能在整个思想史的脉络中，准确定位马克思实践观的历史地位和革命意义。

这种方法的意义在于，能够有效避免孤立地研究某个人或某个问题的缺陷，将其拉回到思想史的脉络中，从整体上实现对某个人或某个问题的历史定位。

（三）深入挖掘：历史研究方法有利于增加研究的深度

历史研究方法要求学者具有深厚的学术积淀，即清楚地了解整个思想史的发展脉络。这里所说的深度与前面说到的厚度有些相似，但是也有不同。深度也就是增加视角、扩宽视野。理论的厚度、实践的高度、思想的深度三者对于写作缺一不可，这三者共同构成文章的内涵，作为马克思主义理论学科的研究者来说，厚度、深度、高度更是不可或缺。写完文章后，要想使自己的文章出彩，在大众面前获得认同，在读者中获得喜爱，在一众作者中脱颖而出，首先就要思考一下自己的文章是否具备这三个条件。如果不具备这三个条件，后期就可以往这个方面去努力和思考。深入挖掘更多的史料，提高文章内容的丰富性，通过纵向梳理、横向比较使我们的文章研究得更深、更实、更广。就像一棵大树一样，树木找到了自己的根，不是无根之木，这样它会长得更加枝繁叶茂，任凭它肆意疯长。文章也是如此，通过历史研究方法，文章更加丰富饱满，才会增加文章的深度，任凭文章大量扩充与拔高，也不会显得突兀。

历史研究方法给我们提供了一种方向，是增加文章厚度、深度、高度、广度的一种手段，运用历史研究方法有利于弥补文章深度、厚度、高度、广度不足的问题。

（四）辅以论证：历史研究方法有利于增加研究的科学性

写文章不能用理论证明理论，用理论证明理论是非常有局限性的。那么，什么方式能够证明观点是科学合理的呢？理工科的研究和文章完全可以用数据、实践、现实、实验说话，这样的证明似乎更加直接和合理，但对于马克思主义理论学科的研究者来说，找到这样的证明却很困难。例如，要论述习近平总书记提出的思想具有其科学性，不能用习近平中国特色社会主义思想证明习近平中国特色社会主义思想的科学性和合理性，我们要运用历史研究方法，从马克思列宁主义、毛泽东思想、邓小平理论等找到思想根源，找到其固有的自身的科学性。

用历史实践证明思想正确，历史研究方法有利于增加研究的科学性。其一，在研究中首先确定问题，研究者的兴趣和价值观可能体现在历史研究的问题上，因而在某种程度上，历史研究是主观的。但就其作为一种研究方法来说，又是科学的。其二，确立完问题后，就要针对观点提出材料，展开论证，而科学的研究方法总是能够使研究事半功倍，用历史事实说话，而不是空穴来风，采用历史研究方法全面系统地论述自己的观点的科学性。

四 历史研究方法的使用路径

"明镜所以照形，古事所以知今。"历史研究方法在马克思主义理论学科中发挥着无与伦比的作用，历史是最好的教科书。某些研究者忽略了对历史研究的各种具体方法的探讨，从而使具体研究方法变得贫乏、陈旧和老化。为避免这种情形，我们在运用历史研究方法分析、解决问题时，需要做到以下几点统一。

（一）逻辑与历史的统一

认识历史就是要总结历史，是思维从抽象上升为理论总结，理论总结应用于具体实践的过程。任何科学研究都要由感性认识上升到理性认识，由经验研究上升到理论研究。历史研究的对象是过去某个事件或多个事件的历史实际，一是客观世界的发展史，二是对客观世界的认识史，历史是客观存在的。但是，在研究过程中，我们不能像自然科学家直接或者通过仪器观察到他们的研究对象，而只能通过史料来尽量还原历史的本来面貌，在这个过程中，研究者的逻辑不同而对历史的认识也就不同。逻辑是人们按照逻辑发展规律、思维逻辑等对历史进行主观认识、概括总结，一是思维对事物发展过程的再现，二是对某一知识发展历程的再现。历史过程是逻辑发展的基础和前提，逻辑是历史过程体现在思维中的再现，两者在一定意义上来说是辩证统一的。

需要注意的是，逻辑再现历史过程经过人的思考可能带有修正性。也就是说逻辑反映历史会具有修正主义色彩。因此在这种修正的基础上，并不能正确全面地把握、总结历史规律。把握逻辑和历史统一的本质要求就是逻辑是对历史规律的正确反映，不能从逻辑出发随意裁剪历史，也不能改变历史，或者以偏概全，使历史碎片化。"历史从哪里开始，思想进程也应当从哪里开始。"① 所以要使逻辑真正符合历史事实。

逻辑与历史相统一，并不是说逻辑只是对历史的机械反映，而是在科学抽象的基础上，对历史本质和发展规律的反映。逻辑反映历史又高于历史，只有上升到逻辑的高度，才能真正把握历史的本质和规律。从这个角度而言，逻辑和历史相统一的方法，也是人们把握和描述事物本质和发展规律的科学方法。当然，"逻辑与历史的统一，并不是说逻辑和历史完全一致，而是包含差异的统一"②。

（二）全面与重点的统一

历史研究方法总的来说是针对研究课题搜集相关的材料、文献和史料，在前人丰富研究的基础上，对搜集到的材料进行解读和梳理。在搜集材料的过程中，尽自己可能做到不遗漏、不更改、不出错也就是指材料的正确性、全面性和完整性。搜集历史文献时信息覆盖要全面，力争全面获取有价值的相关文献资源。例如，在研究马克思主义劳动报酬理论的历史演进时，就要对马克思、恩格斯、列宁、中国特色社会主义的劳动报酬理论进行全面的整理和总结；对中国共产党乡村治理的百年演

---

① 《马克思恩格斯选集》第二卷，人民出版社 1995 年版，第 43 页。
② 张亮等：《马克思主义理论学科 学术规范与方法论研究》，南京大学出版社 2016 年版，第 156 页。

进中就要全面地包括新民主主义革命、社会主义革命与建设、改革开放时期和中国特色社会主义新时代等各个时期。这就要求学者有较广的知识面，对资料收集有一定的方法和鉴别能力；还要有资源储备和技术手段，多种途径来保证历史资料的全面性；历史唯物主义同历史研究的各种具体方法统一起来。历史研究方法必然要求运用一切科学的具体研究方法和手段，包括马克思主义理论学科本身的，来自其他社会科学和自然科学的方法和手段。

有时一则材料可能会有多个信息点。在实际过程中，由于资料的庞杂与多样，研究者若对每个方面、每个问题或者每个信息点都去兼顾，势必会影响研究者的精力集中，增加研究者的工作量和压力，超出研究者的能力之外，造成研究不深刻、不深入等后果。因此，在面对多个历史材料和文献时，研究者可以根据自己的研究方向和兴趣、研究能力与学界研究状况等，有重点地进行梳理和归纳，做到有的放矢，找一个或者几个着力点。

（三）辩证与实践的统一

历史研究方法需要做到辩证与实践的统一。这里的"辩证"，一是在哲学范畴：事物都是普遍联系和永恒发展的统一，我们在运用历史研究方法进行写作时，需要注意历史发展过程。历史事件都是一环紧扣一环、一个原因多种结果、一个结果多种原因等纷繁复杂难以解释的历史现象，所以我们在研究历史时，要有一个大的历史观，不能站在道德、历史的制高点去评价任何事物，不能用当今的眼光评价过去历史上的人物或者事件，我们应该把历史放回到它原来的历史阶段，客观公正地评价每个事件。二是在学术范畴：对于史料和材料准确把握、正确解读，切莫随意更改作者的原意，全面收集相关资料，站在前人科学研究的基础上虽然能帮助我们获得直接的材料或者史料，但是有些错误的文章容易误导初学者，影响他们的立场和判断，因此我们不能盲目相信，更不能轻易断言，应该辩证地分析历史背后的合理性和科学性，理性选择历史材料，这样才能保障历史研究方法的正确性。

历史研究方法说到底是一种实践活动，它以历史实际为基础，从实践出发，实事求是。这要求我们必须不断对实际情况作深入系统的而不是粗枝大叶的调查研究，不凭主观臆想，不凭一时热情，不凭死的书本，客观走进历史，详细占有材料，在马克思列宁主义一般原理的指导下，从这些材料中引出正确的结论。正确的事情要大力宣传弘扬，错误的事情要大方承认并作深刻检讨，总结经验，防止错误的再次发生。也就是在历史分析的实践中，要求我们从现实出发，运用辩证的眼光去分析历史，接近历史，总结历史。

（四）嬗变与不变的统一

历史是事物的实际发展过程。历史研究方法就是要在历史长河的动态发展中抓住主要矛盾，善于抓住主流与主干，在嬗变的历史进程中抓住本质，找到历史的本质和规律，当然也不是说本质和规律是永恒不变的，马克思主义发展观告诉我们世界上的事物都处在永恒变化中，但我们人类通过实践活动可以抓住其相对不变的东西，例如历史的本质和规律。它不仅包含必然性，而且包括偶然性，我们需要从一件件偶然事件中，透过偶然性捕捉背后的必然性，进而在理论中找到历史发展的必然规律。

历史上充满着"嬗变"与"不变"，我们往往只关注到某一点或某一段，也就是只看到"变"，但相对于整个历史来说，这个"变"只是历史上的一个点，它占的比例并不是很大，仅仅是一小部分，因此我们要抓主流抓主线。就历史研究方法来说，我们在对已有的研究、思想史进行归纳梳理时，不能仅看到它的"嬗变"，而没有看到它的"不变"。例如，我们在运用历史研究方法考察中国历史上社会主义建设时期（1956—1966 年）的成就与经验时。客观来说，这十年固然走了很多弯路，对国家和社会主义建设带来一定的后果，但是我们要把它放在中国共产党的百年历史中，发现此时的党还不够成熟，对社会主义建设的规律并没有深入把握；把它放在七十年的国史中，发现此时中华人民共和国刚刚成立，国家和人民都沉浸在建国的喜悦中，难免会有急躁冒进的倾向；把它放在中华民族五千年的历史中，发现这十年只不过是桑海一粟，它只占历史上的一小部分；把它放在改革开放四十年的历史中，发现正是由于这十年乃至于"文化大革命"的十年，才会让中国领导人、全国人民坚定信念，实行改革开放，因此邓小平在1992年在南方谈话中说道：不改革开放，只有死路一条。当然不关注"嬗变"不代表漠视、不承认、不理会，我们要在"不变"中汲取养分，在承认错误的基础上总结经验，这才是成功之道。

我们今天看"嬗变"与"不变"，变中也有积极也有消极，不变中也有积极也有消极，但我们都应该秉持客观公正的态度来评判历史上的一切事件和人物。

第二节　田野调查法

田野调查法，是由调查者进入调查地长期居住，通过深入实地的参与观察、深度访谈和切身体验，获取一手资料，并经过进一步分析整理从而升华为科学理论的一种社会科学研究方法，又名社会调查法或实地调查法。

一　田野调查法的基本概念

了解核心概念是掌握和运用方法的前提，对田野调查法的基本概念的认识可以从基本内涵和应用学科两个方面初步展开。

（一）基本内涵

田野调查法的概念来自人类学范畴，最初是针对人类学家所推崇的文献法等书斋式研究而提出的，在其形成发展过程中，英国的功能学派代表人物马林诺夫斯基①作为奠基人，在特布里安群岛所进行的长达三年的田野调查起到了划时代的作用，将人类学从维多利亚时代所谓"摇椅上的科学"中解放出来，人类学自此一跃成为极具研究魅力的成熟学科。

---

① 马林诺夫斯基（1884—1942）Malinowski, Bronislaw Kaspar, 英国社会人类学家。功能学派创始人之一。

在人类学研究视域下，运用田野调查法进行学术研究通常要求调查者经过专门训练，深入某一地区，参与到被调查对象的日常生活中，在这一过程中通过观察、访谈等一系列调查方式，了解当地的社会与文化，"参与当地人的生活，在一个有一个严格定义的空间和时间的范围内，体验人们的日常生活与思想境界，通过记录人的生活的方方面面，来展示不同文化如何满足人的普遍的基本需求、社会如何构成。"① 这是人类学领域对田野调查法的诠释，也是每一位田野调查者应具备的专业素质。

（二）应用学科

田野调查法是人类学学科的基本方法论，除可用于马克思主义研究外，在学术研究领域广泛应用于人类学、考古学、语言学、文学、行为学、民族学、哲学、艺术、民俗等多种学科，通过田野调查获取和收集资料，对于深化理论研究、丰富学术成果以及推动学科建设等都具有十分重要的作用。以马克思主义理论学科为例，作为人文社会科学的重要组成部分，马克思主义理论学科在研究中重视将理论与实践相结合，这是由马克思主义实践观所决定的，在《关于费尔巴哈的提纲》中，马克思明确提出"全部社会生活在本质上是实践的"②，学科领域内诸如对乡村振兴、思想政治教育等问题的研究，都需要从现实生活中汲取理论的源泉，最直接方式就是将田野调查法应用到学术研究中，从现实需要出发，才能提出最具指导意义的科学理论。

二　田野调查法的主要特点

"田野调查法是一种关涉整个田野研究过程的哲学，具有很强的目的性、整体性和实践性的方法论。"③ 相较于其他人文社会科学研究方法来说，田野调查法的独特性主要在于它的综合性较强。总的来说，田野调查法的特点可以概括为理论与实践、主观与客观、个体与整体的三个

---

① 伯基：《社会影响评价的概念、过程和方法》，中国环境科学出版社2011年版，第295页。
② 《马克思恩格斯选集》第一卷，人民出版社2012年版，第135页。
③ 陈晓端、咸富莲：《教学研究中田野调查法的应用及其反思》，《当代教师教育》2015年第4期。

"相统一"。

（一）理论与实践相统一

田野调查法并不是一种孤立的调查研究方法，而是对多种方法的综合应用，即各类理论与实践方法的统一。田野调查法的实践并非盲目进行的实践，而是一种有目的、有计划的科学调查研究，这就需要调查者能够将调查实践建立在一定的理论基础之上，以理论为支撑，以实践为手段，在科学的指导下，运用行之有效的方法去达到科学研究的目标。其中，运用文献法进行文献资料的收集和阅读是获取理论知识的主要途径，例如，收集地方志了解当地发展史、查阅前人相关的研究文献等，来获取调查所需要的理论准备。此外，调查中会用到观察法初步了解调查对象的现实情况，运用访谈法深入挖掘当地人的思想观点，运用问卷调查法研究调查对象对于某些问题的整体认知情况等，这些方法都离不开理论的指导，多种方法的综合运用可以充分体现在田野调查法中理论与实践的紧密结合，在调查研究中以理论指导实践，以实践丰富理论，在有机统一中将二者的作用得到最大化发挥。

（二）主观与客观相统一

进行田野调查最重要的前提之一是需要融入当地人的日常生活，以贴近被调查者的思想为初衷，通过访谈等方式了解当地人的观点。在人类学领域基于这一理念，自马林诺夫斯基以来，人类学家多对调查地的观点持尊重态度，在我们的研究中同样应秉持这一基本原则。然而，在此过程中可以发现，我们所进行的调查研究虽基于本地区风土人情和当地人的思想观念，但最终得到的研究结论极有可能在一定程度上有别于他们的观点。我们所进行的学术研究尽管运用了科学的理论和方法，但对于当地人来说，我们的研究结果可能并不能得到他们的普遍赞同。换言之，尽管我们的调查基于他们的观点，但在他们看来我们的研究权威性不足，这是受二者之间主观上存在的思想观念差异、解读视角差异等多种因素影响，从而产生的正常现象。客观上，我们的学术研究仅仅是对自己所了解到的当地文化现象所进行的诠释。

由此看来，田野调查法的运用中蕴含着主观与客观的统一，在调查中我们既要正确认识客观现实，以此来保证调查研究过程的顺利及研究结果的真实性，又应尊重当地人的语言和思想观念等，同时时刻保持清醒的头脑，从调查发现中提取有用的部分，进行深入的分析论证，透过现象把握本质，从而得出科学的结论，以确保所进行的学术研究的科学性与客观性。

（三）个体与整体相统一

个体与整体的统一同样是田野调查法的一个显著特点，此处的个体与整体有以下两重含义。

第一，调查者是个体，调查点是整体。"'观察者本人就是其观察的一部分'即同时既是客体，又是主体，或者用涂尔干和莫斯的话说，既是事物，又是表象。"① 作为调查者，应将自身个体融入调查对象的整体之中，让自己成为构成调查点的所有要素中的一部分，这种统一包括外在统一和内在统一，外在统一就是我们通常所说的调查者要在调查点长期居住，在生活方式、日常行为上与当地居民保持一致；内在统一则涉及层次更深，其中包含着思维方式、认知习惯、善恶喜好等诸多思维及心理层面的统一，这里的"统一"并不是指完全的趋同，而是要求调查者深入了解当地人的思维习惯，并尝试从他们的角度来看待社会现象和思考问题，便于清晰认识各类观点产生的内在机制，从而对其做出理性的分析判断。

第二，调查中选取的典型样本是个体，样本所代表的"类"是整体。在调查中由于受到现实因素的限制，调查者通常会通过比较分析，选取有代表性的调查对象进行研究，例如典型地区、典型家庭、典型访谈对象等。这些调查对象可以被看作一种样本，既以个体形式存在，又是一种"类"存在，可以在一定程度上代表其所处的整体，以供调查者透过个体现象看整体，实现个体与整体的统一。基于这一特点，在调查研究中调查者需做到两点：一是选择最具代表性的样本，确保个体的调查结果可以较大程度上代表整体；二是尽可能全面地对所选个体进行调查，

---

① 朱炳祥：《社会人类学》，武汉大学出版社 2004 年版，第 195 页。

也有助于使调查结果更具普遍性，从而提高研究结果的科学性。

三　田野调查法的调查研究阶段

运用田野调查法进行调查研究的过程总体可划分为三个阶段：前期准备阶段、中期调查阶段、后期资料分析和报告撰写阶段，三个阶段前后相承，互为补充，共同构成科学严密的调查研究过程。

（一）前期准备阶段

前期准备阶段是进行田野调查的首要前提，要想进行深入调查，首先须在前期做好充分的准备，否则调查研究难以达到理想的效果。前期准备阶段通常包括以下四个方面。

1. 选择调查点

选择合适的地点对于调查的成功至关重要，因此田野调查的调查点并不是随意选择的，一般来说，被选定的地点需要满足以下几个基本要求：一是特色地区，二是典型代表地区，三是有特殊关系的地区，四是学界有调查史可循的地区。其中，有特色指的是相较于其他地区来说，在社会和文化等方面，该地区有着与众不同之处；有代表性指的是该地区在与之相似的地区中较为典型，可以代表一类地区；有特殊关系指的是有自己的亲朋好友常住此地，能找到一定的社会关系，降低调查的难度；学界有调查史可循的地区，顾名思义是指学界对于此地进行过一定的调查研究并有相应的成果，这也侧面说明这一地区具有一定的研究价值。当然从现实来看，并不是每一个调查点的选择都能同时满足上述所有条件，但总的来说，我们最终选取的一定要是可以研究、值得研究和便于研究的典型地区，这样的研究才具有学术价值。

2. 熟悉调查点情况

在选定调查点后，要先做的就是尽可能详细地了解调查点的各方面情况，包括当地的人口、民族、语言、文化、历史、地理、特产、风俗、禁忌等诸多信息。可通过查阅地方志等相关资料、参考前人的研究成果、同有代表性的当地居民进行交流等方式，对调查点进行全面系统的了解。此步骤一是便于设计出贴近实际、切实可行的调查方案，为中期调查阶段做好充分的理论准备；二是有利于我们了解学界对于此地区的研究现状，即前人的研究进行到何种程度，得出过何种结论，不仅有利于我们了解该地区的社会发展与变迁，而且有助于更好地明确自己的重点调研方向，为调查研究的顺利进行奠定基础。

3. 设计详细的调查方案

在全面熟悉了调查点的情况后，下一步就可以根据所了解到的实际情况来设计调查方案，方案需科学有效，涉及调查前中后期的每一个环节，其中主要包括调查提纲、调查表格的制作，以及在调查中所能用到的一些问卷和访谈大纲的设计。调查提纲和表格的制作可以帮助我们规划调查程序，以便于我们的中期调查环节在提纲的指导下，根据不同时期的调查目标分阶段有序进行，同时有利于在收集资料时有相应的指示参照，避免资料的遗漏。问卷和访谈的设计是为了更直观地了解当地人的观点，特别需要注意的是，在设计调查问卷或准备访谈时，应尽量使用当地语言，并按照当地人的表达习惯，设置最贴近他们日常生活的问题。

4. 选择居住地

由于各地区风俗习惯上存在差异，田野调查者选择居住地的方式也各有不同，具体地点的选择应依据调查点以及调查者自身的情况而定。例如，从我国 20 世纪中期的少数民族社会历史大调查来看，调查者一般居住在当地人的家中，与当地人同吃同住，并共同进行劳动活动，力求全面融入当地的社会生活；而从西方人类学家进行的调查来看，他们更倾向于单独居住，极少借住于当地人的家中，有西方学者在 1973 年进行的人类学家田野调查研究中发现，西方人类学家在田野调查期间，大多会自己租赁当地的房子或公寓用来居住。

尽管具体选择需视情况而定，但在有助于调查研究的大方向上，居住地的选择普遍应遵循几个原则：一是便于调查，其中要考虑到地理位置、家庭环境等方面，选取方便调查研究的地方居住；二是有代表性，其中包括居住地范围的社会文化等在整个调查地区中具有代表性，以及家庭成员和附近居民的生活方式、文化程度、生活水平等在整个调查地区的居民中具有代表性，满足相应条件的地点才能成为可供选择的居住地。值得注意的是，居住地的选择将一定程度上对调查研究起到直接性的影响，因此需要调查者充分考虑，理性分析，做出科学严谨的选择。

（二）中期调查阶段

田野调查法的核心在于调查，中期调查阶段既是整个研究过程中耗时最长、占比最重的部分，又起着承上启下的作用。一方面，前期准备为调查阶段的顺利进行做了充分的预备工作；另一方面，中期调查的成功与否又直接决定了后期是否有足够的、科学合理的资料，去支撑资料分析及报告撰写，因此，中期调查阶段是田野调查全过程的命脉所在。在这一阶段，由于不同调查者和调查点的情况各有其特殊性，所采用的具体的调查手段与程序也不尽相同，总的来说，主要是对参与观察、深度访谈和切身体验三种方式进行综合运用。

1. 参与观察

参与观察是田野调查法最重要的研究手段之一，是"直接观察法"的进一步实践和应用，也被看作进行田野调查的基础工作。参与观察要求调查者长时间居住于调查点，与当地居民共同生活，即全身心"参与"进当地生活，从日常生活中观察和了解当地的社会文化，时间一般为两年以上。

田野调查中的观察不同于普遍意义上的观察，这种观察是一种有目的性与无目的性的结合，也就是说，我们所进行的观察既要带有明确的研究目的，时刻谨记调查研究的重点所在，从有限的观察中敏锐捕捉到有用的信息，为科学研究积累素材；同时又要将观察渗透到日常生活中，合理摒弃掉调查者身份对我们视野和思维的禁锢，真正从一个当地人的视角去看待种种社会和文化现象，这就对调查者的自身素质和能力提出了较高的要求，需要调查者具有相对较高的专业素养，具备深入观察并从中提取有效信息的能力。作为田野调查者，观察要细致入微，只有进行最深入的观察，透过社会生活最表层的现象看到其隐藏的内在本质，才能获取最真实有效的一手资料。

2. 深度访谈

参与观察更多是调查者通过眼睛看到所在地区表现在外部的一些社

会和文化现象，再进一步由现象出发去探究其深层本质，作为中期调查阶段的另一重要组成部分，深度访谈则是调查者运用听和说这两种感官，通过与当地人进行深入交谈来获取更多"看不到"的信息，与参与观察互为补充。

深度访谈能涉及的调查范围比直接观察更广，主要原因是在访谈中调查者可以发挥充分的主观能动性，主体与客体处于一种双向互动的关系，在与访谈对象的交涉过程中，话题可涉及整个社会某一领域的各个方面，进行详尽的调查，从而对该地区的情况形成更为系统的把握。通过这一程序，同样能帮助我们进一步去探究某些社会现象出现的深层原因，分析解决在观察中遇到的种种问题。

良好的访谈效果需要建立在良好的访谈过程基础上，因此在进行深度访谈时，调查者需把握以下三点重要注意事项：一是向访谈对象说明情况，为其做好一定的心理预设，在对方自愿接受的前提下才能进行访谈；二是讲究访谈技巧，最好多采用启发式、迂回式的访谈，用问题与提示引导对方层层深入，将内心想法清晰有逻辑地表达出来，并注意规避不方便直接询问的问题，用迂回的问法替换，以免使对方产生抵触情绪；三是注意倾听访谈对象对于当下社会现实问题的意见，这也有助于我们从不同的角度来了解调查点的社会现状，在对方表述观点时应耐心倾听，特别是在得到消极的反馈时，对其情绪进行积极疏通并作出合理引导。

3. 切身体验

切身体验即调查者让自己融入当地人中，这一环节贯穿中期调查阶段的始终，包括在生活、工作、习俗、文化等各个方面的全方位融入体验。按照马林诺夫斯基的主张，"不但说他们的话，用他们的方式思考，并且与他同喜、同怒、同哀、同乐"①。在切身体验过程中，需尤其注意以下几点：第一，使用当地语言，进入一个异文化的地区或民族，掌握当地语言是社交的首要前提；第二，保持良好的礼仪，除基本的礼貌和社交礼仪外，还应了解当地所特有的礼仪与禁忌，这是"成为"当地人

---

① 郑茸、贾红杰：《田野研究及其对教育科研的启示》，《考试周刊》2007 年第 2 期。

的关键，要求调查者从前期准备阶段开始，全面学习掌握该地区的特殊礼仪，方便在调查阶段熟练应用于日常交往，同时避免触及当地的禁忌，有助于更好地融入当地生活；第三，尊重当地风俗以及既定的生活习惯，做到入乡随俗，切忌表现出自己的特殊性甚至优越感；第四，注意外在形象设计，一般情况下，调查者的穿着打扮可以与当地人的习惯性装扮有所不同，但应注意基本的干净和整洁，同时避免当地人不喜欢的装扮，例如有些民族忌讳白色或红色，诸如此类的信息我们应提前有所了解并进行规避，以免引起当地人的反感。

（三）后期资料分析和报告撰写阶段

田野调查法不仅要求调查者通过深入实地的参与观察、深度访谈和切身体验，获取一手资料，更为重要的是要在此基础上，对获取的资料经过进一步分析整理，从而升华为理论成果，才能最终达到科学研究的目的。这也就是田野调查法的最后的关键一步——后期资料分析和报告撰写阶段。

1. 调查资料分析

在长时间的实地调查中获取了充分的资料后，下一步需要做的就是对资料中的种种信息进行筛选和整理，在众多素材中去粗取精，去伪存真，筛选出的素材应贴近调查地实际，能够真实地反映当地现实中的现象或存在的问题，并与所进行的研究主题紧密相关。在筛选出可用信息后，对其进行进一步的分析，在这一过程中，需表现出一个科研人员的专业素养，始终保持客观公正的态度，既要站在被调查对象的视角下看待问题，又要从科学研究的角度分析问题，深入探究现象或问题的生成发展机制，从而得出科学的结论，并上升为系统的理论。在分析中，调查者应注意不要受到太多自身主观因素的影响，避免单纯以自身的价值取向和经验去解释和分析当地现象，做到主观与客观的有机统一。

2. 调查报告撰写

撰写报告是田野调查的最终收尾工作，在上述所有调研工作完成后，调查者需要将所做的调查、收集的资料以及进行的分析、得出的结论等以报告的形式完整呈现。田野调查报告是对长时期以来，运用田野调查法进行研究的过程中所做的所有工作的概括总结，因此其中应充分体现该调查研究的背景、意义、内容、过程、资料、数据、分析、结论，以及创新之处和不足点等各方面的整体内容。调查报告应客观、翔实，并具有一定的参考价值，以便于为后人的进一步研究奠定基础。

总而言之，田野调查法是一项以实践为主、多种方式并存的科学研究方法。须遵循具有科学性的理论指导和实践要求，按照具体情况分阶段进行，每一个阶段都需要调查者进行相应的工作，包括调查、分析、总结等。值得注意的是，无论处于调查的任何阶段，都需要调查者以高水平的专业素养、成熟的业务能力以及严谨的科学态度贯穿始终，在研究中时刻保持客观、公正，既要站在被调查对象的视角下看待问题，又要从科学研究的角度分析问题，力求通过田野调查对所研究的问题做出最深刻的分析总结，从理论与实践相结合的路径，为所在领域的科研发展做出贡献。

第三节　口述史研究方法

在马克思主义理论研究的过程中，口述史研究方法也是一种可以采用的方法。口述史研究方法研究者通过走访调查，将历史亲历者或知情者所讲述的历史事实或见解通过口述方式收集，并通过后期的整理和核对，形成便于保存与研究的文献资料的一种研究方法。

一　口述史研究的定义

在人类历史的早期就已经可以看到口述历史的踪迹。古希腊盲诗人荷马，将古希腊吟游歌者长时间口耳相传的故事以扬抑格六音步的形式编纂成文学巨作《荷马史诗》，是人类历史上最经典的口述史著作之一。在中国古代西汉，司马迁将大量文献资料和其亲身长期四方游历搜集来的口述史料相结合，历时十三年，编著出纪传体通史巨著——《史记》，在中国的文学史和历史研究中占据着重要的地位。马克思在编写《资本论》时，也在自己的写作中引用了许多来自报纸和回忆录中的口述史料。

如今，口述史已经发展成一种专门的学科研究方法，有了系统全面的发展。然而关于口述史的定义，目前学界仍众说纷纭。

20世纪40年代，美国哥伦比亚大学的阿兰·内文斯第一次提出并使用"口述历史"的概念，成立了专门的口述史研究中心。关于究竟什么是口述史，阿兰·内文斯认为：口述史是用现代科技产物录音机、录像机来实现口述语言、声音、形象的保留，是有声音的、可倾听、可观赏的历史。美国学者唐纳德·里奇在其著作《大家来做口述历史》中曾指出自己对于口述历史的定义是："口述历史就是通过记录访谈的形式，收集记忆和有历史意义的个人观点的一种史学分支学科或历史研究方法。"①英国学者保尔·汤普逊认为："口述史学是关于对人民生活的询问和调查，包含着对他们口头故事的记录。"②党史研究专家程中原在文章中对口述史做了一个简单明了的八字定义"亲历者叙述的历史"③。杨立文教授认为口述史研究是"搜集当事人或知情人的口头资料。它的基本方法是调查访问，采用口述手记的方式收集资料，经与文字档案核实，整理成文字稿"④。

可以看出，中西方学者关于口述史研究的定义虽各有不同，但终究离不开几个概念：（1）"亲历者""知情者"；（2）"访问""调查"；（3）"记录"。"亲历者"和"知情者"毫无疑问是历史的讲述者，他们是口述史料的来源，他们可以是所研究的某段历史的经历者或者知情者，对某段特定历史或某个历史事件有自己的独到经历或见解，通过口头讲述的形式将其转换为口述史料。"记录者"则一般情况下是从事历史研究的工作者和学者，他们通过走访调查，利用录音、录影或者直接用笔记录等方式将所收集的口述史料保存下来，并对所收集的口述史料进行整理，转化为方便其后可供查阅和保存的文字资料。

---

① ［美］唐纳德·里奇：《大家来做口述历史》，当代中国出版社2006年版，第58页。
② ［英］保尔·汤普逊：《过去的声音——口述史》，辽宁教育出版社2000年版，第25页。
③ 程中原：《谈谈口述史的若干问题》，《扬州大学学报》（人文社会科学版）2005年第2期。
④ 杨立文：《论口述史学在历史学中的功用与地位》，《北大史学》1993年第1期。

二 口述史的分类

口述历史有多种不同的类型，口述历史的类型多取决于研究者进行的研究的目的和类型。根据口述史的内容和形式可以将口述史分为以下几个类型。

1. 关于"人"的口述史

在历史学和其他学科的研究中，经常会针对某个人物或者某一特定人群进行研究，那么这时所要收集的口述史料主要是围绕以"人"为中心展开的。在关于"人"的口述史研究中，最常见和最基本的类型便是关于个人生平的口述史，可以是某个特定研究对象的一生或生平的片段。按照这个逻辑，还可以将关于个人生平的口述史进一步细分为个人生平的自我口述和个人生平的他人口述。

个人生平的自我口述是被研究对象通过自己的讲述向研究者提供关于自己的生平的口述史料，研究者通过记录和整理将其转化为可供研究和保存的研究资料。关于个人口述史，需要注意的是，被研究者自我口述的史料只能是其生平片段的史料，比如其经历的某个时期或某个事件，其所能提供的史料是有时间限制的。口述史研究早期，较为经典的便是《胡适口述自传》，是由胡适的学生、美籍华人学者唐德刚将胡适关于自己的平生经历收录并整理成册的。在这本口述自传中，并没有对胡适进行口述前的生平的全覆盖，而是以胡适的求学、领导新文化运动以及其后来所从事的古代文学研究为重点的。唐德刚作为专门进行口述史研究的学者，在当时已经收录整理出了许多国民党高官的口述自传，但最经典的还是胡适的口述自传。直到今天，许许多多历史上的名人大家都有其相应的口述自传，如《贺龙的口述自传》和《袁隆平口述自传》，等等。个人生平的口述自传能够最直观地展示历史亲历者眼中的历史时期或历史事件，是从事学术研究的非常珍贵的文化遗产。但需要注意的是，个人生平的自我口述所能提供的历史史料是受到被研究对象活动范围限制的，所以其涉及的范围纵向来看时间跨度可能较大，横向来看广度又可能较小，需要研究者细心专业地对其进行整理。

个人生平的他人口述是通过被研究者周围的知情者如亲属、朋友、同事等通过口头讲述向研究者提供关于他人的生平的口述史料，简单地讲就是他人讲述被研究者的故事。相比被研究者的自我口述，他人提供的口述史料有时甚至可以涵盖被研究者的一生，有时甚至因为他人对本研究对象怀有主观的感情以至于所得到的口述史料并不一定完全具有真实性。目前，比较经典的由他人口述的个人生平著作有《胡乔木回忆毛泽东》，是由胡乔木本人主动回忆、整理并撰写其在工作中对毛泽东的所见所闻。个人生平的他人口述在口述史研究中也是一种相对常见的研究方法，其所能提供的口述史料也是一笔珍贵的"财富"。

2. 关于"时间"的口述史

关于"时间"的口述史，顾名思义是针对某一历史时间点或时间段展开口述史研究。研究者可以通过走访调查经历过相应时间点或时间段的人，通过他们的口述获取那段历史的口述史料。相对于前文所阐释的关于"人"的口述史，关于"时间"的口述史所能获取口述史料的范围要更广泛，凡是经历或正处于某一时期的人，都可以成为史料来源。但正如"一千个读者便有一千个哈姆雷特"，每个人的状态、素养和观念都是不同的，每个人都是与众不同的个体，所以即使是针对同一时间点或者历史时期进行口述，不同人的口述之间也可能存在着或大或小的差异。

与此同时，在进行以"时间"为中心的口述史研究时，涉及的方面也很广泛。譬如，要想对改革开放时期进行研究，那么在向口述者提问时，涉及的面就要广，改革开放时期的经济、政治、文化、民生等都要涉及，才能掌握关于一个历史时期的全面而系统的口述史料。其实在做关于"时间"的口述史研究时，走访对象的年龄段是相对固定的，也就是说受调查的对象身上烙刻着那个时代的影子，与研究者所处的时代在观念和见闻上会有一定的出入，这时就会出现受调查者并不能真正理解研究调查者的真正用意，从而导致所收集的口述史料难以利用。现如今学界这一类的口述史研究也有很多，如"老兵口述抗战"系列、《新中国口述史》和《台湾往事》等，都是针对"时间"的口述史研究著作。

3. 关于"事件"的口述史

关于"事件"的口述史研究看似与前文提到的关于"时间"的口述史类似，似乎都能对某一时间点或时期展开口述史研究。但相比"时间"，关于"事件"的研究侧重点在于关于重大事件或突发事件的研究，其特点在于对事件的起因、经过、结果以及其意义的研究。这种类型的口述史研究是指历史上的重大或突发事件的经历者或旁观者对这一事件的感受和见解通过口述的方式向研究者传达出来。

每一个历史事件的出现，现在看来都是相对应的历史时期内各个环节和各种因素相互作用所形成的必然结果，不是独立存在的。需要注意的是，历史事件也有历时长短的不同，如日本侵华持续时间长，而美国在广岛投放核弹和美国"9·11"这种突发事件则属于时间较短的事件。在进行关于"事件"的口述史研究时，要注意对事件的完整考察，在对访问对象询问时要注重事件发生和发展的顺序，从而在事件的因果、经过和结果之间建立起联系，对研究的历史事件做到完整的把握。现如今，关于重大事件的口述史研究也是一种常见的口述史研究方法且成果较多，如《南京大屠杀回忆录》《共和国要事回忆录》等。

三 口述史研究的局限

口述史研究一个最大的局限就是不确定性。由上文提到的关于口述史研究的定义可以看出，口述人是口述史研究的一个非常重要的环节和因素之一。但每个人都是主观性很强的个体，这种主观性则是导致口述史研究的不确定性的主要原因。

口述者的主观情感可能会促使其对真实的记忆做出一定的隐瞒、保留甚至是虚构，这就构成了口述史研究的第一重不确定性。与此同时，大部分人不可能对所有经历过的或所有见闻都记得清清楚楚，多会选择对其本身刺激较大的或者与被采访时联系较大的。需要注意的是，口述者在接受采访询问之前并不是所谓"讲述者"，所以在回答研究者的问题时口述者是处于"回忆"的状态的，他会不自觉地从与现实有所联系的地方或者刺激大、印象深的地方开始阐述，这就导致口述者所提供的口述史料有可能会在一定程度上有缺失或虚构，这就构成了口述史研究的第二重不确定性。

从口述史的另一层面来讲，研究者也是口述史研究中的重要一环。口述史料的获得是依靠研究者与口述者之间的问答和交流获取的，而这时人与人之间的差异就造就了口述史研究的另一重不确定性。每个人的经历和认知水平在一定程度上都会有所不同，这就造成了口述者与研究者之间的差异。在研究者和口述者交流的过程中，研究者能否将自己的问题和意识清楚地传达给口述者，口述者又能否真正理解研究者的意思和研究者想要得到的答案，这些都是不确定的，这就最终导致所收集的口述史料的不确定性。

总的来说，人和人的回忆是口述史研究中的重要因素和环节。但人及其回忆终究是主观和客观相互作用的产物，主观的情感、态度和认知水平，客观的时间推移所带来的记忆的缺失给口述史研究带来多重的不确定性。

四　口述史研究的价值

口述史学是一种学科研究方法，但其价值绝不会仅仅体现在学术研究之中，其还具有更广泛的意义和价值。

1. 创造、丰富史料

史料是史学研究极其重要的依据，不断挖掘史料也是现今的学者们的任务之一。但文字或文物史料终究有限，这时口述史料的价值便体现了出来。很多人都讲究"耳听为虚，眼见为实"，有时历史口述者的一段录音或一段视频要比千字万字的历史记载更有说服力。文字史料所没有涉及的，通过口述史研究工作者的走访调查，或许能从更多的角度发掘出有学术意义的史料，不仅丰富和创造了口述史料，还可以填补史学研究的空白，为还原历史真相提供一种可能性。

2. 宣传教育

借用英国口述史学家保尔·汤普逊的一句话："口述历史用人民自己的语言把历史交还给了人民。它在展现过去的同时，也帮助人民自己动手建构自己的将来。"这就是口述史研究方法的另一层更具有社会意义的价值。往往从事学术研究的多为具备专业知识和学术素养的少部分人，是一个小圈子。但口述史研究方法则需要深入接触大量的历史亲历者和知情者，是深入到群众之中去的。口述史研究将来自不同阶层和身份的人对历史的感受和体会融汇在了一起，那么这份填补了学术空缺的历史是由人民大众共同创造的，是富有"人情味"的。"它实现了'自上而下'写历史与'自下而上'写历史的结合、形成了历史学界高雅与通俗主复线交叉、社会与个人经历纵横相连的全新格局。"①

五　口述史研究的过程

计划是行动的先导，口述史研究究其本质是一种马克思主义理论学科的研究方法，在选取或确定好合适的研究课题之后，一份行之有效的研究计划是获取科学可信的研究结果的重要条件。

1. 开展研究前的准备工作

从敲定研究课题到展开采访调查之间还需要做好一系列的准备工作，主要包括申请或筹备资金、组建团队、准备器材、收集资料。

申请或筹备资金。口述史研究工作绝不是短时间、小范围就能完成的工作，这就意味着大多数的口述史研究工作离不开一定量资金的支持。其中，路费、工作人员的衣食住行、参与人员的务工费、资料的购入、设施的购置或者维护等这些都是需要考虑到资金范围之内的。一项口述史研究工作的主要负责人在此项工作展开之前就要推定出一个合理的预算额度，进而向有关负责部门申请资金或自行筹备资金。

组建团队。口述史研究工作大多耗时长、地域广，工作量大，口述史料的拍摄、录音、整理以及后期的核对、修正、统合都需要相应的人员，这就意味着要组建一个完备的团队来进行这项工作。其中，除课题的研究者外还应该包括以下基本人员：顾问、档案资料筹备人员、技术人员和财务人员。顾问应该是课题相关领域的专家或历史方面的专家，以保证研究工作的学术性与正确性。档案资料筹备人员顾名思义要做好相关资料的收集、整理和保存工作，口述史研究工作中除相关文字资料外还有大量的口述史料，整理保留这些资料是一项冗杂工作，需要由专门人员负责。技术人员则主要负责研究工作中相关设备的管理。财务人员负责研究资金的分配和管理。除此之外，还可以对外招募一定数量的

---

① 李小沧：《现代口述史对传统历史学的突破与拓展》，《天津大学学报》（社会科学版）2011 年第 1 期。

志愿者参与其中。口述史研究工作团队是一个有机的整体，各部门的相互协作才能完成卓有成效的研究工作。

准备器材。口述史料的记录离不开一定的载体。在新媒体快速发展的今天，将口述史料以照片或音频的形式保存下来不是难事，既便于保存的同时又能保证所采集的史料不会出现遗漏。合理高效的电子设备对研究工作的展开将如虎添翼。

收集资料。口述史研究工作所需要的史料主要有两个作用：一是对相关研究课题有充足的知识储备，使后续的调查和采访有据可依；二是在口述史料存在不确定性的前提下，将收集的口述资料同文献资料进行核对，确保不出现学术性的错误。

2. 口述史研究的开展

（1）确定采访对象

在以上准备工作都做好后，就可以开始正式的口述史调查研究工作了。采访是口述史研究最常用和最主要的方式，所以口述史研究的第一步就是确认进行采访的对象，确定好的采访对象将是整个口述史研究成败的关键所在。关于采访对象的选择：一是要与所研究的课题之间存在着联系，二是要有相对独立的表达能力。根据研究课题的需要，采访对象可以是一人也可以是多人，但研究者需要注意的是，有条件的话应当与确定好的受访者提前沟通联系，让受访者有一定的心理准备。

（2）了解受访者的情况

受访者是口述史研究中的一个重要的变量，口述者的学历、情绪和状态都有可能影响到口述史研究的结果。所以，在有条件事先了解到受访者情况的前提下，可以提前对受访者的认知水平、受刺激情况做一个简单的了解，避免在访谈过程中出现意料之外的情况。在这个地方需要尤其注意受访者的心理状态。例如，如果受访者是某一事件的经历者，需要了解事件有没有给受访者带来心理上的创伤，将要进行的访谈能不能实行或能实行到什么程度，这些都取决于受访者。所以，一个合格的口述史研究对象一定要大体了解自己的采访者。

（3）拟定采访的问题

"不打无准备的仗。"提前拟定好采访的问题，是口述史研究者需要具备的素养之一。首先，拟定的问题一定要围绕着确定好的课题来。其次，围绕着课题所涉及的问题一定要全面，因为无论是研究人、时间还是事件，这些都是立体的，都是有前因后果或多方面的，所以，要想最后呈现出满意的研究成果，一份全面的问卷是必不可少的。最后，还是要联系受访者本身。前文提到，要了解受访者，问卷可以根据受访者的具体情况进行一定程度的变动，以达到更好的研究效果。

（4）正式采访，收集、记录口述史料

在确定好了采访对象、时间和地点后，正式的采访工作就可以开始了。需要注意的是，采访者要和被采访者形成一种良好有效的沟通。采访者不能急于求成，将采访流于形式，也不能将采访的流程拖得过长，影响受访者的心情和状态。可以将访谈以闲谈的形式展开，要适当引导受访者也就是口述者，保证口述者保持良好的状态，将更有利于口述者的回忆与口述。同时，利用有效手段将口述者所提供的史料及时、完整地记录下来也是必要的环节。

（5）整理与校正

收集采访工作结束之后，要对受访者表示感谢，经费允许可以给受访者一定的经济酬谢。这之后就是重要的口述史料的整理与校对工作。要从受访者提供的口述史料中整理出对课题研究相关的部分，并对其进行分类整理。在妥当的整理后，便是校正。前文中已提到，口述史料的不确定性决定了其一定要与可考究的、已经被证明无误的其他史料进行核对，以保证口述史料的真实有效性。

口述史研究工作绝不是一项简单的工作，其中的每一个环节都需要研究者为其付出努力与心血，才能收获一份满意的研究成果。

第四节　比较研究法

比较研究法也是马克思主义理论研究经常采用的一种方法。事物之间既有区别又有联系，既有共性又有个性，事物之间的这种矛盾关系为比较研究法提供了哲学依据。比较是鉴别的前提，通过对研究对象的比较分析，了解它们之间的相似点和相异点，总结出研究对象之间普遍的和特殊的规律。比较研究是科学分类的基础，没有比较就很难对研究对象进行准确的分类。

一　比较研究法的基本内涵

古罗马学者塔西佗曾说："要想认识自己，就要把自己同别人进行比较。"比较是认识事物的基础，是人类认识、区别和确定事物异同关系，明晰事物本质的思维方法。直至 20 世纪七八十年代，比较研究法蓬勃发展，比较研究法在诸多新兴学科中得到广泛应用。

（一）比较研究法的概念

比较研究又称为类比研究，在马克思主义理论学科研究中也是一个常用的方法。比较研究法是在预先设定的标准的限定下，对论文所研究的两个或两个以上的对象的相同点或者不同点，进行类比和对比分析的方法。从而发现它们之间的异同点，通过比较分析发挥论文的论证作用，得出结论，进而揭示出论文想要表达的主题。在人文社科的比较研究中，研究对象一般包括组织、人以及某种社会现象，由于这些因素处在一个动态的过程中，并不是静止的和一成不变的，这就决定了归纳方法的多变性和复杂性，在实际操作过程中，既要从整体进行比较，也要进行纵向比较，通过比较概括出普遍的规律，总结因果关系。

（二）比较研究法的分类

根据不同的划分标准，可以将比较研究法划分为单因素比较与综合比较、横向比较与纵向比较、相同点比较与不同点比较、定性比较与定量比较等几种类别。

科学研究的对象来源于客观事物，每一类客观事物都具有多种属性，比如苹果有大的有小的，有青的有红的，有甜的有不甜的，大小是它的规格，青红是它的颜色，甜不甜是它的味道。如果我们仅仅根据两个事物的一种属性进行比较，这种方法叫作单因素比较或者单向比较，如果我们根据事物两个或两个以上的属性进行比较，这种方法叫作综合比较，例如我们在购买苹果时，我们不仅会考虑它的外观，还会考虑它甜不甜，这就是综合比较。在比较研究中，单因素比较是综合比较的前提，事物之间的比较首先是从一种属性的比较开始的，但是单因素比较具有片面性，不能从整体上把握事物的性质，要想了解所研究问题的本质与内在规律，则要对研究对象的多种属性甚至是所有属性进行比较，通过对事物外在和内在多种属性的比较得出研究对象的本质规律。

按照时间和空间的不同，可以将比较研究划分为纵向研究、横向研究。在同一历史时期，对不同的事物或者同一事物的不同方面进行比较的方法是横向比较法。横向比较要求研究对象在空间上并存，例如，在当今时代条件下对不同国家的教育制度、GDP、医疗卫生条件进行的比较就是横向比较，以及在各种实验中，常常需要控制变量，将某些条件设为一致，研究在此条件下的其他变量，这种方法也是比较研究法。研究同一对象在不同历史时期的表现的方法是纵向比较法，这种比较方法以时间为维度，对同一研究对象的不同方面进行纵向分析，强调挖掘的深度。纵向比较法又称历史比较法，"辨明异同，分析缘由，从而寻出共性和个性的一种研究方法"[①]，纵向研究法可以回顾同一研究对象发展的历史过程，追溯它们在历史长河中的变化情况。

根据比较的目的不同，可以将比较研究法划分为相同点比较与不同点比较，相同点比较也称为求同比较，不同点比较也称为求异比较。凡是比较，都有两个目的，要么是求同，要么是求异，否则比较就失去了意义。前者是探寻事物的相同点，从相同点中总结共同规律，也就是普遍性；后者是探寻事物的不同点，证明事物在某些方面的差异，从不同点中总结其特殊性。在比较研究中，同是基础，异是目的。通过比较得出不同点更能体现比较的价值与意义。这种研究方法贵在"异中见同，同中寻异"，在这个过程中发现事物的共性与个性，这两种比较在研究中常常并存，相结合使用，相互促进。"如《延安整风与群众路线教育实践活动的比较与启示》比较了两种党内教育活动的共性与差异。"[②] 通过"求同"和"求异"的比较，使研究主体更加深刻地认识到研究对象的差

① 陈勇：《钱穆传》，人民出版社 2001 年版，第 314 页。
② 王大发、张国祥：《党性教育学新论》，人民出版社 2019 年版，第 454 页。

异性与统一性。

从研究内容上看，事物的研究包括量化研究和质性研究，根据性质的不同，可以将比较研究法分为定性比较与定量比较。定量比较是用数字进行描述的比较方法，用数量、频率、程度、强度等工具描述研究过程和研究结果，运用统计分析的方法将量化结果进行比较，遵循演绎逻辑。定性比较又称为质性比较方法，这种方法比较的对象是事物的本质属性，与定量研究方法不同，定性研究方法是用文字对数据进行呈现，这里的研究对象是文字性数据，而不是数字。这两种研究方法各有优点，在科学研究中应注重将这两种方法结合起来。

（三）比较研究法的运用

比较研究的方法在哲学、管理学、经济学、教育学等社会科学领域具有广泛的应用。在运用比较研究法进行社会科学研究时必须把握一个重要的原则——可比性原则，因此，要求比较对象具有可比性，比较对象的选择是进行比较工作的第一步，也是比较能够成功的关键所在。对比较对象的选择必然要经历一个价值判断和价值选择的过程，这个选择能够体现研究主体研究的深度和视野的广度，是比较过程的一个最基本的环节，同时，这也是一个对收集到的资料进行取舍的过程。从宏观上来说，比较研究法的贯彻围绕比较对象可分为三步：选择与取舍、分析与陈述、解释与验证。

首要是确立研究目的，明确想研究什么，期望得到什么样的结果，对研究结果进行一个初步的假设，这是进行科学研究的第一步。在这个目标的指引下确定研究的内容，划定研究范围，选择研究的对象，为比较研究做好铺垫。在做好这些前期准备工作之后就是围绕研究内容收集资料，对收集到的资料进行分类、整理，确定研究方法和研究工具。比较标准的设立要兼顾比较的对象和因素，在比较对象不能协调的情况下，则要在比较标准上下功夫，使比较标准满足研究对象的要求，设立一个使比较对象具有可比性的标准是至关重要的，否则比较就不能开展，在整理资料的过程中，应注意资料的信度和效度。研究的过程应注意辩证唯物主义观点的坚持，用辩证的眼光分析问题，而不是用形而上的孤立的、片面的眼光看问题，应注意历史唯物主义观点的应用，在辩证唯物主义和历史唯物主义的指导下进行比较得出结论。比较研究的实施应注意所研究的问题或者研究客体的同一性、可比性和多边性。同一性是指参与比较的因素在范畴、标准、类别或者其他方面具有一致性，否则就不能进行比较，这是进行比较分析的前提和基础；可比性是指参与比较的因素之间在本质上存在某些联系；多边性是指比较对象的数量、比较的角度是多个的，一般要求参与比较的因素在两个或者两个以上，比较的角度尽量多元化。同时还应注重资料的权威性，比较分析的精准性，切忌片面和以偏概全，注重分析的深度和可靠性。

二 比较研究法的优点

黑格尔（G. W. F. Hegel）认为，比较是认识的前提，"我们不可能离开别物而思考某物"①，这是因为社会科学研究的问题不像自然科学那样以实验和数据说话，社会科学研究的现象或者是某种关系具有一定的抽象性，不能通过感官得出结果，比较方法是研究社会现象和事物关系的一个最直接的方法，通过比较证明自己的设想是正确的，从而获得一个新的认识。

（一）通过比较更容易得到科学概念和普遍规律

归纳是以比较为基础进行的，而任何研究都不得不进行归纳才能得到最后的结论，可见比较在总结概念中的重要作用。我们往往能在比较相同点和不同点中获得新的认识，而要想得到科学的概念，我们只能通过相同点的比较来完成，"求同"比较是一个总结普遍规律和共同原理的过程，"求异"则是探寻事物的特殊性。概念是在我们认识世界的过程中从事物的共同特点中抽取出来的，是对普遍规律的一种表达，因此概念的形成来源于"求同"的过程。仅仅获得概念还不够，还要通过比较证明概念的科学性，这个任务则要通过"求异"的过程来完成。这个过程首先是对比较内容进行分类，把属于同一类的归并在一起，将不同类的

---

① ［德］黑格尔：《小逻辑》，商务印书馆 1980 年版，第 205 页。

加以区分辨别；其次，根据分类，对同类的比较内容进行下定义和概括；最后，在对不同类内容的区分中，证明概念的科学性。

（二）通过比较更容易发现因果关系

因果关系是事物间联系一个重要方面，根据联系的客观性和普遍性，任何事物都和其他事物具有一定的联系，在我们的认识和实践中，为了控制事物的发展朝着有利的趋势前进，我们必须从整体上掌握事物间的因果关系，比较研究法就是帮助我们发现这种联系的一个重要工具，没有比较我们就难以发现事物之间的联系。以教育学中的迁移理论为例，著名的心理学家苛勒，曾经做过一个小鸡啄米的实验，他先是在浅灰色的纸上放上米粒，在深灰色的纸上则不放，并且经常将两张纸交换位置，经过多次训练，他发现小鸡可以辨别浅灰色的纸去啄米，之后他将深灰色的纸换掉，换成比浅灰色更浅颜色的纸，结果发现有百分之七十的小鸡会选择更浅颜色的纸，因此他得出了学习迁移的产生是因为学习者发现了两种学习活动之间存在关系。苛勒通过小鸡对深灰色纸、浅灰色纸、更浅颜色纸的反应的比较得出了关系转换的理论，说明比较可以帮助我们总结事物间的因果关系。

三　比较研究法中选题的原则与方法

采用比较法研究，论文的主题应该是适合使用比较分析法的。例如，城乡小学教学模式的比较、不同年龄段的人对手机的消费观比较、80 后和 90 后的职业观比较，等等。在选定主题之后对比较的内容划定一个范围，也就是说针对这个主题，可以从哪些方面进行比较。例如，关于城市与农村学生全面发展机会的对比，就可以将体验各种活动的机会、学习特长的机会、参与比赛的机会、结识新朋友的机会等作为研究内容。

比较研究的选题应该是可行的、有新意的、科学的和有价值的。从实际情况出发，可行性的原则应该贯穿方案的制订、理论支撑、资料的整理与加工、方案的执行等各方面，选题应以取得预想的结果为原则。有新意则要求比较的主题具有特色，而不是啃前人啃过的骨头，体现时代性，对于以前的问题则应该从新的角度、运用新观点和新材料去阐释，以此来体现比较主题的创新之处。科学性是研究的根基，是比较研究中首要的原则，这就要求比较的主题要从事实出发，以事实为根据，运用科学的方法进行研究，具备可支撑的理论。比较研究的问题应该是有价值的，体现在理论价值和现实价值两个方面。

（一）定性与定量相结合的原则

比较研究法应当遵循定性与定量相结合的原则。定性方法是根据研究对象的属性进行比较的方法，更能揭示研究问题的内在规律，而不仅仅局限于表面的共性。与定量方法不同的是，定性方法更加突出研究主体对研究因素的质的考察和价值判断。定量方法是通过对数据的计量与统计进行研究对象之间的比较，定量的方法能够更加直观地突出比较对象的特点与异同点，以能够体现文献度的指标为工具，强调数据的可操作性和可对比性，更加客观直接。

（二）"求同"和"求异"相结合的原则

比较研究过程的一个重要工作是分门别类，分类是为了更好地比较，对参与要素精准的分类是比较研究成功的前提。比较与分类密不可分，属于同一类的要素因为具有同一性而可以进行比较，不同类的要素则不能进行比较，比较既要找出参与要素的共同点，以概括出普遍的规律和本质特征，又要找出参与要素的差异，从而得到事物的特殊性。为了使研究更加具有价值，不能仅仅进行相同点的比较或者相异点的比较，两者在研究中通常是密不可分的，我们在"求同"的过程中往往能发现不同点，相反，在寻求差异的过程中往往也能发现相同点。为了深刻地理解某种社会现象，制定具体的措施和政策，研究的过程既要探索事物的特殊性，也要概括事物的共性，因此需要把相同点比较和不同点比较相结合。

（三）客观性原则

人文社科研究的关键是价值问题，这涉及价值取向和价值判断，要求研究者在不受自己主观情绪的影响下保持价值中立。价值中立原则也即客观性原则，特别是对于无法使用数据支撑的社会科学来说，这一原则显得尤为重要。同其他研究方法一致，在比较研究中同样要坚持好价值中立的原则，这是进行科学研究的正确态度，能够尽可能地保证研究结果客观公正，而不受其他因素的干扰。作为研究者不应从自己的主观情感出发，应秉持一种不偏不倚的态度，除了客观事实，再无其他影响结果的因素，让主观的一切，如喜好、利益、情绪等与研究断绝联系，只有这样才能坚持客观性原则，以科学的态度进行研究。然而，由于这种情况过于理想，可能会与现实的操作有所出入，所以这种完全排除主观因素的原则有一定的局限性，因此并不能作为一个单独的、具有普遍意义的方法。人文社科研究对象之间关系复杂，且具有一定的抽象性。各种问题交织在一起，我们往往难以预测某种现象的发展趋势，也难以捕捉它们的变化，同时，各种环境因素也制约着研究过程的开展，所以我们在研究中虽然要坚持客观性，但并不能完全抛弃价值因素。

（四）可比性原则

研究对象和要素具有可比性是进行比较的前提，否则比较就不能开展，这是因为任何比较研究都需要限定一个比较的标准。具有可比性的研究对象可以根据设定好的标准进行比较，没有可比性的研究对象不能与比较标准同时存在，比较就不能顺利进行。只有在类别和范畴上属于同一类的对象或者要素才能够共用一个比较标准。在一个比较中不可能存在两个标准。

事物之所以能进行比较是因为事物之间既具有共性又具有个性，根据联系的普遍性，任何事物都存在一定的联系。从这个道理上来说，任何事物之间都是可以进行比较的，决定对象或者要素是否具有可比性的关键是标准的设定问题。例如大象和苹果，如果我们将重量作为两者之间的比较标准，则能够进行比较，说明两个从表面看起来似乎毫无可比性的事物，如果设定一个合适的对比标准也是可以进行比较的。属性的多样性决定了标准的多元化，我们总是可以找到一个属性作为比较的标准。

第六章

学科研究与论证

马克思主义理论是一个涉及多学科门类的跨学科的开放性的理论体系，这符合马克思"社会史"与"自然史"相统一的"一门科学"的思想。与之相对应，我们在研究过程中，也需要多元化、开放性选取研究方法，采取诸如文献法、历史分析方法、比较研究法和其他相关学科方法展开研究，同时也应适当采取田野调查法、口述史研究法等方法实现理论与现实实践的交流碰撞。在研究过程中，我们既需要将研究划分为过程的不同阶段，又不应过于强调过程的先后，因为研究本身应该是一个不断循环往复的状态。所以从上述意义上来说，下面的内容既可以看作初期准备和研究的继续，也可以看作研究的开始。

第一节　问题意识与研究创新

问题意识是学术研究活动的开端，可以说从事学术研究活动的过程就是不断发现问题、解决问题的过程，与此同时，解决问题的过程也是不断创新、不断开拓的过程。马克思主义理论学科作为人文社会科学的重要分支，对于我们认识世界和改造世界起着正确的引领作用。其研究同样应基于问题意识的发轫，最后落脚于理论问题的创新和现实问题的解决，只有这样，才能真正实现马克思主义理论研究的现实旨趣。

一 问题意识对于学科研究的重要性

目前，学界关于"问题意识"的定义多倾向于将其理解为"问题"和"意识"的组合。所谓"意识"，简单地说就是客观物质世界在人脑中的映象，是人的感觉、知觉、思维等各种心理活动的总和。而"问题"则可以理解为实然和应然之间相差的结果，而且这种差距需要主体采取行动。那么将两者组合起来就可以将"问题意识"理解为主体在认知活动中意识到某种难以解决的困难，从而产生的一种焦虑、不安并且迫切想要探索的心理状态。并且，这种特殊的心理状态能够让主体积极地进行思考，不断地发现问题且积极地解决问题。可以说，"问题意识"并非只是一个概念，而更多的是指一种真实世界的经验，是一个动态实践的过程。

同时，学界对于"问题意识"概念的界定目前还没有统一，其中较普遍的观点认为"问题意识"是指："个体在进行科学研究过程中面对问题所反应出的心理特征及思维方式。"[①] 具体而言，问题意识就是指学者在进行科学研究活动的过程中自主发现的具有价值的科研问题，并且针对这些问题进行主动研究的一种内心活动，这种特殊的心理意识能够促进学者在科研活动中自觉地发现问题，考证问题的价值以及积极地解决问题。因此，可以从以下几个方面来理解"问题意识"，即：发现问题意识、提出问题意识、论证问题价值意识、探究问题意识。[②]

马克思认为"主要的困难不是答案，而是问题"。问题是我们进行认识活动的起点，是连接未知和已知的桥梁，人类社会一切的发明创造都是始于问题。所以培养问题意识，形成发现问题、分析问题、解决问题的习惯至关重要。问题意识的形成与存在状态是"指主体在进行认识活动时，通过主体对认识对象的深刻洞察、怀疑、批判等多种方式，产生了认知冲突，经过深入思考后仍困惑不解时，出现了一种具有强烈的探

---

① 李贝：《科研问题意识的结构及其对创造性思维的影响》，硕士学位论文，华中科技大学，2012年。

② 丁宁：《人文社科硕士研究生科研问题意识现状及对策研究——以 Z 大学为例》，硕士学位论文，郑州大学，2020年。

索情境的真实问题或想做出发现式创新的一种心理状态"①。我们国家很早就在提倡培养问题意识，可能说法与现在不太一样，但都是在强调要有提出问题、发现问题的自觉性。孔子曾对他的学生说，"疑是思之始，学之端"。以此也可以看出问题意识的培养不是今天才提出来的，我们的古人早已经意识到这个问题，所以在今天我们更要重视它，认识到培养问题意识的重要性。

有人曾将一个人的知识量看作一个圆形，而这个圆形里面是由问号组成的，这个圆周长的长度、圆面积的大小都取决于问号数量的多少，也就是说人的知识的多少就看你对这个世界的疑问有多少。善于在学习和生活中提问题的人也总会想办法解决这些问题。为了解决问题他们就会不断开动脑筋，启动创新思维，罗列和整理原有知识和经验，对其进行再次分析解剖，从而发现不一样的知识点。另外，解决问题仅靠自己的思维是远远不够的，这就会促使他们借助外在因素，如查阅书本或电子资料，请教学问更高的人，等等，这样在解决问题的过程中也扩充了知识面。在这个提出问题并不断解决问题的过程中，头脑中零散的知识就会变得越来越有逻辑性，原来的知识体系变得更加完善，这在一定程度上促进了知识建构的能力，推动了个体认知的发展。

问题意识的关键在于及时发现问题和提出问题，通过不断的整理分析对知识有新的了解，发挥创新思维，最终处理和解决问题。对于具有问题意识的研究者来说，他们研究和解决问题的思路大多都是从发现问题开始，然后经过提出问题、分析问题，最后到解决问题的过程。这个思路是符合认识发展规律的，同时它也具有丰富的方法论意义。对于学术研究者来说，一篇论文成功与否，首先就要看他的论文选题如何，如果选题选得好，那论文就已经成功一半了。

无论我们做何种研究，都需要有强烈的问题意识。因为有了问题意识研究者才会有研究的动因，才能形成新的研究成果。问题意识是在创新思维中产生的，创新就是在发现问题那一刻开始的。像马克思主义理论学科研究，要想实现它的进一步创新，首先就得有问题意识，这是马

① 房寿高、吴星：《到底什么是问题意识》，《上海教育科研》2006 年第 1 期。

克思主义理论学科研究的前提。若没有问题意识，那马克思主义理论学科很难获得进步与创新。所以，培养问题意识有助于推动学术研究的进步与创新，提高它的社会价值。

在问题意识的指导下，研究者在研究分析社会各种问题时会不断发现存在的新问题并提出疑问，同时发挥主观能动性来衡量该问题在自己头脑中以及整个社会知识库中是否可以得到解决。所以，强烈的问题意识在学术研究中是非常重要的一个部分，它直接关系到学术研究的质量，同时也包括它的理论和实践意义。所以，拥有问题意识的研究者肯定会比无问题意识的研究者取得更大的成功，它可以使研究者本人不断更新自己的知识体系，提高辨别能力，做出有利于社会发展的价值判断和价值选择。最后，问题意识可以有效规避一些水平低的反复研究，同时推动高质量的创新，提高学术研究的价值。

二　问题意识的缺失及其原因

问题意识缺失是当今社会各界显著存在的问题之一，没有问题意识我们就无法实现理论创新和研究创新，也就无法推动马克思主义理论学科研究的进步。所以我们应该着重分析一下问题意识的缺失以及它缺失的原因。只有找到原因，才可以更好地培养问题意识以此来推动研究创新。

（一）问题意识缺失的表现

1. 研究者欠缺对灵感的捕捉

发现问题的过程实质上是个体对问题的感知过程，是个体在思考过程中突然冒出的灵感和想法，而灵感的产生则来自对所研究问题的好奇和求知，并促使研究者开始新的思考。但是，有一些人无法产生和捕捉新的灵感，没有强烈的问题意识，很难发现新的问题。这些研究者在研究问题时很少追问这个问题是什么、为什么这样做以及怎么样做等。面对问题总是觉得就该如此，没有什么不同之处，从不去深入思考。长此以往就很难发现问题，很难进行创新。

2. 研究者不善于聚焦问题

研究者在研究问题过程中产生的灵感和新的想法仅仅是运用问题意

识发现问题的第一步，除此之外，我们还需要提出问题。发现问题和提出问题都并不容易，它需要人们对发现的问题进行全面系统的分析和整理，在头脑中对发现的问题进行重新梳理和罗列，并将其与之前的知识进行整合和比较，从而聚焦问题，提出问题。对发现的问题进行聚焦是实现提出问题这一环节的中间桥梁，只有很好地聚焦问题，才可以产生问题。但是，在现实的研究过程中，人们或许可以灵敏地发现问题，但是却不善于分析和整理问题，在问题产生后并不能及时总结梳理，任由其发展，这样就使得问题并不能很好地聚焦。这就导致提出的问题没有深度，只是浮于表面。

3. 研究者不善于反思建构

问题意识的产生主要包括发现问题和提出问题两部分。只有发现问题并在此基础上对问题进行聚焦提出问题，问题提出才算全部完成。某一个问题的发现和提出过程是研究者对此问题疑问、思考、判断以及建构的过程。当面对发现的问题时，具有问题意识的研究者会因疑问、分析、判断等意识对问题进行自觉的研究和剖析，同时在此过程中也会重新建构知识体系，最大限度地去理解问题，解决问题。但是，在现实的研究过程中，受各种现实因素的影响，许多人丧失了对问题的疑问，在研究过程中逐渐形成了单向度思考问题的习惯。当他们面对新的问题时不会产生怀疑和疑问，也不会深入思考，只是简单地去认为好像就是如此。同时少数人也会受"权威说法"的影响，一味地听从"权威"，不去自己思考，也从不敢去质疑。

（二）问题意识缺失的原因

1. 知识体系不全面

问题意识不是自发形成的，它也是需要一定的知识储备为基础的。只有当自己有一定的知识体系之后才可能在研究问题的过程中形成问题意识，从而发现问题，提出问题。所以，研究者要多方面、多领域地学习知识，要涉猎不同学科的知识，问题意识的形成必须以一定的认知结构为基础。但是，目前仍有不少人没有形成全面涉猎知识的主动性，对除自己专业以外的很多知识都不了解，也没有形成一套成体系的知识结构，对于知识的建构能力也比较欠缺，所以在研究工作中不能很好地去了解遇到的问题，更不会产生灵感发现问题，那问题意识自然不易产生。另外，有些人不仅缺少知识结构，没有问题意识，而且在工作过程中不能做到脚踏实地，总是急于求成，过于重视研究结果所附加的社会影响，而轻视了研究过程，这一心理就使得他们逐渐养成不善于思考、懒惰，对研究丧失求知欲和探索欲等不良习惯。

2. 缺乏对生活的体验

辩证唯物主义认为，实践是认识的来源。问题意识在最根本上是从教育实践中产生的，它是问题意识产生的源泉，没有教育实践，问题意识不可能产生。然而，在目前的研究工作中，最突出的一个问题就是没有将理论和实践很好地结合，甚至出现了理论与实践相脱离的现象。首先是教育理论脱离实践，研究者在研究工作中缺少实践活动，没有对生活的体验。受某些理论教育的影响，不少人在做研究的过程中只是单纯地去追求理论，忽视了实实在在存在的现实生活，对教育实践的具体情况不了解，对现实生活也没有很深的情感感悟。在缺少对生活体验的情况下，研究者仅凭头脑中的空洞的知识，并不能对问题进行更深层面的了解，对问题的研究也就缺乏深度和高度。另外，有少数人自我意识淡薄，面对问题只是习惯性地简单复制、借鉴，而没有发挥自己的自我意识去反思问题，质疑问题。这种没有实践活动做基础的研究理论必然会脱离实际，成为无源之水、无本之木。

3. 缺少对思维的训练

心理学研究表明，人的思维不是既成的，它容易受知识、技术经验、方法等的影响，形成思维定式。思维定式的形成会对人们研究和分析问题产生影响，既有积极的、好的影响，也有消极的、坏的影响。其中，相比较来说，思维定式对问题意识的消极影响更加明显。在思维定式的影响下，研究者研究工作只是从某个方面出发，不会从其他方面进行研究，因而就导致所研究的问题没有深度，浮于表面。所以，只有试着打破原有的思维定式，对个体的思维活动进行一定的转化和改变，最大限度地发挥研究者个体的主观能动性，才有利于问题意识的产生。但是，在今天有部分研究者没有系统地进行过思维的训练，像科学的思维方式，如辩证思维、批判思维等都没有系统地学习训练。因此，他们也就不能很好地发现新的问题，难以进行创新性研究。

三　问题意识与研究创新的内在关系

问题意识作为一种特殊的心理状态，它能够促使个体积极地进行思维，从而发现问题、提出问题和解决问题。那么，在某一问题的刺激下，主体进行思考和探索的过程必然就孕育着创新的种子，而这种创新思维和方法正是解决这一问题的特效药。可以说，问题意识是创新的动力和起点，创新推动现实问题的解决。

（一）问题意识是创新的动力和起点

习近平总书记在哲学社会科学工作座谈会上强调："坚持问题导向是马克思主义的鲜明特点。问题是创新的起点，也是创新的动力源。只有聆听时代的声音，回应时代的呼唤，认真研究解决重大而紧迫的问题，才能真正把握住历史脉络、找到发展规律，推动理论创新。"[①] 任何学术研究都离不开发现问题、辨别问题、提出问题、解决问题，接受实践检验等一系列过程。我们认真剖析优秀的科研成果就不难发现，其往往是从普通人忽略的问题出发来进行一系列理论建构的，之所以优秀的科研成果让我们眼前一亮就是因为其揭示的是我们没有想到或完全忽略掉的东西，因此，不难看出，问题意识对科研工作者来说十分重要，科研工作者有无问题意识以及其问题意识的强弱直接影响着科学研究活动的质量。从社会发展来看，随着我国特色社会主义事业的发展进入新阶段，马克思主义理论研究者更应该把握住时代变革和创新的本意，在风云变幻的时代中，坚持以问题为导向，提出具有价值的真问题和新问题，不仅是马克思主义理论创新性发展的需要，更是我国特色社会主义事业不断向前发展的需要。总而言之，理论创新离不开问题意识，问题意识是创新的动力，也是创新的起点。

---

① 常晋芳：《问题是创新的起点和动力源》，《光明日报》2016 年 7 月 28 日。

（二）创新推动现实问题的解决

问题意识是创新的源泉和动力，而创新反过来也会推动现实问题的解决。对辩证唯物主义而言，创新意味着破除陈旧的内容和方法，在继承优秀成果的基础上寻找新的规律和方法。对某个问题而言，之所以存在，是因为事物的发展存在应然和实然之间的差距，而创新则是消除这一差距的关键。培养马克思主义理论研究者的创新意识和创新能力，不仅是丰富和发展马克思主义理论的需要，更是时代发展对其提出的必然要求。对我国社会发展而言，马克思主义作为我国社会发展的指导思想，其举足轻重的地位是永不可动摇的。

在急剧变革的时代中，保持马克思主义理论的鲜活性和与时俱进性离不开创新，社会发展新矛盾的解决更离不开创新。马克思主义理论研究者的创新意识和创新能力，无论是对马克思主义中国化的新发展而言还是对社会现实矛盾的解决而言都是十分重要的。对学术研究而言，创新思维是推动学术丰富和发展的重要力量。学术研究中的创新包含了多个方面，其包括研究角度创新、研究内容创新、研究方法创新，等等。而这些创新都是推动学术问题解决的重要力量。例如，研究角度的创新可以推动学术理论中疑难问题的解决，为疑难问题的克服开辟出另外一条道路。总而言之，创新不断推动着现实问题的解决。在学术研究中，难以攻坚的学术问题的解决更需要创新思维和创新能力。

四　培养问题意识，促进创新研究的措施

对于没有完善的知识体系的研究者来说，应该如何在研究工作中发现问题，在发现问题后，没有理论和实践经验打基础的研究者又怎么解决问题，其难度都是非常大的。所以坚持问题意识，问题第一是马克思主义一贯的特点，研究中需要培养问题意识，促进理论创新。

（一）更新和完善知识体系

一个研究者的知识体系是否完善决定着他研究问题的水平高低。而培养问题意识，首先研究者本身就应该有充足的、完备的相关专业的知识量，广泛阅读书籍材料，不断参与社会实践是研究者研究问题进行工

作的重要途径。这样不仅可以充实研究者的理论知识，还可以提高自身的理论视野。具备广阔的理论视野对研究学术的人来说是最应该具备的，它可以打破原有的知识和思维框架，同时吸收不同人的观点，促使人们从新的层面去发现问题，这样就有助于问题意识的产生。同时这样一来也使年轻的工作者可以少做一些无用功，在批判地吸收和借鉴前人观点的同时使自己也快速成熟起来。所以，培养问题意识，首先就应该及时更新和完善自己的知识体系，不断扩充自己的知识面，不断充实自己，使自己在研究问题时可以发挥问题意识来发现问题，以此不断推动创新研究。

（二）勇于淡化权威

权威意识在社会中十分常见，主要就是指人们对一些专家、教师等所出的研究成果，所说的话一味地信奉，深信不疑。当然专家之所以是专家，权威之所以是权威，肯定是有一定道理的，他们的观点或成果在一定程度上是比较先进的。但是我们不应该盲目追随权威，而应该发挥自我意识的能动性，主动去发现问题、思考问题。权威意识的存在容易让人们形成懒惰的心理，不主动去思考问题，遇到问题习惯性地去找"权威"，也不去考虑"权威"的观点是否正确，只是全盘接受。这样长此以往就很难推动社会的进步和创新。

要想培养问题意识，推动研究创新，我们就要淡化权威意识。在发现问题时，我们首先要自己主动思考，分析该问题，并努力解决问题。然后在此基础上我们可以借鉴"权威"在这方面的成果，但也要批判地借鉴和吸收，要去考虑"权威"的成果是不是完全对的，它又是否适合现在的问题，等等。所以，培养问题意识必须要淡化问题意识，只有这样我们才可以不断推动研究的进步，推动创新。

（三）创建良好的学习和研究环境

培养问题意识不是一蹴而就的，它是一个长期的过程。而在培养的过程中我们需要创建一个良好的研究环境。这个环境有多方面的内容。第一，要建立一个有强大包容性的研究环境。这是一个外部因素，它有利于实现思想之间的交流和碰撞，有利于实现学界百花齐放。建设包容性的研究环境可以在教学方面做出具体措施。如在课堂教学中，借助教学情境，运用像探究式教学法等方法，使学生们在探究过程中不断激荡碰撞出思想的火花，并结合教师的必要的引导，不断促进其问题意识的产生。第二，对原有的单一的评价模式做出改变。对学生的评价不再局限于某一个方面，可以从多个角度进行评价。创建一个良好的研究环境不只是为了追求研究成果，更多的是为了培养问题意识，不断发现问题，提出问题。"任何重大学术成果的产生都是在面对事物发展的矛盾困惑时，展现出来的孜孜不倦的强烈的问题意识心理。"[1] 所以，营造良好的研究环境，不断改变传统的教学方式，对于培养问题意识，促进研究创新有一定的积极作用。

第二节　研究语言规范与提升

学术语言是论文、著作等学术成果的呈现形式。能否熟练、准确、到位地运用学术语言，也是个人研究水平的重要表现。论文语言的规范与水平关系到学术思想的表达和实现，关系到能否顺畅地实现学术观点的交流沟通。

一　研究语言规范的内涵和重要性

（一）研究语言规范的内涵

语言是重要的信息文化载体，也是重要的交际工具、思维工具，在人际交往中，语言是留给他人的第一印象。若一个人的语言表达符合规范，会给人留下文化水平高、素质高的印象；但若一个人错字连篇，就会给人留下没有文化、素质低下的印象。什么是语言规范？具体来说，就是指人们在语言表达的过程中遵循各项有关语言规范化的标准，主要包括文字、词汇、语法等方面的使用要求。

---

① 方志远：《学术研究的"问题意识"与"非问题意识"》，《中国社会科学评价》2016 年第 2 期。

语言规范作为使用某种语言的人们应共同遵守的语音、语法、词汇以及书写等方面的标准和典范。作为一种人类社会交际的工具，既有书面上的交流，也有口头上的交流，通过规范语言上的交流有利于交际之间的相互联系，因此，对于学术研究来说，语言规范的遵守向来都是非常重要的。

（二）研究语言规范的重要性

对于马克思主义理论学科来说，要想把研究从实践层面上升到理论层面，就需要撰写学术论文、著书立说，而这些都必须利用语言文字，遵守语言规范的基本要求。语言文字规范是学术论文写作不可缺少的一部分，熟练掌握和运用规范的语言是充分清楚地表达学术观点和展现研究成果的必要条件，是每一位写作者的基本功之一。学术论文的语言规范，不仅包括字词使用规范、语法运用规范、标点符号及数字使用规范，还包括选择合适的论述语言，营造良好的论述语境，等等。

学术论文承载的是作者的研究成果，语言表达是论文写作的基础，语言的规范性直接影响着研究成果的呈现，也体现着作者的研究水平和写作能力。若没有用规范的语言进行描述，学术观点表述得不够明晰，即使研究成果本身具有较高的学术价值，其科学性和研究价值也会大打折扣。由此可见，规范的语言在马克思主义理论研究中起着不可或缺的作用。研究者遵守语言规范，将自己的研究成果更准确、更生动地呈现出来，有助于提高文字阐述水平，使自己的观点为更多的学者所接受，有助于促进学术交流、学术积累、学术创新。在马克思主义理论研究过程中，研究者必须提高语言规范化水平，进而提升学术论文的质量和水平，科学准确地呈现研究成果。

二　研究语言规范存在的问题

在马克思主义学科研究过程中，每一个研究者都可能或多或少地存在着研究语言的规范问题，所以我们需要在研究中持之以恒，不断努力提升自己的学术语言规范程度和表达水平。

（一）研究语言规范存在问题的表现

1. 表述语言口语化

中华人民共和国成立后，我们党和政府各级领导机关，特别是语言工作者为我们语言的发展做出了重大的贡献，取得了可喜的成绩，正确使用规范的语言成为我们的共识。随着社会的发展，人与人的交往变得密集，我们的口头表述能力随之增强，口语可以灵活多变地被适用于不同的场合交流，这也将有助于听者的理解。即使口语的表述有着自己的特点和优点，但在我们研究中应有自己的规范语言，若研究语言太多口语化将会降低研究内容的层次感及审美感，这是不利于研究发展的。例如，在思想政治教育方面有些文章出现口语化的表述："俺""伟大的某某""绝对的"等。语言的使用是一项十分严谨的事情，个性化的口头表述将会影响传递的信息，甚至会妨碍他人的理解，对于不同领域的研究者，应禁忌采用口语化的表述，应大力提倡规范化的语言表达，这是学界需要去关注且改正的事情。

2. 时间语境混乱

对内容进行表述时，值得我们注意的是语境的时间问题，例如，在思想政治教育方面存在历史性表述，而非现代语言，或用现代观点表达历史立场，这是在不同的领域出现的一些问题。[①] 马克思主义理论学科既具有一些人文社会学科的共性，又有着自己的特点，在进行语言表述时，应按照时间的历史脉络去准确表达，注意内外风格的统一，严禁出现里外两张皮的问题。时间语境的混乱会使整个研究领域出现参差不齐的问题，这将不利于研究成果的呈现及他人的理解。这种语境混乱的问题会颠倒事物的发展，会产生时间混乱、不当等问题，很难使人去准确把握所研究领域的整体框架。因此，我们应遵守本领域的语言规范要求，注意对语境的把握。

3. 整体逻辑不清晰

研究语言规范在整体的构架中存在问题，例如，词、语、段、目、

---

① 何理：《思想政治教育语言研究现状、问题与展望》，《思想政治教育研究》2009 年第 5 期。

节、章的完整性，在很多语言论述的过程中会出现一些内容不完整、上下逻辑不清晰等问题，这将会使得文章缺乏严谨性。另外，在删减与补充内容方面，出现内容不对应，删减的内容造成部分内容的缺失，以及补充的内容并不能很好地融入当中去，这是值得我们注意的问题。另外，部分内容会出现英汉式交替使用，这是坚决禁止的，这不仅严重地违反了语言整体性的要求而且对内容的理解也导致一定的影响。在语言论述过程中应注意论述语言的检查，以防止出现上述的问题影响整体的结构。作为马克思主义理论学科，在语言论述的过程中要体现整体的理论框架以表明论述的观点，严禁出现篇章缺失的内容，这将严重影响文章的理论脉络，因此，掌握一定的论述语言技巧是非常有必要的。

4. 滥用网络语言

互联网的出现，使得人与人之间的交流变得便捷，没有局限，网民交流的语言更是五花八门，从早期出现的"美眉（美女）""88（再见）"到现在流行的"偶（我）"等，网络语言的变化可谓日新月异。网络世界无穷尽，一些网络用词很快被传播，主要是网民的搬运作用的结果，有的网络用语充满正能量，充分地表达出一些实际问题，这可充分地利用，但一些低俗的表现仍然被搬运将会产生一些不好的结果，我们应该辩证地看待这些问题，需要我们做到"取其精华，去其糟粕"。有利于我们使用的，起到社会正能量的，大力提倡，反之，严禁使用。正是这种现象的存在使得在不同学界语言表达上出现语言网络化，这不仅降低语言使用的美感，严重的将会引起更多不良反应。在马克思主义理论学科研究中，要杜绝使用网络化的表述形式去蹭热度，吸引大众的眼光，我们应严格遵守规范的语言去推动研究的创新与发展。

（二）研究语言规范存在问题的原因

发现问题，才能找出问题存在的根源，才能发展进步，针对上述论述语言存在的问题，其原因主要表现在以下几个方面。

1. 社会层面

广播、电视等社会媒体的突飞猛进对大众产生了重大的影响，在语言使用方面，一些时尚流行但并不规范的语言被广为流传，这对学界产生了冲击。尽管这是一个信息时代，但对语言文字的使用也不是信手拈来的，这种客观因素的影响使得人们在选择语言方面产生困难，首先摆在人们面前的流行元素成为首选，社会有关部门没有建立严格的语言管理机制，对出现的一些不规范、有歧义的语言没有进行严格把控，以致在社会上广为流传。这不仅对学术领域，对社会生活以及人们的生活也将产生影响。不利于我们社会主义精神文明的建设，不利于我们国家的整体形象。

2. 学界层面

语言不规范的现象在不同学界存在，除了社会因素，学界内部也存在诸多原因。例如，在马克思主义理论学科中，语言使用不规范的现象存在，主要表现在以下几个方面：第一，非学术专业词语的存在，做学术应该是十分严谨的，但非本专业的语言不符合要求地出现在本领域，使得扭曲原本的真意表达，违背常理。第二，学界对专业的问题研究出现偏差以致在进行语言论述的过程中出现不规范的现象，没有清楚地表达出研究内容的真意。第三，使用通识性的语言，例如伟大的思想家；绝对式语言的使用，例如"完全、绝对"这种表达；在论述语言的太多条目、序号的存在以及有些内容在论述方面出现汉英交替使用，这不仅使得语言不规范还对整体的内容造成不美观，这些都是应该引起注意的。

3. 个人层面

个人层面，也存在一些语言不规范的原因，主要表现在以下几个方面：第一，语言表达能力有限，存在用语失真、失全、失当的问题。在交流的过程中，不能完好地表达出原本的真意；在宣传一些重要的文件以及政策的时候，容易出现信息量不全、不真等问题。第二，语言转化能力不足，这将使得语言缺乏感染力和影响力。正是因为这个原因使得一些信息的交流传递不能被很好地理解，将会引起他人反感。第三，语言推演能力不强，造成论述语言不清晰、逻辑混乱，无法有效地表达自己的观点和思想。

三 提升研究语言规范化水平的策略

语言规范程度是马克思主义理论研究者文化素养高低的直接反映，

因此，研究者需要不断地学习、积累语言规范的基本知识，掌握其各方面要求。在研究中，既要熟悉和掌握字词使用规范、语法运用规范、标点符号及数字使用规范，选择合适的论述语言，营造良好的论述语境，又要善于检查、修改、润色论述语言，进而完整、准确地表达学术观点。具体可以从以下方面提升自己。

（一）准确使用字词、语法

在撰写学术论文时，文字使用要正确、词语使用要恰当、语法使用要规范。正确使用文字，既要使用规范的汉字，杜绝错别字，也要谨慎使用繁体字、异体字。首先，我们要了解哪些是规范的汉字，并掌握其一般用法和特殊用法。其次，要通过辨析字音、字形、字义来杜绝错别字。最后，要根据《中华人民共和国国家通用语言文字法》的第十七条规定谨慎使用繁体字、异体字。

恰当使用词语，首先要准确辨析词性、词义，尽量避免词类误用。其次，在掌握丰富词汇的基础上，注意区分音近、形近、义近的词语，正确使用成语、近义词、异形词。再次，应按照《中华人民共和国国家通用语言文字法》的第十六条规定恰当使用方言词。最后，为了更好地达到学术交流、思想宣传的目的，要准确使用规范、统一的专业用语，选用规范化的学术语言来表达自己的思想和观点。无论是字词还是语句，都应按照专业的要求来使用，尤其是一些专业术语，使用时要格外严谨，防止误用或出现歧义。随着马克思主义理论学科的不断发展，许多词语都具有了该学科特有的理论内涵，因此，在表述时必须使用学科内具有一定共识的规范化的方式，不能犯政治性错误。如"民族区域自治"不能简称为"民族自治"，"内蒙古自治区"不可简称为"内蒙"，等等，"文化大革命"须加引号等。否则，将影响学术观点的清晰表述，不利于研究成果的实际运用，甚至会造成误解，无法达到思想交流传播的目的。

语法的运用是否规范，直接影响着句子的表述。适当省略可使语言更加简洁，但省去不该省略的部分，就会导致成分残缺，影响观点表述的准确性，因此，规范语法运用首先要保证句式结构完整。此外，要注意主谓搭配、动宾搭配、介宾搭配等要恰当，避免乱用成语、关联词甚至生造词语，前后表述不能矛盾，更不能出现明显的知识性差错。

（二）正确使用标点符号、数字

标点符号是学术论文的有机组成部分，主要是用来表示停顿、语气或表示词语、句子的性质和作用。常见的标点符号可分为点号和标号两大类，点号的作用在于点断，主要表示说话时的停顿和语气。点号又可以分为句内点号和句末点号，句内点号主要包括顿号、逗号、分号、冒号四种，用于句内表示各种不同性质的停顿，句末点号主要包括句号、问号、叹号三种，用于句末表示停顿，表现句子的语气。标号的作用主要在于标明语句的性质和作用，常用的标号有引号、括号、破折号、省略号、着重号、连接号、间隔号、书名号、专名号和分隔号等。对标点符号的使用要恰当，应该依照《标点符号用法》（GB/T 15834—2011），做到该用标点的地方用准确，不该用标点的地方不要用。其他符号如章节符号、页码符号、数学公式符号等也须根据相关标准进行规范使用。需要注意的是，不同语言在使用符号时可能会有不同，不可以将汉语符号的使用习惯直接运用于其他语言。

学术论文中经常会出现数字，包括阿拉伯数字和汉字数字。一般来说，表示年代、数值、数量、编号等比较具体的内容时，应使用阿拉伯数字，如"2021 年""50％""3 个月""图 1 – 3"等。而必须使用汉字数字的情况主要包括理论叙述、成语、非公历纪年（必要时应在后面标注公元纪年）、概数、节日、事件等，如"五大原则""三心二意""康熙元年（公元 1662 年）""七八个人""五四青年节""九一八事变"等。除了上述要求外，在通常情况下，作者需要根据上下文来具体选择使用阿拉伯数字或汉字数字。部分学术论文的作者会用图表这一直观形式表现复杂内容，要注意图、表应分别编号，不能混淆。

（三）选择简单朴实的论述语言

马克思主义理论学科的学术论文与语言优美、辞藻华丽的散文或诗词等文学作品不同，它的目的在于客观地叙述事实，阐明道理，总结经验，并为进一步推动和深化学术研究提供支撑。所以，应当选择简单朴实而不是晦涩难懂的语言，且论述风格应与文章相契合。既要讲究语言的精练准确，符合语言规范，又要阐发深刻道理，避免单纯叙述一般常识或出现严重的口语化问题。

研究者在撰写学术论文时，语言表达首先要通俗，不滥用生僻字词，慎用古汉语。毛泽东著作的语言就具有显著的通俗易懂特点，并"以通俗易懂的语言，表达博大精深的思想内容"①。如他在《反对党八股》一文中，用"只有死板板的几条筋，像瘪三一样，瘦得难看，不像一个健康的人"② 这句话来形容文章、演说语言无味。这种通俗易懂的语言，既形象、精练，又能恰如其分地表达思想内容。其次，语言表达要精练，拒绝啰唆重复、言不及义。作者需要在有限的篇幅内最大限度地表达自己的学术观点，内容决定篇幅，在合理范围内不能硬性规定字数多少，更不能为了凑字数而反复提及前面已表达的信息，导致产生歧义。因此，语句务必简洁利落，不能拖泥带水。在语言精练准确、讲求信息量的基础上，要明确主题，用逻辑思维分析问题的本质和重点，从而提出自己的独到见解，做到结论清晰。需要注意，在下结论时禁用过多序号和过多条目式表达。此外，语言表达要禁虚务实、准确清晰，具有客观性，绝不允许假、大、空，不能带有主观色彩，必须实事求是，经得起实践检验。

（四）营造良好的论述语境

对于马克思主义理论学科来说，作者以书面形式来表达自己的学术观点和思想时，既要有问题意识，联系实际用马克思主义的立场、观点、方法提出问题、分析问题、解决问题，也要有充分的材料论据、严密的逻辑思维、规范的话语体系。同时，要完整、准确地将自己的学术观点表达出来，也需要营造良好的论述语境。

首先，立场要明确。在学术论文的写作过程中，作者需要用文字呈现前期的研究成果，如选题原因、该选题涉及的主要内容、研究方法以

---

① 张炼强：《毛泽东著作语言的通俗性》，《首都师范大学学报》（社会科学版）1993 年第 6 期。

② 《毛泽东选集》第三卷，人民出版社 1991 年版，第 837 页。

及研究结论等，若作者立场摇摆、语焉不详，就不能准确表达自己的思想，也不利于读者阅读理解。因此，马克思主义理论研究者必须从马克思主义的正确立场出发，立场鲜明地表达学术观点。其次，逻辑要清晰。对于马克思主义理论学科来说，想要以理服人，必须讲求推理论证、论据扎实、论述流畅，作者在表达观点时应做到逻辑严密、结构严谨，遵循清晰的逻辑线索展开写作，言之有物，能经得起推敲。最后，学术观点的表达要完整、准确。作者需要具有良好的文字运用能力，可以使用最合适的词句充分表达自己的学术观点，更好地进行学术交流。

需要注意，营造论述语境时，不能使用超越语境的语言，如"本人""本文""我"等；不能使用口语语言，如"俺大舅""俺二舅""我小时候"等；不能使用通识性语言，如"伟大的思想家"等；也不能使用绝对式语言，如"完全""绝对"等。此外，引用他人观点时，应选择与文章论述风格接近的话语，以确保对话流畅，切换自然，禁用过多"某某认为……"。

（五）善于检查、修改、润色论述语言

要提升研究语言规范水平，作者必须在写完初稿后通过朗读、检查文章来寻找问题，并且还要善于修改。经过删减和补充，最终呈现为词、句、段、目、节、章完整的系统。这一过程主要是剔除闲文，订正错误，改正英语式表达。在确保论述语言无误的基础上，可以再根据具体情况适当加以润色，使语言表达更加生动、活泼，这样才能提高论文的表达效果，更加吸引读者。

只有在思想方面给予高度重视，才能真正落实到行动上。只有彻底认识到语言不规范的巨大危害，自觉增强语言规范意识，才能做到仔细检查文章中词句、语法、标点符号、数字等的使用，及时发现错误、正视错误并进行修改。巧妇难为无米之炊，仅仅强化语言规范意识还不够，新时代的马克思主义理论研究者还应该加强对语言规范的学习，多阅读、多思考、多练习，切实提高语言规范化水平，能以完整准确、逻辑严密、清晰流畅的语言表达研究成果。

第三节　理论与框架的构建

论文的写作，除了写作初期重要的选题工作，另外一项重要的工作就是写作过程中论文理论与框架的构建。可以这样说，理论是文章的"脉搏"，框架是文章的"骨骼"，这两方面缺一不可。简单来说，一篇好文章的产出，离不开深厚扎实的理论研究，同样也离不开文章理论框架的支撑。

一　理论与框架的基本阐述

什么是理论框架？总体来说，理论框架是利用已经存在的理论，来对研究中的各项内容进行系统的分析，清晰地论述自己的观点。用理论搭建起来的文章的结构、框架，简而言之称其为理论框架。

这里需要注意的是，理论的构建，不是将已有的理论进行大篇幅的简单罗列或者将其进行杂乱的堆积陈列，而是应该用已有的并且跟自己的研究问题相关的一系列理论去研究问题，去论述创新性观点，对已有的理论进行创新性的发展，或者进一步拓宽其原研究领域和研究方向的视野。总的来说，理论框架的构建是具有系统性的一项工作。对于已有理论的选择，一定是可以为自己研究问题有所启迪并且服务的，从自己涉及的问题出发选择阐述对自己观点有益的某种论断或者某种观点。这样，在对自己的观点进行陈述时，才会有理有据，使文章的理论基础充实丰富，不会使自己的文章显得太过空洞或者泛化。

理论框架包含众多的内容：已有或者常用的该问题方向的理论，相关的概念以及定义阐释，文献综述，等等。因此，只有大量地阅读相关的文献资料以及相关的研究成果，熟练掌握扎实的理论功底，才能在已有的理论基础上，运用一定的逻辑推理来构建出新的具有创新性的理论观点，才能进一步构建出完美的理论框架。

理论框架的构建对论文的写作具有十分重要的意义。首先，在论文写作前期，搭建起论文的理论框架，有助于厘清自己的研究内容与重点难点，将自己的研究问题与已有的理论搭建起桥梁，使论文的理论依据充实，有助于后期论文理论的系统阐述。其次，在论文的写作过程中，理论框架可以有效地帮助我们抓住写作的要点与核心，来进行系统的梳理写作，有助于根据确定的问题方向进行研究探讨，抓住关键性的问题，从而避免偏离论文的核心内容，同时有利于进一步开发新问题，深化自己的理论问题研究。最后，在论文完成之后，可以根据理论框架来对自己的文章进行检验，检验理论的阐述是否合理，框架的构建是否清晰明朗，论证过程是否有理有据，论文最后的结论是否具有一定的逻辑性与合理性。综上，论文理论框架的构建是每个写作人都不可缺少的一个环节，是对论文的整体完成具有极大意义的环节。

二　具体理论的选择：框架构建的准备

理论构建是论文写作的基础，换句话说，只有构建起好的理论，才能够进一步对论文观点进行阐释及升华，才能够使自己的观点经得起推敲与检验。那么，如何进行良好的理论构建呢？众所周知，选题是一篇论文成功与否的关键性环节。因此，论文的理论部分应该在选题良好的基础上进行构建。一个好的选题，可以让理论的构建环节变得事半功倍。对于大多数人来说，只有自己感兴趣并且具有一定探究意义的选题，才能够激励自己对论文的理论基础部分做出大量的前期查阅以及积累工作，才能有兴趣对各种已有的理论观点进行学习与探究，进而提出自己创造性的论断以及创新性的观点。在良好的选题之下，来对自己的论文进行系统性的理论构建。

在构建之前，需要大量的理论查阅以及积累工作。首先可以对有关自己研究方向领域中知名的众多学者著作及书目进行查阅；其次需要查阅众多的国内外知名期刊，提炼出有助于阐述自己论文观点的一些观点。除此之外，知网上也蕴藏着众多知名学者的文献资料，尽可能地查阅知网中的 CSSCI 来源期刊以及其他核心期刊。积累优秀论文的理论要点，一方面要对其中优秀的理论进行简单的学习研究；另一方面，在学习以及积累优秀理论的过程中要不断打磨自己的理论论断，不断丰富文章的理论基础，使自己的论文的理论基础丰厚，在后期经得起众多学者的推敲。另外，在理论的积累过程中要注意运用最新的文献资料，注意自己的理论观点在该领域中是否具有一些创新性的提法，翻阅最新的文献，不断更新丰富自己的理论基础，使自己的理论与时俱进，具有一定的时代价值。

对于论文理论，首先需要关注的是论文的理论内涵方面。论文的理论层次方面包含论述、观点、理论、思想这几个部分。在理论积累时要尽可能地读原版原著，这样才能使理论观点论述起来尽可能地有理有据。其次，要进行理论的选择。当面对众多理论时，要对其进行判断和选择，考虑好是对其进行接受还是进行批判，对其理论是进一步进行建设还是进行革命性的构建等问题。再次，要确定理论用途。在阅读文献进行理论积累时，要在一定程度上明晰它们的用途，要将它们进行怎样的应用，是工具性的还是内容性的。最后，在进行理论组合时，论文的层次不能太过简单，最好构建复合式理论群。

在理论边界的问题上，理论边界要明确与清晰。不论怎样论述自己的理论，都不能超越理论的边界，漫无目的的论述是不值得提倡的。对于之前所建立起来的理论，要对其进行合理的评判与分析，从而进一步地进行理论的创新。论文是通过引用别人的理论形成自己的理论，但是对于别人的理论，在赞同其观点的同时也要学会进行质疑，使理论不断进行提升与深化，促进理论的创新发展。

进行理论创立时，首先要注意理论创立的层次性。理论创立不能太过简单，要具有一定的层次性。在引用之外，构建自己的理论，需要注意，自己的理论是建立在他人基础上的，不能够随意捏造，一定要有对应的理论基础。其次，要注意理论创立的形式，对别人的理论进行评价时，要保持扬弃的辩证态度。一方面，对优秀的理论进行吸收；另一方面，也要对不合理的或者不符合时代发展的一些理论进行批判反驳。此外，在进行学术研究时，适当地与前人进行学术对话，既能够提高学术研究的科学性，又能体现研究者具有较强的批判性思维能力。在写作的过程中，同无数人进行理论对话，同时注意避免理论论述过程中大而空泛、华而不实的问题。同时，根据各种理论的元素以及系统性来判断其理论创立的可能性。

不同理论之间可能存在观点上的冲突，或者存在理论与现实的冲突，不同的理论流派之间也存在着冲突。因此，在进行理论的构建时，要综合不同的观点，系统性地将各种观点进行整合，从中选取和自己理论相近的，具有研究意义与价值的理论观点。根据已有的理论，对其进行创新性的丰富、发展与完善，并且根据自己的研究兴趣点以及在理论整理过程中对自己有所启迪的部分，进一步提出自己的原创性观点，按照一定的逻辑结构构建系统的理论体系。

三　理论框架的具体逻辑结构

在构建起自己的理论之后，要搭建起合适的框架结构。好理论只有用好的框架结构才能够更好地阐释其观点。好的理论框架让人一目了然，逻辑清晰，引人兴趣研读，在框架的架构过程中可以较好地彰显自己的理论基础以及创新性的观点结论。

在框架的搭建过程中，不是一味地将自己的观点进行罗列，而是要根据一定的逻辑结构进行框架梳理，搭建起清晰明朗的理论框架。

在进行论述框架的构建时，要避免教条化的框架。对于框架来说，大体分为：起—承—转—合、总—分—总、总—平行递进式—合以及递进式等。有些论文也提倡"演绎式"的框架结构。"'演绎式'就是按照演绎方法所要求的三段论格式来安排论文的框架。"[①] 论文具体逻辑结构可以参考如下。

（一）序论

序论又称引言、前言或导论，属于论文的导入部分。一篇学术论文中的序论部分由选题的理由、背景、目的和意义组成，或者是由研究的目的、领域、方法以及所得来的成果组成，除此之外也可以对该论文的中心观点、本论的大致内容进行一个简明扼要的概括。序论的写法主要有以下几种。

（1）交代式。文章开门见山指出为什么要写这篇论文、怎样写这篇

---

① 马来平：《研究生论文写作的六大关切》，《学位与研究生教育》2020 年第 7 期。

论文以及这篇论文所能带来的意义。

（2）提问式。在论文开头部分就提出问题，也可以简单交代写作动机和背景，然后再提出本文要解决什么问题。

（3）出示观点式。序论开宗明义，阐明论文的中心观点或基本内容。

（4）提示范围式。序论部分提示本文的论述范围。

（5）阐释概念式。序论先释题，阐释题目中和文中出现的基本概念。

以上只是几种较为常见的序论写作手法，实际远远不止这些，但无论使用哪种写法，作者都必须遵循以下几点原则。

首先应开门见山，不绕圈子。论文通常要求开门见山，一开头就能让作者了解该文章叙述的基本内容是什么，杜绝让历史渊源和选题、立题过程占用大量篇幅。

其次应简明扼要，指出重点。序论要简明、有力量，开篇文字不宜过长，以免显得头重脚轻，结构不匀称。不宜赘述众所周知的和教科书中所涉及的常识性内容，除非确实有必要提及基本概念和他人的研究成果，否则只需要在参考引文中标明即可。当序论中提及本论文的中心观点时，应该用最简洁的语言将其叙述出来。

再次应实事求是，谦虚谨慎。在论述本文的研究意义时不应夸大其词，不应出现"首次提出""前无古人后无来者""具有极高学术价值"等不当之词；同时也要避免"恳请指正""望求赐教"这一类的客套话。

最后，序论部分的内容与摘要不能雷同，也不应解释摘要所讲的内容。通常情况下引言和结论是首尾呼应的，即在序论中提出的问题，结论中应当给予答案，这不代表引言与结论可以雷同，结论应该是序论的升华。序论不需要交代开题的过程和结果，更不需要引用相关的公文和文件，如有必要可以引用所研究的部分主要结论。序论最好整合成一段，不宜插入图片、列表和数学公式。

（二）本论

本论部分是一篇论文的核心所在，主要任务是分析序论中所提出的问题、论证中心观点，论述的好坏体现作者研究能力和学术水平，主要包括下列内容。

第一步，提出问题——论点。

第二步，研究问题——论据和论证。

第三步，解决问题——论证方法与步骤。

为了使论文层次分明、脉络清晰，往往将本论部分分成若干个大的段落。论文不宜有太多层次，一般有且仅有五级。写作本论要有充足的论据去论证，才能使读者信服；逻辑清晰，结构完整；且观点与材料相一致。具体可以符合以下要求。

1. 准确地把握科学术语的概念

一篇合格学术论文的论证全过程，是由若干个知识环节有机组成的庞大论证系统，各个论证环节又由若干个知识点组合，无论哪个知识点都应该运用一些准确、科学的概念，不能忽略和含糊。本论的主要目的是搜集整合论据去进行充分论证从而让人信服，作者要尽一切可能去论证自己所述的观点的正确性、可靠性。因此，应紧紧联系论点，使用论据，从而对论点进行充分的论证。写一篇论文必须要理解清楚自己所要阐述的科学内容所涉及的相关术语、概念的内涵和延伸，从而将论题限制在一个适当的范围内以确定论证的逻辑结构和论述的大致方向。

2. 保持论证和论点的一致性

作者应该先明确自己所要写作的论文的论题，即论文所要阐述的中心思想和观点。论题是论证的目的，是一篇论文的核心或灵魂。学术论文论题的确定，应该包括两方面的限定：一是对论证范围的确定，二是对论证实质的揭示。在论证过程中，必须时刻保持论证和论点的统一，避免和杜绝"小题大做""大题小做""文不对题"和"转移论题"等问题。一篇论文必须有一个中心论题，前后要保持一致，在不同层次的论述中，要根据一个分论点进行讨论，所有的分论点都是为中心论题服务的。

3. 保证论据和结论的科学性与真实性

保证论据和结论的真实性，就是要求作者采用的论据可靠，论证所采用的图片、数据等论据真实、全面且可靠，切忌为了达到某种目的而对实验数据或研究结果进行伪造，防止分论点和结论不协调的问题出现。在论证的过程中，由于思维习惯的支配，有时作者容易偏执一方地进行推论和得出结论；有时由于思维的局限，往往容易产生学术上的盲点，这样就可能在自己的论文中留下一些歧义和漏洞。要消除这些问题，不仅仅是单纯的论证技术问题，它要求作者不仅在论文写作过程中要保持清晰的理论思维思路，而且对所研究的科学内容、概念必须有正确和透彻的理解。完成写作后，应采用"八面受敌"的方法来反复推敲，逐节逐段地来审查可能存在的问题，逐步地修改完善论文，使其成为经得起考验的学术作品。

4. 根据立论选择适当的逻辑和推论方法

论证方法很多，不同内容的论文，有不同的论证方法。文章中既可以选择单一的论证方式，也可以同时使用几种论证方法。论证的逻辑方法主要有以下几种。

（1）例证法：例证法就是选经典事例作论据来证明作者论点的方法。社会科学中常说的"摆事实，讲道理"就是例证法。自然科学研究中经常用样本、试样和实物做试验来获得数据和结果等证据，从而得到结论，这些都是典型的例证法，对此，马克思主义理论学科也可采用。使用例证法来论证，事例要典型，数据要真实可靠，叙述的语言要简洁有力，使人信服。

（2）引证法：引证法也称为事理论证，它是以一般事实为依据进行推论来证明论点的方法。所引用的论据可以是已知的科学理论、普遍的常理、名人名著的经典言论，也可以是已经取得并已得到学界公认的成果等。引证法的关键是引用的材料正确、可靠，并具有科学性和权威性。列宁曾对马克思主义关于政治与经济关系的基本原理做过精辟的论述：政治是经济的集中变现；任何民主，和一般的政治上层建筑一样，归根到底是为生产服务的，并且归根到底是由该社会中的生产关系决定的。列宁所提出的这些基本观点，告诉我们一个道理，即政治来源于经济，又反作用于经济，它指导经济的同时，也为经济服务，二者是相辅相成、相互统一的。

使用引证法，要忠实于作者本要表达的意思，不能断章取义，引语要真实准确，一般要标明出处。引语应避免大段引用、喧宾夺主，简明扼要即可。同时也要简单解释所引用的言论，不应引完就草草了事地下结论。

（3）类比法：这是将两种相同或相近的现象或事物加以比较、类推，通过已知的一种现象或事物的正确性，来推出证明另一种现象或事物同样正确的论证方法。类比法的运用，可以由此及彼、触类旁通，扩大论证的领域，但是要注意所类比的两类事物之间在性质、特征上的相同或相近程度。

（4）对比法：对比法是把两种或多种相互对立或各自差异的事物进行比较，以明辨是非，推导出结论的方法。对比法可以充分揭示出事物本质属性的特征，使论点显得鲜明突出，所以在论证过程中使用比较广泛。

（5）喻证法：喻证法是通过比喻进行论证的方法。它是用与论点有某种联系的事例、客观现象、规律等作为论据进行推论，从而来证明论点的正确可靠性。这一方法主要应用于社会科学领域的学术论文。

（6）反证法：顾名思义，反证法是从反面来间接证明论点的论证方法。不直接证明自己的观点正确，而是证明与自己观点相反的论点是错误的，从而间接证明了自己观点的正确性。反证法以形式逻辑中的矛盾律为理论基础。应用反证法，有时比正面论证更有力量。当然，如果正反论证相结合，则效果会更好。比如，鲁迅在《中国人失掉自信力了吗》一文中，他为证明"中国人失掉自信力了"这一论点是错误的，就运用古往今来、铿锵有力的事实来证明"我们有并不失掉自信力的中国人在"这个正确论点，从而驳倒了上述的错误论点。

5. 结构严谨，条理清楚

本论的篇幅长，内容多，层次复杂，结构环环相扣，在排列文章内容时应按照一定的次序，否则会使文章的层次、结构杂乱无章，达不到作者想要的效果。本论的结构形式按照不同的层次划分，共包含并列式、递进式和混合式三种类型。

（1）并列式结构

又称并列分论、排列论证。它要求围绕中心论点从不同角度提出问题，划分为几个平行的、并列的分论点和层次，并分别从不同的角度去论证中心论点，使文章呈现出一种多管齐下、齐头并进的格局。

（2）递进式结构

又称直线推论，纵向开拓，步步推进。这种结构是运用层层递进的形式来排列结构，从而去论证问题，让各个层次有机联系起来，呈现出一种层层递进、步步深入的逻辑结构，充分而又透彻地证明作者的中心论点。

（3）混合式结构

顾名思义也就是递进式结构和并列式结构的混合，有一些论文包含较多且复杂的层次关系，单一的结构形式不能满足其论述需要，这就需要采用并列式和递进式的结合体即混合式结构。这种混合式结构又可以分为两种情况：第一种是建立在并列的基础上，在每一个并列的面上，又展开递进（并列中的递进）；第二种是建立在递进的基础上，在每一个递进层次上，又展开并列（递进中的并列）。混合式结构比以上两种结构更加复杂，并且更加难以掌握。

（三）结论

结论也称结语，属于文章的正文部分，与正文在内容和形式上是一致的。结语是指写在文章最后，带有总结性质的一段话，其目的是精练表达以科学的理论分析和实验验证为基础，运用严密的逻辑推理从而获得具有科学性、可靠性、创造性的结果。其目的是将全文主旨用最凝练的话语概括出来，便于读者加深认识。它又以自身的逻辑性、确定性、客观性反映论文及研究成果的学术价值。结论和引言首尾呼应，不与摘要雷同但都可便于读者阅读及为二次文献作者提供依据。结论写作不能是简单重复自己的研究结果，而是要对研究结果有更深层次的认识，它是以正文的内容为出发点，同时涉及部分引言内容，通过判断、推理、归纳等步骤而获得的全新的观点。它应该包括以下方面。

第一，本研究结果论证了哪些问题，验证了哪些规律，又解决了哪些理论或实际问题。应准确、严谨地概括论文中的创新内容，不宜使用模棱两可、含糊其辞的语言而让读者产生似是而非的感觉，如"大概""或许""差不多是"等一类词。

第二，检验了哪些国内外前人相关问题的观点，验证结果是否与作者自己的研究结果一致，若不一致，那么作者又是如何修正、补充和发展的。

第三，该论文的不足之处或遗留问题。例如，本论文是否存在尚未解决或难以解决的问题，或者可以对本课题的研究提出一些建议。

结论顾名思义是一篇论文的总结和结尾，是以作者的研究结果为前提，通过严密的逻辑推理和论证所得出的最后结论。结语撰写要求具体如下。

（1）精准概括，措辞严谨。应准确、完整地概括论文创新内容部分，不要轻易遗漏有价值的结论，但也不能凭空杜撰。措辞要严谨，语句表述准确，不能含含糊糊、闪烁其词。肯定和否定要明确，不用"大概""差不多""或许"等诸如此类的词，以免让读者产生似是而非的感觉，而质疑论文的价值。

（2）科学精练，具体准确。结论段具有相对独立性，不能再重复文章中复杂细致的分析过程，只说结论即可。结语应提供具有科学性、明确性的定性和定量的信息。对要点的表述应具体，避免使用含糊和笼统的语言。另外可读性要强，例如，通常情况下不单用量符号，而宜用量名称。行文要简洁，不再作具体论述，对论文中各段的小结也不宜再作简单重复。

（3）要客观，不作自我评价。结语仍属于正文的组成部分，应与前文内容和形式保持一致性，应是对选题的客观论证，而不应该具有过多的主观性，破坏文章的完整结构。论文自身及研究结果的真正价值是通过具体的"结论"来体现的，是否有价值其义自见，所以"作者研究水平远远领先他人""本研究结果绝无仅有""研究成果填补了国内外空白"等一类自我评价的语句不应出现在结论中。

此外，在实际进行框架的构建时，也可以通过查阅知名期刊以及优秀文献，去学习借鉴优秀期刊与文献的框架结构。在学习他们的基础上总结出适合自己论文的框架结构。同时，要明确论文框架表达的几个重要因素，例如一级、二级、三级标题等，另外，对于各个要素之间的逻辑关系要明晰，不可随意简单地罗列。在框架的罗列过程中，经常出现几个典型的问题，例如在各个标题的罗列上出现大标题与小标题的并列，大标题与小标题内容上的混淆，各级标题之间的逻辑关系不对称，可以说关系不对应、逻辑混乱是其框架结构出现的典型问题。框架建构的不合理，进而导致其论文理论部分没有体系，杂乱无章，各种观点不能清晰地体现，使得再好的理论在读者看来也是一盘散沙。论文框架的构建是理论是否能够清晰阐明的重要因素。

在框架构建的问题上，基础性的逻辑结构一定要严谨，例如弄清楚各个标题之间的平行、递进、包含等关系，各个要素缺一不可。另外，目录是文章框架的直观表现形式。"在很大程度上，论文有没有学术性，有没有创新性可以在学位论文的目录里反映出来。"① 目录部分要直观，各个部分的逻辑关系要严明。因此，不论是前期的论文写作还是后期的论文的修改复盘工作，都要注意文章目录的结构，根据目录框架去检验论文的观点在各个方面的表达是否清晰，是否完完整整地将自己的观点呈现给读者。只有这样，搭建起来的论文框架才具有合理性，才能将理论部分良好地呈现出来。

在理论框架的形成过程中，要根据一定的论述逻辑进行理论的论述。注意理论的逻辑在于理论的本身而非内容本身，要从理论自身的逻辑出发进行论述，可以学习编年史的逻辑规律，根据一定的时间、时期以及一定的流派分列进行理论论述，也可采用递进式以及并列式的框架进行论述，从而杜绝对理论简单粗暴的割裂，杜绝理论间的生搬硬凑，根据各理论间的关联性搭建论述的逻辑结构。框架的形成过程也是一个从感性不断过渡到理性的过程，在前进中不断进行改变的过程，不论是构建理论还是框架，都要采取辩证的态度进行对话与交流，只有这样，才能构建起良好的理论与框架。

四　搭建理论框架的注意事项

理论与框架的构建状况关系到最后论文的成功与否。学习构建良好的系统性的理论框架具有非常重要的意义。那么如何进行论文理论与框

① 蒋英州：《研究生学位论文质量提升方法探讨》，《西华师范大学学报》（哲学社会科学版）2021 年第 3 期。

架的构建呢？如何在实践的论文写作中构建出系统性的理论框架一直是一个重要的问题。其中一个基础的问题则是理论框架构建的方式方法问题。其实理论框架的构建主要有三种方式方法：首先，是依据时间顺序，系统性地将论文理论进行整理并且完善的纵向分析方法；其次，是根据国内外研究现状对论文基础性理论进行整理与归纳的横向分析方法；最后，是将研究对象进行延伸，层层分拨到研究的各个领域的构建方式。而对于大多数人来说，常用的理论框架构建方式是纵向以及横向分析的构建方式，但是对于理论综述的过程，则是大多采用从大到小的构建方式。

（一）理论框架的内容整合

对于理论框架的内容结构，首先应符合理论框架的普通逻辑结构，即针对研究内容，自主选择"起—承—转—合"，"总—分—总"，"总—平行递进式—合以及递进式"或者"演绎式"等结构，同时还要遵循所研究理论基础和理论创新本身的内在理论逻辑结构。

从理论内容上来说，首先应从所选理论基础出发，如果是一个理论问题，则应基于理论基础叙述、评析、理论创新提出、辩护的递进式结构，重点落脚于问题的解决。如果是一个现实问题，则应聚焦于某一方面，重点是对于现实细节的分析和解决方案的提出与辩护，绝对应避免教条式的"是什么""为什么""怎么办"等老套的结构。对于理论基础的叙述，也应避免叙述、评议、理论观点创新相割裂，应避免沉浸在某种理论的叙述中不能自拔，从而完全没有自己观点的做法。事实上，引号之外都应是自己的观点，自己的表达和思想，论文本身就应该实现观点创新，否则就没有存在意义与价值，而论文内容则应表现为一个写作者与引用的理论基础对话交流的过程。

（二）理论框架的搭建策略

那么搭建理论框架时需要注意哪些问题，以及搭建的策略又有哪些呢？

在做好大量文献搜集整理等前期准备工作之后，要对论文理论部分进行搭建。将选择出有价值的理论作为自己论文的基础理论，在学习优秀论文的论证思路的基础上，总结出适合自己的研究路径与方法。运用自己的思维方式对文章的理论部分进行展开探究分析。在论证过程中，要逻辑清晰，有理有据，并要时刻对比着他人理论与自己理论部分的异同，确定其合理性，并时刻检验使用的理论是否与主题相契合。

在理论框架搭建过程中，要注意使用一些策略方法。首先，在搭建论文框架之前，要反复确认自己的选题。通过查阅资料检验自己的选题是否合理，在查阅过程中，也可检验该选题方向可供参考的文献资料是否充分。选择前人研究过且文献资料充足的理论选题，便于找到他们的理论与自己理论的关联性，并进一步进行深化与研究，总的来说其理论搭建过程相对容易。而对于文献资料极少的选题来说，理论搭建过程相对困难，需要自己具有一定的理论功底，具有对该方向极高的兴趣，并且拥有极高的原创能力以及创新能力，只有这样才有底气涉足前人鲜有踏足的理论领域。因此，为了理论构建过程的顺利进行，要认真对待自己的选题工作。其次，在研究思路以及方法上，可以借鉴学习其他学者的研究思路及方法，采取适合自己理论研究的方法。运用一系列的研究方法，科学地论证自己的观点。在搭建理论的过程中，要明确论文的行文逻辑，按照一定的逻辑结构进行论述。最后，在写作的过程中，由于自己阅读的深入或者最新文献的更新，论文的理论框架并不是一成不变的，可以随着论文的写作，对其框架结构进行必要的改动，从而不断完善丰富自己的理论框架。有的理论框架变动很小，有的理论框架变动很大。只有在最初定下来的理论框架中不断进行完善，不断地打磨理论与框架，才能最终写出满意的作品。

对于不同的论文来说，其各个组成部分是不一样的。但是对于一般的论文来说，包括题目、目录、摘要、导论、主要内容、参考文献、注释、致谢这几个部分。而论文的正文部分一般包含引言、论文基础、研究过程以及研究结论等部分。引言部分又称之为绪言、绪论部分。引言部分一般由几句话构成，目的是过渡引出作者下面的观点，使行文流畅自然。也可以简单介绍其背景方面以及意义方面的知识等。理论基础部分则是根据查阅的文献资料，系统性地归纳理论，并提出自己创新性的理论观点，进一步深化并且完善理论。依据一定的逻辑结构进行理论的论述，最终论证结论并根据实际提出对策及方式方法。

（三）理论框架的问题与优化

在理论框架的整合过程中，也经常出现一些问题。首先，内容结构上的问题，论文各个部分的篇幅不对应，例如某个部分的理论内容很少，而另一个部分的理论内容又过于繁重，文章各部分比例严重不协调。又或者每一部分的原因及对策不对称，具体表现在用理论分析问题时提出的一些问题，但是在对策方面并没有给出配套的解决措施。有些论文的理论论述显得广泛而空洞，换言之，即他们提出的理论结构是任何论文都可以进行套用的一些路径，理论对策缺乏针对性，并不能够解决实际中出现的问题。其次，论文的行文逻辑混乱问题。论文的理论运用混乱，对于文献理论部分的整理归纳，只综不述，缺少自己的观点以及见解。行文间的逻辑杂乱，各个部分之间缺乏引文之类等明显的过渡，各级标题关联性不强，行文间整篇论文没有良好的逻辑体系，使文章理论观点不明确，晦涩难懂。最后，在一些论文中，也出现了一些基础性但是常见的写作规范问题。由于一些人写作经验的缺乏，自身的写作规范性差以及个人写作态度不严谨等原因，很多的论文形式不规范。一方面表现在标题、摘要、关键词、论文正文部分撰写时写作的不规范，另一方面也表现在引文、注释、参考文献等部分引入时的添加方式以及书写格式的不规范。语言表述的不规范也是一个典型的问题。论文中语句不通顺，逻辑不清，个别词语的表达前后说法不一致，甚至出现论文中存在许多的错别字问题，而这些语言表述的问题是基础性的问题也是十分严重的问题，一定要加以规范。

总的来说，论文理论与框架的构建是一项系统性的工作，不论是在论文写作初期、中期还是后期都要不断地加以修改和完善，只有不断完善修改论文，不断修正论文中的内容以及结构上的问题，才能最终打磨出优秀的作品。

第七章
论文写作规范

论文写作规范通常被作为对初学者研究能力进行评价的基础性标准，这一规范本身也日益成为学术交流保障和促进的重要手段。从具体研究实践来看，在今天的学术界，对于不同的期刊、出版社或者不同学校来说，除部分共同认可的基础性规范要求之外，也还存在各有差异的规范要求。下面从论文的摘要与关键词、正文、引文等方面展开写作规范的论述。

第一节　摘要与关键词撰写

一篇高质量、高水平的论文，是研究者科研能力、创新能力的集中体现，除了要有令人耳目一新的题目和精彩的正文之外，精练准确的摘要和关键词也是必不可少的。摘要是文章主题内容的陈述，关键词是文章中核心词汇，尽管摘要和关键词在整篇论文中所占比重不大，但对于一篇文章的水平呈现来说，同样也起到了极其重要的作用。

一　摘要与关键词的基本概述

（一）摘要的撰写标准

摘要就是用最简洁的话语来论述和概括论文内容的简单短文概括。

在《文摘编写规则》（国家标准：GB 6447—1986）中把摘要解释为"以提供文献内容梗概为目的，不加评论和补充解释，简明确切地陈述文献重要内容的短文"。国际标准化组织在 ISO 214—1976（E）中把"摘要"定义为"对文献内容的准确扼要而不加注释或评论的简略陈述，是以浓缩的形式概括研究工作的主要内容、方法，所取得的成果和最终的结论，是整个论文全貌的反映，它在一次文献中叫'摘要'，二次文献中叫'文摘'"①。由此我们可以得出这一结论，摘要的"摘"就是精练原文内容，用最精准的话语来概括原文，让读者明白大致内容；"要"就是指文章的要义，它的作用就在于"使读者在无须参阅原文的前提下，用最短的时间快速获得原文基本信息，决定是否必要花上较长时间去阅读原文"②。因此，对于每一篇论文来说，摘要有着至关重要的作用。其实当读者在评判一篇论文优劣时，除了会看论文题目之外，摘要部分也是他们关注的一个重点，同时也是他们判断论文质量高低的一个重要信息。

摘要的写作特征具体表现在以下几个方面：第一，概括性，高度概括包含原文的重要内容，摘要高度凝练，有的有可能起到一个论文的目录作用，目的就是对文章的全文有个记录理解。第二，独立性，摘要不应该只是论文内容的简单重复，而是展现整个文章的逻辑框架给读者，让读者对全文的脉络有一个清晰的认知。第三，简洁性，烦琐冗长的话语尽量不要出现在摘要部分，论证举例等内容应放到正文部分。摘要的中文部分 200—300 字最为合适，英文部分一般约为 1000 字符，但是对于特殊要求的论文，例如会议论文或学术论文可适当做一些调整，灵活变通。例如硕士毕业论文如果字数是四万多字的话，摘要一般就写大概 1000 字符到 1500 字符就可以，博士毕业论文摘要部分的字数占全文字数的 3% 即可。第四，客观性，摘要是对论文理论的客观归纳与描述，不要有自我评价，即谈论自己的论文观点对学术界的影响或自己的论述具有全面性、多角度这样的描述。

---

① 蔡铁权、楼世州、谢小芸：《教育硕士专业学位论文写作指导》，浙江大学出版社 2005 年版，第 164 页。

② 樊霞：《学术论文摘要的撰写及常见错误辨析》，《郑州大学学报》（哲学社会科学版）1999 年第 3 期。

（二）撰写中英文摘要的注意事项

中文摘要与英文摘要是学术论文当中不可缺少的两个组成部分，英文摘要内容、特征与中文摘要基本相同，但它们在写作规范上有着不同的要求。

第一，中文摘要注意事项：

（1）摘要内容应着重论述论文的创新之处以及作者的独特见解；（2）摘要部分不能只重复已有的内容，应着重突出论文的重点；（3）在摘要中不要列图或表，用自己的话语去阐述，不要引用文献；（4）在摘要中不要使用非公知公认的缩略语、代号等，要用全称，并且在论文中第一次使用公知公认的术语时，必须注明全称或对此加以说明。

第二，英文摘要的注意事项。

为了便于与国外进行学术交流，增强论文写作的规范性，英文摘要基本已经普及，同时也成了学术期刊的普遍要求。英文摘要的位置一般放在中文摘要之后或置于参考文献之后，具体置放位置需要根据具体情况进行核实，但需要注意的是英文摘要的时态问题。除此之外，中文文献中英文摘要还需要注意以下几个问题：（1）英文摘要的写作必须符合英文语法表达方式，同时英文摘要中具体内容也应该与中文摘要的内容一一对应；（2）除了句首的数字之外，正文当中其他数字一般情况下都使用阿拉伯数字来表示；（3）在摘要中首次使用正文部分出现的外文词汇、陌生词汇以及缩略语时，需要对这些词汇进行解释说明，不能一概而过；（4）如果文章当中有专有名词，例如英文书名、电影、绘画、诗歌等，这些一般都用斜体字体来表示，而文章、报告、评论等一般选用双引号来标注；（5）尽量使用主动语态，但避免出现"我""我们"这一类的人称代词，这样的表述方式不仅可以使语义得到更加简练的表达，同时还能使文章大意更加清楚明了；（6）标点符号应遵循英文的表达习惯，避免出现符号使用不规范的现象；（7）在英文摘要当中尽量使用简单句句型，减少从句句型的使用，不要使用很复杂的句型，以减少出错的概率。

（三）关键词的选用标准

1. 关键词的含义

在《科学技术报告、学位论文和学术论文的编写格式》（国家标准：GB 7713—87）定义关键词"是为了文献标引工作从报告、论文中选取出来的用以表示全文主题内容信息款目的单词或术语"。"以《汉语主题词表》为标准，关键词分为叙词和自由词两部分。叙词也称为主题词，是经过规范化处理的表达信息内容的词和词组。"[①] 主题词是指被收录于《汉语主题词表》《世界汉语主题词表》等书目之中，并且可以用来表示文章主题含义的规范性词语或词组。自由词主要是指能够体现论文中的有关新技术、新学科的词，并且还没有被收录的新词语或术语等。

因此在选择关键词时，不能使用空泛的通用词汇，比如"理论""研究"等词，因为这些词都很空泛，体现不出文章的中心思想，当然也不是不能选用这些词。如果这些词前面加上特殊的限定语也是可以使用，否则不能随意使用。因此对关键词的规范要求，对文献检索交流与资源共享有很大的帮助。

2. 关键词选用的原则

第一，关键词作为论文核心词汇，它们在正文中的出现频率要远远高于其他普通词汇。因此关键词的选用要很谨慎，它们必须满足的条件就是要体现文章的中心思想，对于关键词的规范要求也是为了能够更好地突出作者的主要观点以及文章的中心思想，也提升了文章被引用的概率。

第二，多用实词，减少虚词的使用，避免生僻字的使用，以此来减少不必要的麻烦。使用之前的例子来分析，"理论""研究"这两个词初看并没有任何的不妥之处，但是对于突出文章中心思想并没有很大的作用，反而会让读者在检索关键词时出现准确率不高的问题，除了上述这些情况之外，减少生僻字的使用也是为了方便读者查找并阅读。

第三，词与词之间要有连贯性和逻辑性，两个相似的词语不要同时使用。关键词的排序也是有很大的讲究，它的排列顺序要给人一种层层

---

① 　陈军、谢卫红、陈扬森等：《国内外大数据可视化学术论文比较研究——基于文献计量与 SNA 方法》，《科技管理研究》2017 年第 8 期。

递进的感觉，即反映文章的研究目的、内容、方法、过程的词在前，体现文章研究意义的、结论的词在后。

第四，关键词的选用数量既不能过多，也不能过少，要遵循适量的原则。当然关键词的数量同样也可以根据文章的具体内容进行调整，数量最好是3—7个。

二　论文摘要、关键词撰写时出现的问题分析

摘要和关键词如同题目一样是一篇论文的点睛之处，因此为了使文章更加出彩就要写好这两部分的内容。然而对一些作者来说，目前的学术论文摘要的写作以及关键词的选取都存在着一些不规范的问题。下面就部分作者在写作过程中这两方面存在的一些问题加以分析。

（一）撰写摘要时出现的问题分析

1. 中文摘要常出现的问题分析

第一，"头重脚轻"式的论文摘要。摘要就是简单概括出文章研究的主要内容或结论。但有的在这一部分却过多地去论述研究目的、价值及他人对相关问题的看法与观点，自己的见解却很少。这样的表述会使得论文需要着重论述的地方没有论述清楚，反而一些非重要的论述占了摘要很大的篇幅，这就是摘要的"头重脚轻"问题。

第二，"王婆卖瓜"自卖自夸的推销。这种论文的作者就是反反复复去论述自己的研究意义，有的作者还直接夸耀自己的研究，生怕读者看轻自己的研究成果。实际上，这种做法不仅不会让读者认识到文章的重要性，反而会有适得其反的效果。

第三，评判式下结论。有的作者在写摘要时，误把自己当作评阅人，不停地对自己研究的内容进行评判，而没有阐明自己研究的问题、所用的方法以及最终的结论。这样一来，这种摘要就只是阐述了研究者"做了"或"研究了"什么，而没有说"做出了"和"研究出了"什么，虽然这两个表述用词类似，但它们所阐述的内容却完全不一样。

第四，目录式罗列。由于研究者分不清"做出了"什么和"做了"什么二者之间的区别，因此，就会把摘要写成目录的扩展。例如就会阐

述论文第一部分写了什么，第二部分写了什么，第三部分写了什么……从一定意义上讲，"目录"式的摘要虽然也全面地阐述了论文的主要内容，但事实上却是"评判"式摘要的另一种版本，犯了同样的错误。

2. 英文摘要常出现的问题分析

第一，语法错误。

首先最常见的错误就是单复数的问题。因为汉语不像英语，它没有单复数之分，所以一些习惯了汉语表达方式的作者，常常会忽略英文中的单复数问题。其次是名词修饰名词的问题，在汉语中，一个词语有多种词性，因此在汉译英的过程中，就需要作者深刻理解词语的具体内涵之后，再决定采用哪种形式最好。最后就是"等等"二字的用法，在英文中的"etc."就相当于"and so on"，所以在它的前面不需要再加"and"，不然就会出现重复的问题。

第二，语义错误。

不论哪个国家语言，都是在经历漫长的发展之后才有了如今这么多丰富的语义和含义。尤其是在学术论文摘要中将中文摘要翻译成英文摘要的过程中，为了达到准确无误的表达效果，往往需要作者联系上下文的具体内容之后，再选择合适的词。为了达到这样的目的，因此需要作者从词的本身语境出发，深刻考虑单词的深刻含义及用法，最后再以恰当的方式表述，不能单纯地只依靠翻译软件。

第三，句子结构错误。

由于各个国家的语言不同，自然在语言表达习惯上也会有所不同，在汉语中经常会用一系列简短的句子，按照一定的逻辑关系，层层递进，一环套一环，以此来表达一些比较复杂的句意。大部分作者常常会忽略英语句子的这一表述特征，常常把将句子原封不动地翻译过来，不注重句子与句子之间的关联性。

第四，标点符号的用法错误。

很多作者在摘要的写作中，经常会混淆中英文标点符号用法的区别，因为不懂它们的正确用法从而常常将标点符号乱用一气。中文与英文的标点符号是有很大差别的。举几个常见的例子，首先是书名，在英文当中它都是用斜体来表示的。其次在英文中，很多英文符号与中文符号所占的字符是不同的，例如英文当中的省略号是三个句点，而且位置垂直居下，而中文则是六个句点，且位置垂直居中。还有就是汉语的标点符号前后是不需要空格，但在英文中，除了破折号、范围号前后不需要加空格外，其他大多数标点符号后面都是需要加空格的。因为这些写作不规范问题的存在，一方面在一定程度上降低了读者的阅读兴趣；另一方面也降低了论文的写作质量，从而拉低了论文的整体水平。

（二）关键词常出现的问题分析

1. 不能准确把握关键词的作用

研究者在把握关键词的作用方面出现了偏差，因此所列出的几个关键词都不能准确地反映论文主题内容，当然也就谈不上有助于文献的标引了。

2. 将泛义词当作关键词

泛义词就是指一些比较笼统的词语，这些词语不能准确地反映论文的主题内容。因此，想要使关键词的搭配组合能准确地反映论文的主题内容，就应该选用能准确体现该论文主题内容的词。

3. 关键词的选取随意性太强

关键词是主题词作用的延伸。当我们查找所需文献时，可以同时输入多个关键词并采用相应的检索策略，这样就可以快速、精准、全面地查找到自己所需的文献。但是，如果关键词选取不当，就会影响论文检索的准确性与效率。

三　摘要与关键词的撰写的方法与技巧

（一）摘要的构成

摘要一般由研究对象、研究方法、研究目的、研究结论四个要素构成。

研究对象是论文研究调查所涉及的主题范围，是论文所研究的主要内容和需要解决的主要问题，确立了论文研究方向和目标定位。研究方法是论文在对研究对象进行研究的过程中运用的理论、手段、材料、工具、程序，是完成论文研究的必要手段。研究目的是论文研究的背景，也就是根据什么而做这项研究，论文研究有什么样的价值，论文研究有什么样的作用。研究结论是作者对论文研究结果的分析、评价和应用等，是对研究的总结，显示论文研究的创新性、可靠性、实用性，展示论文研究的价值，并且对今后的研究做进一步预测等。

（二）摘要的类型

（1）报道性摘要。报道性摘要相当于一篇论文的简介，一般适用于内容创新性高的论文，主要传达论文研究的新进展，全面概括论文研究的主要信息，展现论文的主题范围，反映论文的创造性发现和信息。报道性摘要的字数在 300 字到 500 字之间，一般不超过 1000 字。

（2）指示性摘要。指示性摘要主要应用于创新内容比较少的纯理论性论文，简单地展示论文的论题和论文所研究的轮廓。指示性摘要可以让读者对该论文研究内容有一个大概的了解，且一般不对研究结果进行论述。指示性摘要的字数在 100 字到 200 字之间。

（3）报道—指示性摘要。报道—指示性摘要是指采用报道性摘要形式来展示论文中包含的信息价值较高的内容，再用指示性摘要形式展示其他内容与一个主次之分，一般适用于科研论文。报道—指示性摘要的字数在 200 字到 300 字之间。

（三）摘要撰写的基本原则

（1）客观性原则。客观性原则是指摘要需要切合论文研究的原文，要对论文内容进行客观的论述，不对论文进行任何评价和解释。

（2）浓缩性原则。浓缩性原则是指摘要的语言要简单，用尽可能简短的文字论述全面的信息，内容高度浓缩，用词简单，可以用一个词语表达清楚的就不再使用两个词语，可以用一句话表达就不要使用两句。

（3）完整性原则。完整性原则是指摘要的篇幅虽然小，但是包含的内容要系统完整，相当于一篇完整的小论文。

（四）摘要撰写的注意事项

（1）摘要需提炼论文重要内容

摘要的字数有限，所以要在有限的字数中把论文的重要信息展示出来，在学科领域里的常识性内容要被排除，且不可简单照搬论文正文中的标题或者结论内容。

（2）引言中的内容不可与摘要内容重复

引言主要包括本项论文研究的研究背景，比如：以往的研究情况、目前的研究现状以及研究存在的一些问题等，然后引出本论文研究的依据。引文中的内容如果出现在摘要中，既无法表达清楚，又占用了摘要的有限篇幅。

（3）摘要不可对论文题目已有的信息进行重复

例如：一篇论文题目是"习近平关于国家治理现代化重要论述的时代价值"，摘要就不应该再写："为了……，对习近平关于国家治理现代化重要论述的时代价值进行了研究。"

（4）摘要不宜自我评价

摘要一般不对论文进行自我评价，不进行自我表扬，不做解释和补充。对论文的评价应该是学术界、读者进行的活动，作者进行自我评价是不恰当的。

（5）摘要的结构要严谨，语义表达追求简明清晰

摘要不分段，并且句型要简单，慎用长句型。摘要的内容也要按逻辑结构，先写什么，后写什么要明确，前后连贯，相互呼应。每句话想表达的意思要清晰，不能存在空泛、笼统、含混的一些词语句子，但是摘要的内容要完整，不能像电报的写法。

（6）摘要采用第三人称

例如："进行了……调查""报告了……现状""对……进行了研究"等形式，表明论文的主题，不使用"作者""本文""我们""本研究"等作为摘要主语。

（7）摘要一般不使用命令要求的句式

例如："应该……""要求……"，等等。摘要所表达的是作者所持有的观点，阐释的是学术上的问题，不应该要求别人。

（8）摘要不宜过度修饰

摘要一般不使用夸张的修饰句，不追求押韵好听，并且使用的名词术语要规范化，不建议采用不是公众熟知的名词术语以及方言、俗语。

没有合适汉文术语的新术语，可以采用原文或者翻译后加括号标注原文。

（9）摘要不加引文

摘要一般不加引文，除非该论文证实或者否定了其他人已经出版的论文著作。

（10）摘要描述要具体

缩略语、简略称呼、代号，除了相近专业同样清楚理解的以外，在第一次出现时必须进行说明。

（11）摘要字数要适宜

摘要字数一般以 300—500 字为宜，但对于有特殊要求的论文或者学位论文等，可根据实际需要，按要求撰写。

（12）摘要内容重点明确、准确

摘要内容要抓住论文的重点和关键，将论文内容和主旨准确表达，谨慎使用"推测""估计"等非确定性词语。

（13）摘要避免出现公式

摘要一般不使用数学公式和化学结构式，也不使用插图和表格，除非实在无法变通才使用。

（14）其他注意事项

论文写作应该注意的其他要求，比如规范使用语言文字和标点符号，采用法定计量单位，等等，摘要撰写也同样适用。

（五）摘要的撰写方法

论文的摘要应该如何撰写呢？怎么样才能写出一篇高水平的论文摘要，从而提高论文的质量呢？

第一，直奔主题、开门见山地论述摘要的内容。论文的摘要就是简单地叙述论文的研究内容，好的摘要不仅有助于作者找到研究的意义，还能够加强读者对这一研究问题的重视程度。但"头重脚轻"式的摘要，会使研究意义出现阐述过度的问题，比如把一些常识性的东西写到摘要中，这样的论述会让读者觉得论文既冗长又乏味。因此在摘要这里完全可以用开门见山、直奔主题的方式，直接阐述摘要内容即可，不需要绕圈子、套帽子。

第二，保持客观公正的态度论述摘要内容。论文是展示作者研究成果的一种方式，因此在撰写摘要时应该保持客观的态度，并且使用陈述性的语言来论述，把研究的内容准确地表达出来即可。至于论文的研究价值并不是作者自己的判断，而是读者的评判。因此为了防止出现这种"王婆卖瓜"式摘要的偏差，论文的摘要应以第三人称的口吻对论文的主要内容进行客观陈述。

第三，避免评判摘要内容。一般来说摘要部分大多是在整篇论文完成之后再进行概括的，这样做本来是有利于提高摘要的质量，但这种只叙述"做了"什么而不展示"做出了"什么的摘要，会让读者很难理解，因此要避免写成评判式的摘要。

第四，采用问题先导、答案表达的形式论述摘要内容。如果说研究是一个发现问题、分析问题并解决问题的过程，那么摘要就是一个围绕着这一问题，并将研究方法与研究结果展现给读者的过程。因此，在撰写摘要时应首先阐明研究的问题，以及这一问题运用的研究方法，最后阐明论文研究的结果。其中，阐述结论部分的阐述应该占用多一点儿的篇幅，因为一方面这样能够比较清楚地呈现给读者"研究出了什么"，另一方面也有效规避了"目录"式摘要的缺陷。

（六）关键词选取的具体注意事项

（1）关键词一般是从论文中最能体现论文主旨、最能代表作者观点或者是出现次数最多的词语中选取出来。关键词反映了论文的主题观点，既可以从论文题目中直接提取，也可以从正文中选取，但是不能另外创造生词，或者把论文中没有出现的词语选作关键词。

（2）关键词一般是学科领域里公用的专业术语或者词语，尽量选取词表中的规范词。一些新出现的术语，不宜简化而应该写出完整的词语。同义或者近义的词语不可并列选取为关键词。

（3）关键词一般选用名词、动词等，极少使用形容词，也不使用一些不是公知的简化词语或者俗称。外文简称同样也必须使用学术界所公知的。

（4）对于人名和地名等，只要它们具有实际意义和检索价值，都能选作关键词。比如马克思、恩格斯、毛泽东等，但是人名作为关键词时不可带有官职。人名不可随意进行称呼，比如老王、张三、小杨等。地名一般不作为关键词使用，特别是县级以下的地名，但是对于一些风景名胜的地名是可以作为关键词的。譬如《毛泽东革命观研究》论文的关键词："毛泽东；革命观；新民主主义革命；自我革命"[①]，这篇论文的关键词使用了人名"毛泽东"，明确传达了论文要研究的对象是毛泽东的革命观。

（5）关键词要多使用实词，少使用虚词，谨慎使用生僻词。对于一些普遍的通用词语，比如"研究""概论"等，如果不对它们进行特殊限定，一般不选取它们作为关键词。选取"研究""概论"作为关键词，初看好像也并没有什么问题，但是仔细分析下来，这一类的关键词对于展示论文主题没有什么帮助，同时还容易影响读者检索时的准确率，对于检索的意义不大，所以不宜选取。如果一些生僻词在学术界具有公用性、公知性，可以选取作为关键词，不宜选取不利于读者检索的词语。

（6）关键词与关键词之间也存在着逻辑组合关系，要具有连贯性、比较性或者递进性，用来表明论文的核心思想，突出作者的写作逻辑。对于一些具有相同或者相似的词语一般不同时选作关键词。而关键词的排序也要有一定的逻辑联系，要一层一层地体现论文的内容逻辑。对于一些表达同一个范畴或者是意义相连的关键词，一般采用上位词在前，下位词在后的形式；体现论文的研究对象、目的、范围等内容的关键词放在前面，反映论文的研究结论和意义的关键词放在后面。

（7）关键词要体现文章的核心思想。关键词的核心所在是突出功能、方便检索，选取时必须体现文章的主旨，清晰代表作者观点，不可选取与论文内容无关或者是关联性不强的词语，也不用为了吸引读者增强读者的好奇心而故意把一些常用的词语进行过度的修饰和变形，以免引起一些歧义。

（8）关键词选取的数量要合理。一般情况下，一篇论文可以选取3—8个词语作为论文的关键词。数量过多或者数量过少都会影响论文的主题

---

① 　徐金梅：《毛泽东革命观研究》，硕士学位论文，中国矿业大学，2020年。

表达，但是具体问题具体分析，对于不同刊物的不同要求，要根据实际情况适当地增减关键词。

（9）关键词独立一行，一般不带修饰词，而且关键词与关键词之间一般使用"；"或者"，"隔开，也有一些刊物要求用空格符隔开关键词，但是不能用"和""与"等连词连接关键词。

（10）中文关键词和英文关键词要一一对应，不可错落顺序，并且分别放于中文摘要和英文摘要的后面。

（七）关键词的选用方法

关键词是学术论文的重要组成部分，对于论文的录用、检索和利用有着十分重要的作用。一系列关键词的准确选用既可以确保索引的正确性，又有助于向读者们展现文章的研究。同时，也有利于增加论文被引用的机会。因此我们要重视关键词的选用方法。

首先，在关键词的主题分析上，核心主题因素应紧密结合文章的相关内容，并且这些核心主题因素组合还要能准确地表达主题内容。

其次，在关键词的选取上，应选择能够清楚表达主题概念的词或词组，同时这些关键词须是公认的规范性术语。

再次，关键词应尽量从《汉语主题词表》《科学技术名词术语》等词表中选用规范词，如果还没有被词表收录其他重要术语，同样也可以选用。

最后，关键词的中英文应该是一一对应的，而且它们的位置也应该是对应的。与此同时，当出现有作品名称作为关键词时，需要注意的是给它们加上书名号；如果有特定含义的词被选作关键词时应该加上双引号，例如"中国梦"等特定含义的词。

论文的摘要、关键词是论文的重要组成部分，很多时候仅从论文的摘要和关键词就能评判一个论文的质量。写好论文的摘要和关键词部分，也绝非一件易事，因此对于研究者来说还需要加强对这一问题的重视，提升论文摘要和关键词的撰写水平，以便于充分发挥摘要与关键词的作用，提升论文的整体水平。

第二节　论文正文撰写规范

正文是一篇论文的主体部分，也是通篇的核心部分。一方面正文作为选题的论证过程和依据，需要阐明论文的主要观点及原理；另一方面正文作为作者学术水平和文章创新性的重要载体，充分体现了作者理论知识的掌握以及论文成果的实际水准。

一　论文正文形式规范的基本要求

论文正文主要由引言、本论、结语这三部分组成，在撰写过程中不需要特地标明"引言""本论""结语"，但是一般需要有引言段和结语段。其中，"本论"是正文的主体部分，依据文章内容、结构不同分成不同的论述层次，并加以小标题或数字序号，以使文章思路更加条理清晰。

（一）引言的撰写要求

论文的引言，又称为"前言"或"导语""绪论"等。它是正文前面的段落内容，作为论文的开场白，一般以简短的篇幅介绍论文的背景、相关领域的前人研究历史与现状，以及著者的意图与分析依据，包括论文的追求目标、研究范围和理论、技术方案的选取等，说明本研究与当前研究热点或现存问题的关系，阐明论题的研究意义，以引出正文的本论内容，帮助读者理解文章内容，吸引读者产生阅读兴趣。因此，在撰写引言之前，要尽可能多地翻阅相关资料，查找相应文献，在充分总结前人经验的基础上开创新的研究方向，使文章更具备科研价值。

1. 引言的写作规范

引言应该包含三个方面的内容，即研究的理由、背景和目的；理论依据、实验基础和研究方法；预期的结果及其地位、作用和意义。

（1）研究的理由、背景和目的

论文的撰写都必定基于对某一项课题的研究，而研究的意义就在于阐明为什么要继续做这项研究工作。这项工作的背后，离不开作者对前人经验的总结以及对大量参考文献的广泛阅读，因此科研论文的出现总会与当前社会需要密切相关，或是解决迫在眉睫的艰难问题，或是有望成为该学科中专业瓶颈的重大突破。

因此，在引言中应简要概括国内外研究观点和现状（已有成果）、目前研究热点和焦点问题（同行工作）、目前研究中存在的主要问题（问题归纳）等，使读者对本文的研究背景有大致的了解，从而意识到此项课题的研究意义和重要性、紧迫性。

（2）理论依据、实验基础和研究方法

除前人已有的研究工作外，作者还需在引言中介绍与自己研究方向相对应的理论依据或文献支撑。倘若在这一过程中存在实践基础及经验总结，应将其独特摘出，以为自己接下来的研究思路和论证过程奠定扎实的证明材料。

在介绍本文的研究思路和研究方法时，若沿用已知的学术术语，则以简要文字略微提及即可；若想引用新的学术概念，则应加以解释或冠以定义。同时需注意，论文的核心亮点是创新性，无论选题新旧大小，没有创新点就无疑失去了其发表的价值，因此在引言介绍中应格外提出作者的创新之处。

（3）预期的结果及其地位、作用和意义

最后，需对本文的预期研究成果做个总结，让读者可以清晰地了解这些研究成果能够在现实中解决什么样的问题，从而评判其是否具有实用性和首创性。

2. 引言的写作要求及注意事项

（1）开门见山，突出重点

引言部分篇幅不要过长，一般如果论文内容为8000—10000字，那么前言300—500字即可，太长使读者乏味，太短则交代不清。切忌过度赘述学界皆知或教科书明确标明的常识性内容，如确实需要提及其他学者的研究成果，只需要以参考引文的形式标出即可。

（2）避免与摘要重复，不要使引言成为摘要的注释

摘要是对文章的理论或实验结果、结论以及其他一些有意义的观点给出清晰、明确、具体的简要叙述，与引言相呼应但不可雷同。因此作

者在撰写引言的过程中要注重新颖和特色，并删减掉例如"才疏学浅""恳请指正"之类的客套话，使引言简洁鲜明。

（3）尊重科学，实事求是

对论文价值的评判要客观合理，用词科学，既要杜绝例如"由于时间有限"或"经费有限"等对自身研究工作过于谦虚谨慎的词语，又要避免类似"填补学界空白"等过于抬高自身的词语。

（4）学会引用新文献

引言中对文献的引用应尽可能随着时代的更替、随着新文件内容的颁布而不断补充更新。此外，要避免出现多篇文献雷同的问题，应学会切合实际地去翻阅资料而非参考他人成果直接照搬，应学会分层概括归纳而非为了罗列而罗列。

（二）本论的撰写要求

本论是论文正文的主体部分，是展开论题、集中表述作者个人研究成果的部分，既包含对问题的分析又包括对观点的证明，最能够彰显出作者的研究成果和学术水平。

本论的核心内容是作者的论题及论据，一篇论文质量的高低主要取决于本论这一部分的写作水平，因此务必要在搜集大量文献材料的基础上下功夫写好这部分内容。

1. 本论的写作规范

本论部分由于篇幅大且复杂，一般分多个层次进行阐述，主要有三方面的撰写要求。

（1）论证充分，具有说服力

这是本论部分中最重要且最艰巨的任务。作者可以通过事实论证、比喻论证、正反对比论证等多种论证方法使文章形成一个逻辑严密的有机整体，从而来证明自己提出的论点是正确的。论证就是在现有论证依据的基础上，或证明自己观点的正确性，或证明敌对观点的错误性。因此，从论题性质来看，论证可分为立论和驳论两种。

①立论。即正面阐述自己的观点，其目的是证明该观点的正确性，从而最终确立论点。常采用的证明方法有事实论证法（以事实为依据，

举例论证）、引证法（引用马克思主义经典作家的言论或权威人士的理论等证明自身观点）、分析法（将事理划分若干层次，然后一一加以分析的论证方法）和推理论证法（从已知判断推出新判断的过程）。

②驳论。即通过驳斥敌对观点，证明其错误性从而验证自身观点正确性的一种论证方法。常用的驳论方法有直接反驳（运用论据或通过推理直接证明敌对观点错误）、反证法（先证明与敌对观点相矛盾的另一观点是正确的，从而反证其错误性）和归谬法（先假定敌对观点正确，以此为前提推出荒谬结论，从而证明其错误性）。

作者可以根据自身需要和文章诉求来选择适当的论证方法，但无论选择哪种方法都需要注意，论证方法是为论证观点服务的，其最终目的还是使文章主题鲜明、脉络清晰、逻辑严密，因此在论证过程中要严格遵循逻辑方法的规则要求。

（2）结构严谨，条理清晰

由于本论篇幅过大，如果不依据一定的层次来划分文章内容，那么就很容易出现逻辑混乱、前言不搭后语的现象。有效安排章节内容，不仅可以反映作者学术研究的推理过程，还可以生动地向读者展示通篇行文脉络。依据关联程度及层次关系，如前所述，可将本论的结构形式划分为并列式、递进式和混合式。

①并列式。又称为并列分论型或横式结构。它以论点为中心，将文章划分成多个分论点，齐头并进，分别从不同角度、不同侧面论证中心议题。

②递进式。又称为直线推论型或纵式结构。面对需要论证的问题，它采取层层展开、步步深入的方法，使思路由浅入深、由小及大，从而顺着逻辑线索厘清论点与论据的关系，使文章观点得到充分的论证。

③混合式。又称为并列递进式或纵横交叉式结构。由于有些文章结构复杂、内容多样，单一的论证形式难以具体阐明作者心之所想，因此需要将并列式与递进式结合起来，主要有以下三种情况。

一是将文章分成几大板块，板块之间属并列关系，但是每一板块内部的段落之间却是递进关系，即并列中的递进。

二是将文章分成几大板块，板块之间属递进关系，但是每一板块内部的段落之间却是并列关系，即递进中的并列。

三是文章不同板块以及各板块下的段落内容关系并不单一，既包含并列关系又包含递进关系。

因此，在撰写文本的过程中要合理安排章节内容，处理好论点与论据之间的关系，始终明确自身写作方向，借助小标题、序号等使文章形式完整，逻辑清晰。

（3）观点和材料相统一

作者在搜集文献材料的过程中，首先要明确观点的统筹范围，之后选取与其关联度高的材料加以佐证，材料要真实有效、准确精练，与文章主题思想一致。其次，材料之间也应相互照应、互为补充，切忌出现论证依据相矛盾的状况。最后处理好中心论点和分论点、中心论据和分论据之间的关系，有效安排同一内容层次中的观点与材料，形成观点引领材料、材料证明观点的有机论文结构。

2. **本论的写作要求及注意事项**

（1）**章节安排合理，论述过程清晰**

应始终牢记章节的设置目的皆在于论证文章中心论题，正是各章结论完整才得以顺理成章升华本文主题。同时，需合理分配各章内容，维持基本结构平衡，避免出现章节间字数相差过大的现象。总之，章内各节既具有相对独立性又密不可分地构成有机统一整体。

（2）**章节格式规范，论文层次条理清晰**

为使文章结构合理，条理清晰，本论部分需充分利用编号、标题等层层细化论文主体内容。

每一章节都应有自己的编号与标题，既可以用阿拉伯数字对其进行排序又可利用汉字对其进行区分和提示。

若使用阿拉伯数字进行编号，最为规范的方法是"数字＋下圆点"的形式，例如"5.7.3"表示的是第5章第7节第3小节。

若使用汉字进行编号，一般采用"第一章""第一节""一、"等形式来进行段落划分。

当然，现在也有很多论文和图书采用数字与汉字相结合的方法来对文章内容进行编号。比如第一层用"一、二、三……"表示；第二层用

"（一）、（二）、（三）……"表示；第三层用"1、2、3……"表示；第四层用"（1）、（2）、（3）……"表示；等等。只要章节之间格式统一，便于区分，那么用上述任意一种形式都是被认可的。

在正文实际撰写过程中，"章"的标题字号一般要大于"节"，且章节标题单独成行。若想使各级标题更加醒目，还可以通过修改字号、调整字体、选择性加粗等使文章行文脉络更加清晰。

此外还需注意一点，在对序号和标题进行区分时，一定要准确地把握文章内容大小层次间的各种内在联系，毕竟序号或标题只是文章结构的外在展示，它还必须与文章内在逻辑相吻合，倘若只是罗列序号或标题而没有实际的逻辑顺序，那么段落编号将毫无意义。

（三）结语的撰写要求

结论也称结语，属于文章的正文部分，与正文在内容和形式上是一致的。结语是指写在文章最后，带有总结性质的一段话，其目的是精练表达以科学的理论分析和实验验证为基础，运用严密的逻辑推理从而获得的具有科学性、可靠性、创造性的结果。其目的是将全文主旨用最凝练的话语概括出来，便于读者加深认识。它又以自身的逻辑性、确定性、客观性反映论文及研究成果的学术价值。结论和引言首尾呼应，不与摘要雷同但都可便于读者阅读及为二次文献作者提供依据。结论写作不能是简单重复自己的研究结果，而是要对研究结果有更深层次的认识，它是以正文的内容为出发点，同时涉及部分引言内容，通过判断、推理、归纳等步骤而获得的全新的观点。它应该包括：

第一，本研究结果论证了哪些问题，验证了哪些规律，又解决了哪些理论或实际问题。应准确、严谨地概括论文中的创新内容，不宜使用模棱两可、含糊其辞的语言而让读者产生似是而非的感觉，如"大概""或许""差不多是"等一类词。

第二，检验了哪些国内外前人相关问题的观点，验证结果是否与作者自己的研究结果一致，若不一致，那么作者又是如何修正、补充和发展的。

第三，该论文的不足之处或遗留问题。例如，本论文是否存在尚未解决或难以解决的问题，或者可以对本课题的研究提出一些建议。

结论顾名思义是一篇论文的总结和结尾，是以作者的研究结果为前提，通过严密的逻辑推理和论证所得出的最后结论。结语撰写要求具体如下。

第一，精准概括，措辞严谨。应准确、完整地概括论文创新内容部分，不要轻易遗漏有价值的结论，但也不能凭空杜撰。措辞要严谨，语句表述准确，不能含含糊糊、闪烁其词。肯定和否定要明确，不用"大概""差不多""或许"等诸如此类的词，以免让读者产生似是而非的感觉，而质疑论文的价值。

第二，科学精练，具体准确。结论段具有相对独立性，不能再重复文章中复杂细致的分析过程，只说结论即可。结语应提供具有科学性、明确性的定性和定量的信息。对要点的表述应具体，避免使用含糊和笼统的语言。另外可读性要强，例如，通常情况下不单用量符号，而宜用量名称。行文要简洁，不再作具体论述，对论文中各段的小结也不宜再作简单重复。

第三，要客观，不作自我评价。结语仍属于正文的组成部分，应与前文内容和形式保持一致性，反映对选题的客观论证，而不应该具有过多的主观性，破坏文章的完整结构。论文自身及研究结果的真正价值是通过具体的"结论"来体现的，是否有价值其义自见。

二　论文正文学术观点及内容表达的要求

论文是"语言交际的手段和结果"[①]。因而通过个人的学术理论成果便足以看出他的基础知识水平是否扎实，文献资料阅读是否全面。受限于书面表达形式，作者必须通过充分的材料论证，利用严密的逻辑思维才能向大家全面地阐释自己的学术观点，才能使大家心服口服。马克思主义理论学科作为一门庞大的学科，其内容涉及哲学、科学社会主义等多个分支方向，这不仅为广大学子和理论工作者提供了充分的思维发散空间，也为他们的理论研究提供了一个又一个挑战。丰富的学科体系对

---

① 聂仁发主编：《现代汉语语篇研究》，浙江大学出版社 2009 年版，第 101 页。

学术观点表达提出更高要求，我们既应坚定马克思主义立场、观点、方法，又应运用规范的话语体系、清晰的逻辑推理，完整准确地表达自身学术观点，不断加强同本领域及其他领域的学术交流。

（一）立场明确

马克思主义立场观点方法是"马克思主义科学思想体系的精髓所在"[①]。我们只有不断学习和掌握马克思主义基本立场观点方法，才能不断提高自己的政治思想觉悟和辨别是非能力。熟练地掌握和运用马克思主义基本立场观点方法来解决中国实际问题，不仅是中国共产党人留给我们的传家宝，更是我们广大学子和理论工作者开展学术研讨、巩固学习成果的重要保障。

"立场，是人们观察、认识和处理问题的立足点。"在论文的撰写过程中，作者需将自身的选题缘由、研究内容、研究方法以及研究成果等一并以文字的形式传达给读者朋友们，因此作者本人必须坚定对论题的选择，并以鲜明的立场阐明自己的具体研究过程。倘若作者自身都立场不坚定，那么一方面难以使读者深刻理解文章意义所在，另一方面则耗时耗力却毫无进展突破。

（二）用词规范

学术语言主要被用来阐述某一领域里的专业知识，"学术论文语言表达的最大特点应该是具有规范性"[②]，只有运用规范化的学术语言进行论文写作和思想表达，才能更好地达成学术研讨交流的目的。近年来，伴随着马克思主义理论学科的发展壮大，不少词句被赋予自身所特有的含义。针对某一个外文单词或句式，关于它的翻译方法和翻译内容都有了特殊的规定，甚至有专门文章对于外文的翻译及用词规范进行详细的讨论。倘若用词不当，不仅会影响科学思想的表达，扭曲自己原本的思维模式，更会影响读者的阅读感受，可能导致读者反复斟酌、百思不得其

① 习近平：《深入学习中国特色社会主义理论体系 努力掌握马克思主义立场观点方法》，《求是》2010 年第 7 期。
② 杜秀杰、赵大良：《学术论文语言表达范式分析》，《编辑学报》2018 年第 3 期。

解，无法实现传播学术信息的目的。因此，在撰写论文正文的过程中，一定要使用真实合理、符合规范的学术用语来描述问题，阐述依据。

（三）逻辑合理

撰写论文时非常重要的一个环节是论证，而论证必不可少的便是清晰的逻辑思维。学术性论文不同于文学作品，它不仅要求实效性还要求文章逻辑结构的合理性。作者为什么提出这个论题，论题的含义是什么，怎么借助中心依据加以论证以及最后会得出什么研究性成果等，这一系列都是在撰写学术性文章时必须提前思考好的问题，它们像一条条线索，只有按照先后顺序串联起来才能挖掘到最终的宝藏。因此，作者在充分掌握文献材料的基础上，应学会尽可能地运用逻辑严密的语言将观点表达出来，处理好中心论点与分论点、中心论据与分论据的关系，当通篇脉络变得严谨统一时，关于本文的学术观点便也可以很清晰地为读者所知晓了。

（四）意思准确

学术观点的表达不可模棱两可，一字一句的准确性都是为正文的高水准服务。这要求作者一方面拥有相对比较扎实的文字功底，能行云流水般表达自身观点，并使读者也明白文章目的；另一方面则需要用简短贴切的语言来阐述本文主旨，使读者读起来不费劲，从而更好地进行学术交流。

第三节　学科引文规范

学科学术研究的不断发展，引文规范是一个重要的推动方面。引文规范不仅是进行学术研究创作应该遵循的准则，也是推动学术研究健康持续发展的有力支撑。目前国家学术管理机构尚未对马克思主义理论学科的引文规范做出明确的制度要求，这给引文规范带来一定的困难。下面根据"高等学校哲学社会科学研究学术规范（试行）"提出的对于引文规范的要求，并参考《中国社会科学》对于引文的格式规范展开说明。

一 引文的基本构成

引文即"引自其他书籍、文章或文件等的语句，也叫引语"①。引文是对他人已发表的文章、出版书籍的借鉴，用引文来佐证、说明自己的观点和看法，以增强论文本身的学术性和理论性。

（一）引文的种类

引文的种类主要从方式、内容、行文格式等三个方面进行区分。

（1）方式上分为直接引用、间接引用、自我引用

直接引用，即对他人文章的原文或者著作中的某句话进行引用，在引用时不应对原文做出改动，应与原文保持完全一致。直接引用多是为了增强文章的学术性，使文章更具说服力。

间接引用，是"吸收了别人的成果，但用自己的语句表达，这类引文是对原文的改写"②。没有直接引用那般直接明了，使文章语言表达更符合文章的语言逻辑。

自我引用，即在文章中引用自己已发表的文章或出版的著作来进一步佐证自己的观点或立场。

（2）内容上分为词语引用、语句引用和段落引用

词语引用，是对某一词语或者专有名词进行引用，这种词语的引用需在文中发挥重要的作用，且在引用时要加引号标注，不需标注出处。

语句引用，是对某一文章或者著作中的某一句话进行引用，是形成连贯的语句。值得注意的是，引用时需标注句子出处。句子的引用使文章的观点更加清晰，使文章论点立得住。

段落引用，是对某一文章或者著作中的某一段文字进行引用，由多个句子组合而成。在引用时与引用句一样需标注段落出处。

（3）引文格式上分为文中引、独段引

文中引，就是将引用的文字和自己所原创的文字写在一个段落中，

---

① 中国社会科学院语言研究所词典编辑室编：《现代汉语词典》（第7版），商务印书馆2016年版，第1565页。

② 张亮：《马克思主义理论学科学术规范与方法论研究》，南京大学出版社2016年版，第82页。

直接用引号引用或者吸收其原意对文章进行表述。这是在一般论文写作中最为常见的一种引文格式，但应注意引文与原创语句间的逻辑以及是否连贯。

独段引，是引用了一大段文字，使其在论文中形成单独的一个段落。有的单纯为了强调某些观点，使这段话在读者阅读时变得更加突出，而使用该格式进行引用。

（二）引文作用

第一，引文能够从侧面反映论文的质量和作者的学术水平。引文对于学术水平具有一定的评估作用，既可以反映引用者的学术水平，又可以反映被引论文作者的学术水平。从引文的特征上来讲，它具有主观性和客观性。引文具有主观性是指它是作者对自身学术文献价值的主观判断，作者对引文文献的选择体现了自身的学术背景、学术立场以及学术品位。作者对于引文概括总结的程度、对文献梳理的清晰度体现着作者的学术功底和学术水平。从引文客观性来讲，文章被引用率反映了学界对其研究成果的认可程度，能够显现其在学术圈的地位和价值。被引用率越高，该文章学术价值就越大，学术地位就越高。

第二，引文能够推动学术研究不断发展。学术的发展是一个持续的过程，是建立在已有的研究成果的基础上不断传承与创新发展的过程。通过引文进行文献梳理，可以厘清当前学科发展的研究脉络，把握学科内的前沿学术问题，掌握当前学界对于学术问题的各种观点。通过对前人工作的总结归纳，找出当前研究的空白处，从而确定自己研究的着力点和创新点。建立在文献梳理基础上的对前任研究的总结反思，推动我们对已有学术成果进行深入研究，对当前研究空白点进行补充性研究，推动学术发展。引文为学术创新提供了一定的前提和条件，尽管引文规范具有一定约束性，但并没有禁锢学术探索的自由空间。同时引文还能够方便后来研究者的文献检索，便于读者进行进一步的查询、借鉴和研究，实现与读者的资源共享。

第三，引文成为学术道德评价的重要指标。学术道德是学术界必须遵循的伦理层面的准则，引文的规范程度能够衡量作者的学术道德水准。

引文是对知识产权的尊重和保护，是对学术研究成果的名誉归属。逢引必注，不论是直引还是意引都必须做出标注，要坚决杜绝"引而不注"。"引而不注"的内容过多，实质上就是抄袭，是一种学术不端的行为，是对他人劳动成果的漠视和不尊重，也是作者自身不诚实的体现。只有如实对引文进行标注，才能杜绝学术剽窃等不端行为，减少信手拈来式的复制粘贴的学术垃圾的出现。学术诚实不仅仅关系到学者的声誉，也关系学术本身的尊严。遵循引文规范，是一种学术道德自律的表现，能够避免学术不端行为的出现，营造良好的学术生态环境。引文的规范性不仅是学术诚实，也是学术责任的体现。作为一名学者，应当具有学术道德责任感，通过自身对于引文规范的身体力行，提升自身学术道德水平。

二　引文的基本原则

论文写作中，需要注意引文的基本原则，在引用时尽量使用第一手资料，尊重文章的原意，切莫断章取义，谨慎引用电子资源，做到适度、得当地引用文献，做到格式规范，不得出现伪引、漏引等现象。

（一）尽量引用第一手资料

在论文引用时，需要注意对文章第一手资料和原始文献的使用，避免出现引用某一文章中已引用的观点，却标注第二手资料的出处，这容易造成对第一手资料的曲解。应在引用时注意文章是否为第一手资料，如果是第二手资料，应立即查找第一手资料的原文出处，在引用标注时也应将第一手资料的原文做直接引用或者间接引用。在文中引用时，需要保持原文的意思，不可为了论证自己的观点而曲解文章本身的意思。

（二）引用需尊重文献的原意

引文本身便发挥着对原创论文的观点、看法进行辅佐论证的作用，但却不能为了引用而引用，也就是说，在引用他人文章或者著作时，应尊重文章或者著作原本的观点和看法，而不是为了多去引用一些文献使原创论文变得更加科学性。曲解他人文献的立场和观点，会适得其反。因此，在引用文献时要尊重原意，不要断章取义。

（三）引用需适度、得当

论文写作时，引用他人文章或著作中的观点，本是为了更好地证明自己的立场，经由他人的观点将自己的立场描述得更加准确，用引用表明自身观点是具有科学依据的，而非是自己凭空捏造的结论。但在原创论文中出现大段引用他人语句的现象，便是对他人文章或者著作的堆砌，并没有深刻理解论文引文应真正发挥的作用。

（四）引用已发表或出版的文献

引用的文献需经发表或出版，不应引用那些未曾出版或发表的文献。发表或出版过的文献经过了严格的审查，对于某一问题或现象的观点和看法也具有一定的说服力。在引用时，引用这些已经发表或出版的文献则会进一步加强文章的权威性，若引用那些未曾发表的文章，不仅原文无法供人欣赏，而且不足以让人信服。

（五）引用恰当使用文章或著作的版本

许多文章或著作会有很多不同的版本。在引用时，应该注意引用哪种版本最佳。不同版本虽然题名相同，但许多内容上或者结构上会有所修改，甚至一些外国著作的译文，不同的版本会有所不同。何时该引用最新版或修订版，何时该引用初始版本，应根据不同的情况做出不同的选择，这便对论文写作者提出了更高的学术要求。

（六）引用电子资源需慎重

信息时代的今天，电子资源逐渐丰富，人们习惯于运用互联网查询所需资料和信息，在论文写作过程中，同样的情况也难以避免。应运用知网等论文网络数据库来查询具有权威的文献电子版，若从一些其他不知名的网站收集一些资料来作为引文，而这些资料并非具备权威性和说服力，则会降低原创论文的科学性。因此，在选择电子资源时应慎重。

（七）引文格式要规范

在引用文献时，要严格按照引文要求的格式进行引用。在行文中对引用语句或者段落进行标注和脚注，标注文献的相关信息，尽量做到完整和准确，包括作者、题名、出版年份、出版社、页码等信息。仔细理解引文的格式要求，尽力做到合理、规范。

（八）不得出现伪引、漏引等现象

论文中引用的文献应在行文中有所标注，不能出现行文中并没有引用某些文献，但注释或参考文献中却出现了这一文献，或者不能在行文中引用了他人的语句或者段落，却不在文中标注。"引文应是作者阅读过且对自己研究的观点、材料、证据、统计数字等有启发和帮助的文献，不能伪引"①，也不能漏引。伪引是对学术研究的不负责任，漏引则是容易造成学术不端正。应尽力避免出现这种现象，严格按照应有的要求进行引用。

三　注释与参考文献的关系

引文可与参考文献等同，而注释与参考文献间的关系也并非平常所认为的简单的等同，将三者仔细区分，对于论文的进一步标准化、规范化起着重要的作用。

在论文中，"参考文献的内容，一般列为作者直接阅读过、在正文中被引用、正式发表的文献资料"②，借文献中的观点和看法来对原创论文的立场进行论证，使原创论文的观点更具说服力。而且参考文献一般都有统一写法，我国也发布了相关的具体标准，在论文写作时，应严格按照具体的标准。参考文献一般放在论文最后，统一按照相关标准一一排列。注释是论文作者对文章中某一句话或一段内容进行解释和说明，它与参考文献有所不同，有的注释并非对参考文献的解释，则一般不列于参考文献之内，要将其列于相应内容的页下来标注。

注释则是对参考文献中需要做出进一步说明的句子或者段落进行解释，但也包含对非参考文献的句子或者段落的解释和说明。注释中对参

---

① 叶继元：《学术规范通论》，华东师范大学出版社 2005 年版，第 174 页。
② 于志刚：《学位论文基本结构与写作规范》，国家行政学院出版社 2006 年版，第 36—37 页。

考文献的解释和参考文献中所列文献是基本一致的，这也容易导致在日常写作中忽略注释和参考文献的不同之处。在行文中，注释通常要在引用的句子或者段落后加标注和脚下注，将其具体的内容置于页面的最下端，而参考文献则需要统一列于行文的最后，将其按照一定的顺序排列起来；在格式上，注释在对相关的参考文献进行页下标注时需要标注参考文献的相关页码，而参考文献则并非所有都需要标注页码。在写作过程中，不应将注释和参考文献混为一体，应有所区别。

四　参考文献著录要求

在引用参考文献时应严格按照 GB/T 7714—2015《文后参考文献著录规则》① 发布的相关标准，该标准采用 ISO 690《文献工作文后参考文献内容、形式与结构》和 ISO 690 - 2《信息与文献参考文献第 2 部分：电子文献部分》两项国际标准。该规则对文后的参考文献的著录项目、著录顺序、符号的使用等都做出了相关的说明。参考文献的书写规范，有利于学术规范的进一步养成。但须知参考文献的写法跟正文的写法是不同的，在书写的过程中需要注意许多细节，才能够使论文更具规范和学术性。相关注意事项如下。

（1）主要责任者与题名、出版物等都需要用英文句号隔开，而不是用逗号或者冒号。例如，陈先达．马克思主义和中国传统文化［N］．光明日报，2015 - 7 - 3（1）（其意为作者陈先达写的一篇题名为"马克思主义和中国传统文化"的文章，被刊登在了报纸《光明日报》2015 年 7 月 3 日第 1 版上）。

（2）文章题名、书名等都不需要加书名号，即不需要加"《》"。

（3）年、卷、期、页等汉字则不需要特别标注，直接用一定的顺序和符号来表示。

（4）外文文献中，要将外文人名的姓氏放在名前面，注意不要加逗号，只需空一格即可，名字可用首字母缩写，后面不加"·"。当文献中只出现了作者的中文译名时，只需写著录名。

---

① GB/T 7714—2015 标准，参见《文后参考文献著录规则》，中国标准出版社 2015 年版。

（5）著录来源是被著录的文献原文，可按照名页、版权页、封面、书脊的信息著录。在写作过程中，一般情况下要按照原文来写（已译成中文的除外），表示版次、卷、期号、册次、页数、年代等统一使用阿拉伯数字来表示。

（6）行文中的所引用的文献要按照前后顺序编排，写序号时，需使用方括号，即"［］"。参考文献表中的序号则不加括号，后面也不需要使用实心小圆点，空一格。也可以按照"著作者/出版年"的方式来标注和排列。

（7）主要著录项目，例如作者、题名、出处等必须著录，不能省略，但一些选择项目如文献类型标识，其他责任者、文献数量、丛编项、附注项、文献标准编号都可省略。

（8）引用的文献有三个或者三个以下的负有同等责任的责任者，要按照真实的情况著录；如果超过三个责任者，则需在第三个责任者后面加一个"等"字。例如，"马克思、恩格斯"。若遇到没有责任者时，可以写"佚名"或者也可省略。

（9）上一部文献与下一部文献源自同一部文献时，需将其逐一标注，不可省略，且不可出现"同上""同出处""ibid"等。

（10）如果有多个题名，则应选取最主要的两个题名来著录。在有需要时，副标题也要标出。副标题与题名同属于一个整体，它们发挥着不同的作用，副标题对题名进一步解释和说明，它们不应被割裂开来。因此，需要重视将题名写完整。

（11）一些著作会有多个版本，其中只有第一版不需要著录，其他版本则需要写明。

（12）出版地为不在一个地方或不为人们所熟悉的城市名时，可在所在城市名后加省名、州名、国名等，将其写在圆括号中。当有多个出版地或者出版者时，则只需著录一个主要的出版地或者出版者；若无出版地或者出版者时，则需要写明"［出版地不详]""［s. l]"或"［出版者不详]""［s. n.］"或其他词，并将其置于方括号之中。当出版年份无法得到确定时，则需按照一定顺序选择版权年、印刷年、可推测出的年代。例如，"c2001""2015 印刷"。

（13）附注项是对著录正文做出必要的补充和说明。凡是有必要说明的情况，例如比较难以获得文献的来源，重印本、复印本、影印本等与原作的关系，有关文献预先出版情况等均可在该处注明。

（14）外文期刊全名可以用缩写进行著录，不过要按照《文献工作——期刊刊名缩写的国际规则》的相关标准来缩写。一般采用截短法，就是省略词尾一串字母（至少两个）。通常一个词不能缩写成一个字母，但在"ISO/R83333"中这样的缩写规定的则可排除在外。不应将不同的英文单词缩写用在同一词汇上，应使用统一的词汇来表示该词汇。而在写外文文献的副刊名时，则可以选择省略不写。当一部外文期刊的刊名只有一个英文单词时，则不需要缩写。①

在平常的论文写作过程中，写作者需要注意诸如上面的几条注意事项，写作中要做到规范，提高自身对学术的要求，严格按照标准来著录。

五　参考文献的著录格式②

2006 年中国学术期刊（光盘版）编辑委员会对根据国家标准 GB/T 7714—2015《文后参考文献著录规则》指定并于 1999 年 1 月颁布的 CAJ－CD B/T 1－1998《中国学术期刊（光盘版）检索与评价数据规范（试行）》做出修改，并与 6 月发布了《中国学术期刊（光盘版）检索与评价数据规范（修订本）》。③

根据 GB3469－83 规定，文献类型以及标识代码对应如下：普通图书——M，会议论文——C，报纸文章——N，学位论文——D，报告——R，标准——S，专利——P，汇编——G，期刊——J，专著、论文集中的析出文献——A，参考工具——K，数据库——DB，计算机程序——CP，电子公告——EB，磁带——MT，磁盘——DK，光盘——CD，联机网络——OL。

---

① 叶继元：《学术规范通论》，华东师范大学出版社 2005 年版，第 178—179 页。

② 不同学术机构、出版社、杂志社对论文、著作等参考文献著录格式要求会有所不同，下列格式仅供参考。

③ CAJ－CD B/T 1－1998 标准，参见《中国学术期刊（光盘版）检索与评价数据规范》（修订本），中华人民共和国新闻出版署 2006 年版。

该规范还对普通图书、学位论文、期刊文章、报纸文章、析出文献、专利、电子文献等参考文献的格式做出具体要求，下面将从这几个方面逐一举例。

（一）参考文献来自普通图书、学位论文的标注格式

［序号］主要责任者．文献题名：其他题名上（任选）［文献类型标识］．其他责任者（任选）．版本项（任选）．出版地：出版者，出版年：起止页码（当整体引用时不注）．

示例：［1］毛泽东．毛泽东选集（第2卷）［M］．北京：人民出版社，1991：1031－1032.

［2］习近平．习近平谈治国理政（第3卷）［M］．北京：外文出版社，2020.

［3］陈万柏，张耀灿．思想政治教育学原理［M］.3版．北京：高等教育出版社，2015.

［4］黑格尔．精神现象学［M］．先刚译．北京：人民出版社，2013.

［5］张康之．总体性与乌托邦——人本主义马克思主义的总体范畴［D］．北京：中国人民大学，1995.

［6］于丽．马克思主义人的全面发展及其当代价值［D］．长春：东北师范大学，2002.

［7］张国胜．论优秀传统文化在大学生思想政治教育中的运用［D］.武汉：华中师范大学，2014.

（二）参考文献来自期刊析出文献的标注格式

［序号］主要责任者．文献题名［J］.刊名（建议外文刊名后加ISSN号），年，卷（期）：起止页码．

示例：［1］刘书林．为什么社会主义初级阶段必须坚持共产主义指导［J］.思想教育研究，2017（9）：24－26.

［2］肖贵清．习近平新时代中国特色社会主义制度建设思想论析［J］.马克思主义理论学科研究，2018（2）：37－38.

［3］艾四林，王贵贤．民族性、时代性和人民性与马克思主义的发

展〔J〕. 清华大学学报（哲学社会科学版），2008（S1）：5－10.

〔4〕 Anonymous. Marxism in our time. Science & Society，2019（2）：pp. 150－154.

（三）参考文献来自报纸析出文献的标注格式

〔序号〕主要责任者. 文献题名〔N〕. 报纸名，出版日期（版次）.

示例：〔1〕余双好. 切实提升处理意识形态问题的能力〔N〕. 光明日报，2015－2－26（16）.

〔2〕吴潜涛. 深刻理解社会主义核心价值观的内涵和意义〔N〕. 人民日报，2013－5－22（7）.

〔3〕王树荫. 坚持中国特色社会主义理论自信〔N〕. 中国教育报，2012－12－30（5）.

（四）参考文献来自专利的标注格式

〔序号〕专利所有者. 专利题名：专利国别，专利号〔P〕. 出版日期.

示例：彭萍. 一种用于学习马克思主义哲学基本原理的教具. 中国专利：CN201120545543. 3，2012－7－25.

（五）参考文献来自电子文献的标注格式

"DK""MT"和"CD"等文献格式：〔序号〕主要责任者. 文献题名〔文献类型标识/载体类型标识〕（包括〔DB/MT〕和〔CP/DK〕等），出版年份，而"OL"文献格式：〔序号〕主要责任者. 文献题名〔文献类型标识/载体类型标识〕，发表日期或更新日期（用圆括号）以及引用日期（用方括号），电子文献的出处网址.

示例：〔1〕李景治. 构建人类命运共同体的世界社会主义意义〔EB/OL〕.（2019－10－1）〔2020－1－14〕. http://marx. cssn. cn/mkszy/mkszy_mk-szyjbyl/202001/t20200114_5076505. shtml.

〔2〕韩卉. 从党史的主题教育活动中汲取营养和智慧〔J/OL〕（2019－7－10）http://www. qstheory. cn/dukan/hqwg/2019－7－10/10/c_1124734896. htm.

〔3〕刘晓慧，李婧. 民主革命时期党对马克思主义中国化主题的认

识——以毛泽东三篇经典著作为分析视角［DB/OL］（2021 - 3 - 20）http://marx. ap. cqvip. com/Article/Detail/7104658651.

（六）其他

1. 同一文献再次引证时可以进行项目简化，省略出版信息，只标注责任者、题名、页码。

示例：［1］黑格尔：《历史哲学》，第64页。

［2］费希特：《行动的哲学》，第212页。

2. 间接引文通常以"参见"或"详见"等作为引领词，标注时应注出具体参考引证的起止页码或章节，其他同直接引文一样。

示例：［1］参见海德格尔：《存在与时间》，陈嘉映、王庆节译，北京：三联书店，1999年，第430页。

［2］参见孟捷：《历史唯物论与马克思主义经济学》，北京：社会科学文献出版社，2016年，第32页。

3. 当引用先秦诸子等常用经典古籍时可以使用夹注的标注方式，并对夹注使用不同于正文的字体。

示例：［1］"王何必曰利？亦有仁义而已矣"（《孟子·梁惠王上》）

［2］"国之大事，在祀与戎"（《左传·成公十三年》）

引文的规范使用，在论文写作的学术规范中一直起着不可忽视的作用。引文可以促进学术界的进一步发展，推动学者创作出更多高质量、学术化、规范化的论文，从而减少论文抄袭、剽窃等行为的出现，使学术界风清气正。只有推动提升引文使用的规范化，才会有更多认真负责的研究，才能不断提高整体学术水平。

第八章
学术评价与学术批评

学术评价与批评是指各学术主体根据一定的标准、采用一定的方法，对评价客体诸如学术机构或者个人的学术项目、学术过程、学术成果、学术媒体等展开价值判断。具体来说，马克思主义理论学科的学术评价与批评是指遵循一定的学术规范，对马克思主义理论学科领域的学术观点、学术成果进行科学性、价值性、可靠性、有效性的客观评定，分析马克思主义理论学科取得成果的价值与不足。

学术评价与学术批评在整个马克思主义理论学科研究中是不可或缺的一环。这一评价与批评是指根据马克思主义理论学科的学术规范，对已有的学术成果进行评价或者批评，这既是对学术贡献者的一种认可与定位，同时在学术评价与批评的过程中，又可以进行良性的、行之有效的学术争论，可以更好促进学术研究"百家争鸣""百花齐放"局面的出现。

第一节　学术评价与学术批评的原则

马克思主义理论研究学术评价与学术批评必须在政治、法律和道德的思想规范下进行。同时，在学界内部，每个研究者还必须遵循学术研究本身的一些原则，只有这样，才能保障学术评价与批评的良性有序、行之有效地进行。马克思主义理论研究学术评价与学术批评应遵循以下原则。

一　政治性原则

马克思主义理论学科学术批评与评价因为其学科属性，需要特别注重其政治性。马克思主义理论学科本身就具有较强的政治性，学科的产生背景、主要内容及其影响意义都和政治有着密切相关的联系。马克思主义理论学科学术评价和批评若脱离了政治性这一原则，那么这一评价与批评，就其内容而言违背了马克思主义理论本质属性，就其实际效用而言也无法与现实实际相结合，无法推动社会的发展进步。

学术评价与批评必须要坚持政治导向的原则，这进一步彰显马克思主义理论学科的精神内涵。"开放的、公正的、客观的、科学规范的学术评价和学术批评，将有力推动马克思主义理论学科的学术繁荣"①，在马克思主义理论学科学术评价与批评规范当中把握好政治与学术的关系，坚持马克思主义方法论和社会发展价值原则，才能不断促进马克思主义理论学科在学术批评和评价中持续健康发展。

（一）政治学术协同发展原则

"正确认识政治与学术的关系。马克思主义认为，政治是以经济为基础的上层建筑，是经济的集中表现。"② 马克思主义理论学术是以经济为基础的文化生态建筑，实质上是对经济基础和政治上层建筑的认识，政治是社会的客观存在。而马克思主义理论学科则是对客观存在的政治的反映，政治是马克思主义理论学科的认识对象，马克思主义理论学科则是政治的反映。

坚持科学化的马克思主义理论学科学术评价与批评规范，不仅仅要在理论上有标准的要求，更要看马克思主义理论学科的学术成果在社会实践中的效果，如果可以在实践中得到验证，并能够正确地指导实践活动，这样的马克思主义理论学科的研究成果才能称得上是积极的研究成果，这样的研究成果才真正地具有社会价值。讲政治是马克思主义理论学科的鲜明特征，马克思主义理论学科应当旗帜鲜明地讲政治，在马克

---

①　张亮：《加强马克思主义理论学科学术规范建设》，《教学与研究》2016 年第 7 期。
②　李慎明：《坚持政治标准与学术标准相统一》，《求是》2015 年第 14 期。

思主义理论学科学术评价和批评中，政治性原则是核心，学术性原则是根本。政治性的原则是马克思主义理论学科学术评价和批评较为重要的原则，这是由马克思主义理论学科本身的特殊性质和地位所决定的。值得肯定的是，我国绝大多数马克思主义理论学科的相关研究者，在学术研究过程中始终坚持了正确的政治导向。

（二）马克思主义方法论原则

恩格斯说过："马克思的整个世界观不是教义，而是方法。它提供的不是现成的教条，而是进一步研究的出发点和提供这种研究使用的方法。"① 马克思主义理论学科学术批评与评价，应当坚持马克思主义的方法论原则，在学术批评与评价中，运用辩证唯物主义和历史唯物主义的方法论，批评与评价马克思主义理论学科的研究成果。在批评与评价的过程中，应当立足于学科自身，积极借鉴相关学科，挖掘学科发展历史脉络，才能充分把握当代马克思主义理论学科发展的前沿问题，指向马克思主义理论学科未来的发展的步骤，才能有利于较好地构建马克思主义理论学科学术批评与评价的体系，掌握马克思主义理论学科学术批评与评价的学科话语体系，实现马克思主义理论学科的蓬勃发展。

坚持马克思主义方法论原则，主要包含以下方面：首先，在马克思主义理论学科学术批评与评价过程中，应当坚持唯物论和辩证法的统一。坚持一切从实际出发，实事求是地进行学术批评与评价。要求我们根据马克思主义理论学科的具体研究成果的特殊性及其运动规律，具体问题具体分析，灵活运用马克思主义理论进行评价与批判。其次，在马克思主义学科评价与批评中坚持整体与局部的统一。马克思主义理论学科的相关研究成果是一个系统的整体，整体由部分组成，整体的功能离不开部分，这就要求在马克思主义学术批评与评价过程中树立全局观念，在评价过程中从整体入手，同时要搞好局部，这样才能使马克思主义理论学科学术批评与评价的结论更加科学。

---

① 《马克思恩格斯文集》第十卷，人民出版社 2009 年版，第 691 页。

（三）社会发展价值原则

马克思主义理论学科学术评价与批评应当遵循社会发展需要原则，必须把促进和保障提高社会效益放在重要位置。习近平总书记强调："坚持以马克思主义为指导，最终要落实到怎么用上来。"① 马克思主义理论学科学术批评与评价的目的设定必须是推进马克思主义理论学科建设完善，发展马克思主义理论学科批评和评价制度，目的在于促进马克思主义理论现代化发展，使马克思主义理论学科为人民服务。

马克思主义理论学科研究最根本的、内在最持久的推动力，就是社会发展的需要。这一需要主要包含两个方面：一是社会的需要，二是马克思主义理论学科本身发展的需要。这两个方面是马克思主义理论学科批评与评价重要的出发点和落脚点。研究马克思主义理论学科不是为研究而研究，而是为了现实的需要，做到经世致用，这是马克思主义理论学科学术评价与批评的根本指向，体现了学术批评与评价的目的性。因此，马克思主义理论学科学术评价与批评是为了提高马克思主义理论的学术水平，也是为了提高国家的社会的物质文明和精神文明建设的需要，从而以更系统完善的理论成果帮助人们认识世界、改造世界，提高物质文化水平。

二　学术性原则

马克思主义理论学术评价和批评应当遵循学术性原则。马克思主义理论学术评价与批评的对象，即学科的相关研究成果本身的产出过程就是学术研究活动。同时，学科的学术评价与批评也是学术研究活动。学术性原则是学科研究的重要特点之一，在马克思主义理论学科学术评价与批评的过程中，应当在坚持政治性的前提下更好地发展学术性的原则。主要包括以下具体内容。

（一）学科价值原则

马克思主义理论学术评价与批评需要在政治性原则中坚守学科价值。

---

① 北京大学马克思主义学院：《马克思主义理论学科学术发展报告》，中国人民大学出版社2018年版，第441页。

在学科价值的基础上更好地探求马克思主义理论学术批评与评价的政治性。在学术批评与评价过程中需要考察评价客体是否具有严谨务实求真的学风，是否将目前学科自身发展与社会实践相联系。马克思主义理论是开放的、不断进步发展的学科体系，因此，马克思主义理论学科的相关研究成果，应当不断与时代潮流中的新思想、新方法相结合，使理论研究成果更加富有创新性、时效性与价值性。

对于在学科发展过程中出现的错误思想观点，作为马克思主义理论学科批评与评价的主体与客体，都应当及时地发现并纠正。推动马克思主义理论学科合理发展，需要学术批评与评价主客双方共同努力、携手共进。学科价值原则在本质上要凸显马克思主义理论学科的学术创新性，并对马克思主义理论及其具体实践进行学科化的论证。马克思主义理论学科的学术评价与批评应当是理性的、深层次的，具有学术研究价值的活动。因而进行马克思主义理论学科的学术批评与评价需要在马克思主义理论上，审视学术评价与批评的每一个步骤，从马克思主义理论学科研究成果的内容结构等各方面对研究成果进行衡量考察，既要善于从宏观上把握分析其在马克思主义理论学科体系中的应有之义，又要善于把握分析其在实践中的理论与现实价值。

综上，在学术评价与批评中坚持学科价值原则，在宏观上，应该契合马克思主义理论的精神要义；在微观上，应该具体把握学术批评与评价的具体环节，求真务实，实事求是，认认真真对马克思主义理论的研究成果进行批评与评价，从多个角度、多个方面在理论与现实意义上展开学术批评与评价。

（二）学科化原则

马克思主义理论学科学术评价与批评应坚持学科化原则。学科化是指马克思主义理论学科的相关研究内容须与马列主义以及毛泽东思想、邓小平理论、"三个代表"重要思想、科学发展观以及习近平新时代中国特色社会主义理论思想密切相关，从而能够将马克思主义理论学科推向科学化、成熟化、体系化。在马克思主义理论学科学术评价和批评的过程中，为进一步规范马克思主义理论学科，推动马克思主义理论学科的学科化发展，研究者应该遵循学科化的原则，针对相关的理论研究成果，看其是否符合马克思主义理论学科的学科内涵。

具体来说，理论学科化需要马克思主义理论学科的相关研究成果符合学术化研究的一般形式规范。首先，在内容上应当突出马克思主义的理论性，相关研究内容观点应当契合马克思主义的精神要义。其次，在形式上马克思主义理论学科的研究成果，应当进一步规范形式，符合马克思主义理论学科的一般行文规范。从而使内容明了清晰结构明朗，评价标准坚持马克思主义理论学科形式与内容的统一。在学术批评与评价中，如不坚持形式与内容学术化原则，那么往往会产生词不达意、乱象丛生的学术现象。

（三）学科共同发展原则

马克思主义理论学科学术规范要着眼于促进学科发展，侧重于观察衡量学科研究成果贡献学者的内在学术素养，着眼于促进马克思主义理论学科的改革发展。马克思主义理论学科学术批评与评价，应当坚持学科共同发展原则。因此，我们应该"从马克思主义理论学科体系的整体布局要求入手，强调各二级学科要改变各自为战进行研究的局面"[①]。在学科研究、学术批评与评价过程中我们应注意理论学科各分支学科之间的交叉关系，要围绕马克思主义理论学科的主干，推动马克思主义理论具体学科之间的交叉渗透连接，促进相互之间的互动共生融合，不断催生各具体学科之间的增长点，实现马克思主义理论学科在高度分化到高度综合的基础上进一步发展，形成富有生机的马克思主义理论学科体系。

在学术评价与批评过程中，我们应注重马克思主义理论学科的长远性规划发展，促进马克思主义理论各学科之间的科学布局与学科理论建设，只有这样才能促进马克思主义理论各分支学科协同合作共创国际国内的学科前沿成果，开辟马克思主义理论学科新领域，创造马克思主义理论学科新理论，着重搞好马克思主义理论学科的学术成果进步发展，确保马克思主义理论各分支学科共同的进步创新。

---

① 王员、敖琴：《全面推进马克思主义理论学科规范化建设——2015 年全国高校马克思主义理论学科博导论坛综述》，《思想理论教育导刊》2016 年第 1 期。

（四）学术自由原则

马克思主义理论学科的繁荣离不开学术自由的实现。进行马克思主义理论学科的学术评价与学术批评，需要坚定地在观念和实践层面上追求和恪守学术自由。马克思主义理论学科的学术批评与评价的自由原则：一方面，需要评价主体在探查研究探讨给予评价的全过程保持自由原则；另一方面，也需要马克思主义理论学科批评与评价的客体其自身发展需要拥有一定自由。这样方可调动多方面的自主性，鼓励调动马克思主义理论学科研究者的创造性，以从根本上保障马克思主义理论学科学术批评与评价的发展。如若在马克思主义理论学科的学术批评与评价中失去了自由，那么，马克思主义理论学科的学术批评与评价结论将千篇一律、死水一潭，将导致马克思主义理论学科整体研究的僵化，丧失生机。

三 整体性原则

整体性也是马克思主义理论学科学术评价与批评的基本特征之一，马克思主义理论学科学术评价与批评的活动行为不是简单、片面、孤立的。学术评价与批评是马克思主义理论学科整体中的一个部分，同时马克思主义理论学科的批评与评价又包含了诸多批评与评价体系的子系统。相关部分之间密切相关、互相依存，构成一个完整的学科学术评价与批评的统一整体。

从某种意义上来说，需要评价的学术成果往往应具有极为丰富的内在体系、结构与含义，所以在学术评价与批评的过程中，我们要对研究成果所涉及的各方面内容进行系统分析，不能一概而论、以点带面。具体需要做到以下几个方面。

（一）多元性原则

马克思主义理论研究学术批评与评价应当坚持多元性原则。主要内容包括以下两个方面：一方面，表现为参与马克思主义理论学科学术批评的评价主体的多元性。马克思主义理论学科的学术批评与评价，通常由马克思主义理论学科的相关研究学者来完成，主要是通过观察马克思主义理论学科的研究成果，对研究成果的具体内容进行审阅，并给予相关的学术批评与评价。现今的马克思主义理论学科的学术批评与评价中不仅有诸多研究专家的评价，更有大范围的相关研究者参与评价，同时马克思主义理论学科的研究成果所属的学者本身也会参与到学术批评与评价之中。

另一方面，表现为马克思主义理论学科批评与评价的角度的多元性，在进行马克思主义理论学科批评与评价时，不仅要对马克思主义理论学科的研究成果基本内容形式进行评价；还需要对马克思主义理论学科研究成果贡献者在成果产出过程中，所体现的基本科研能力要素进行评价；也要对马克思主义理论学科的理论成果，贡献学者的学术思想与理念进行评价。

（二）量化性原则

马克思主义理论学科的学术批评与评价，需要坚持量化性原则。在评价与批评过程中，要对马克思主义理论学科的学术研究成果逐步细化、具体化，并逐项地量化打分，以方便量化的学术批评与评价。同时，学术评价与批评程序也需要进一步标准化。为追求学术评价与批评的公平性，马克思主义理论学术评价与批评，也应坚持量化性原则，针对具体的理论成果制定出标准的批评与评价程序，并对马克思主义理论学科评价程序之中的各个环节、各个步骤，根据其各自重要程度，分别赋予相应的权重和分值。

在马克思主义理论学科学术批评与评价中，进行量化的目的之一就在于根据理论批评与评价的量化结果，对最终的研究成果予以实际客观的评价，从而达到激励马克思主义理论学科相关学者进行进一步纵深研究的目的。如果马克思主义理论学科的学术批评与评价缺失了量化性原则，学术批评与评价过程中会出现批评与评价专权，学科批评与评价效率低下，评价的主体与客体之间关系紧张，就有可能出现马克思主义理论学科的理论贡献学者的积极主动性消失殆尽等负面后果。

（三）问题导向的原则

马克思主义理论学科学术评价与批评应坚持问题导向原则。在学术批评与评价过程中，需要从实践中评价马克思主义理论学科的研究成果，而不是仅仅在条例书本之中对研究成果进行评价与批评。事实上，无论研究成果本身，还是对其进行学术评价，都应该致力于问题的解决，这一问题既包含现实实践问题，也包含理论问题。实践问题与理论问题的同时存在，构成了研究的两个方面，即在学术评价中，我们所要实现理论创新和实践运用两方面价值。

四 公正性原则

马克思主义理论学科学术评价与批评应当坚持公正原则。公正原则可以较好地起到促进学术评价与批评良性发展的作用，包含了规范、评价、引导马克思主义理论学科批评的利害取舍行为。马克思主义理论学科的学术评价与批评公正原则是公正道德的特殊类型，同时学术批评与评价的公正原则又具有普遍的涵盖性，因为马克思主义理论学科学术评价与批评结果可以直接作用于马克思主义理论学科发展。因此马克思主义理论学科的学术评价与批评公正性原则，在整个马克思主义理论学科中是具有普遍性的公正形态。

需要特别注意的是，马克思主义理论学术评价与批评的主体本身应当坚持正义性原则。不同评价主体之间差别较大，如何在不同的评价主体之间得出一个大家都普遍同意的观点，这就考验评价主体是否具有客观公正性。相关的学术评价人需要秉持客观的态度，不能因个人之研究方向喜好偏好而主观地对马克思主义理论学科的学术研究成果予以感性的负面评价，也不能因与评价本身无关的个人情感利益而给予马克思主义理论学科学术研究成果的贡献者过高或过低的评价结果。具体来说应做到以下几个方面。

（一）客观性原则

马克思主义理论学科学术批评与评价应当遵循客观性原则。客观性原则是马克思主义理论学科学术批评与评价的基本要求，因为进行学术批评与评价，目的在于对马克思主义理论学科的相关研究成果以及成果贡献的学者给予公正客观的价值判定。如果在马克思主义理论学科学术评定评价过程中缺乏客观性，那么学术批评与评价就完全失去了自身的意义，有可能会提供虚假的批评与评价结果信息，导致错误的马克思主义理论学科批评与评价结果，进一步影响马克思主义理论学科整体的进步与发展。

在学术批评与评价过程当中应当坚持以下三个方面：一是马克思主义理论学科学术批评与评价的评价标准客观化；二是马克思主义理论学科学术批评与评价的方法客观化；三是马克思主义理论学科学术批评与评价的态度客观化。在学术批评与评价过程中，评价与批评主体不带有主观性，才能客观地评价研究成果的水平以及相关研究学者的学术水平，并以此作为改进指导马克思主义理论学科研究成果的重要依据。这要求我们要以科学可靠的技术和方法为工具，取得真实可靠的马克思主义理论学科批评与评价客体的原始资料，在进行学术批评与评价过程中，以客观存在的事实为基础，实事求是，严肃公正地进行马克思主义理论学科学术评价与批评。

（二）方向性原则

方向性原则也是马克思主义理论学科评价与批评的基本原则。要求我们对马克思主义有关理论成果进行批评和评价时，必须把握马克思主义理论学科的大方向。马克思主义理论学科是面向所有公众，为所有公众服务，其学术评价与批评的出发点就应为了促进相关学者学术能力的主动发展，激发马克思主义理论学科学者的科研潜能，从而更好地为公众服务。方向性原则作为马克思主义理论学科批评与评价的一条原则，规定了马克思主义理论学科评价与批评的思想及其评价方式，整个马克思主义理论成果评价与批评都应当遵循这一正确的方向。

（三）公开性原则

马克思主义理论学科学术批评与评价，应当坚持公开原则。我们应当建立起标准化的马克思主义理论学科的横向结果的评价体系和纵向过程的评价体系与规范执行程序，让过程更加公开透明，结果更加客观公正。在马克思主义理论学科学术批评与评价过程中，一方面引入相关权威的批评与评价主体，使得评价与批评更加独立、更加专业，也更加具有公信力；另一方面规范批评与评价主体，使之承担批评与评价相应的责任与义务，促进马克思主义理论学科学术批评与规范的健康发展。

马克思主义理论学科学术评价与批评应强调以结果为导向，建立健全马克思主义理论学科学术批评与评价的问责机制，将过程公开透明。通过制度设置杜绝马克思主义理论学科批评与评价主体的短视行为，提高批评与评价的质量，实行批评与评价问责是必然的选择，这样才能确保让马克思主义理论学科的研究成果及研究学者获得公正的学术批评与评价。

（四）创新性原则

马克思主义理论学科学术批评与评价应当坚持创新性原则。创新性原则指探讨马克思主义理论学科领域中未知的东西，研究成果应能增加和改造人们对于马克思主义理论学科某一具体方面的原有认识。马克思主义理论学科研究必须具有一定的创新性，缺乏创新就失去了进行研究的必要性，也就失去了我们进行马克思主义理论评价与批评的价值。马克思主义理论学科，学术批评与评价的客体在创新性方面应当体现在每一个环节，具体贯穿于研究的全部过程。

马克思主义理论学科的创新，是指马克思主义理论学科的学者为了马克思主义理论的进一步发展，遵循马克思主义理论的基本规律，对马克思主义理论的整体或其中某些部分进行拓展深化，从而使马克思主义理论得以充实和发展。在学术评价与批评中，我们务必要坚持创新性原则，针对马克思主义理论学科的研究成果进行创新性评判，从而促进马克思主义理论的充实完善创新。具体需要做到以下两个方面。

一方面，马克思主义理论学科批评与评价坚持创新原则要遵循科学原理，马克思主义理论学科的创新，必须遵循科学原理，不得违背理论规律。相关的马克思主义理论学科研究成果应当对其进行马克思主义原理相容性检查，如果这一创新思想的初步内涵与已有的马克思主义科学理论不相容，那么就不可能获得最后的马克思主义理论学科的创新成果。因此，马克思主义理论学科的学术研究成果应当与现有马克思主义理论契合，这是进行马克思主义理论学科创新的根本条件。另一方面，马克思主义理论研究成果不能盲目地追求创新，在创新过程中要利用马克思主义原理获得创新设想，在进行马克思主义理论学科评价与批评中，可以从创新的已有理论支撑与创新成果整体性上进行分析比较。

第二节　学术评价与学术批评的要求

　　学术评价和批评活动，作为一种具有参与主体广泛性和多元化趋势的学术活动，无疑应该得到学术界，乃至社会的重视。只有对学术评价和批评活动进行规范化管理，使客观、公正、公开成为学术评价和批评活动的前提，才能促进其有序开展，发挥其批评指正的重要作用，进而促进学科的繁荣发展。其中，学术评价和批评者、媒体、被评价和批评者及其对象是开展此项活动的重要组成部分，此外，学术界也会影响学术评价和批评活动的开展。只有上述这几个方面满足一定的结构化要求，高质量的学术评价和批评才能得到实现。

一　对评价者的要求

　　"评价和批评主体是指评价和批评的实施者，包括对评价对象发表意见的个人、团体、社会及媒体等。"① 各个主体中最重要、起决定性作用的评价和批评应该是学术共同体的评价即同行评价。评价和批评主体在评价过程中，应该符合以下要求。

　　第一，坚持正确的学术评价和批评标准。评价标准是人们在评价和批评活动中应用于对象的价值尺度和界限，是评价活动的核心部分，是人们认识价值的反映，具有引导被评价者的作用，引导评价客体重视什么，忽视什么。在进行马克思主义理论学科的学术评价和批评时，对于评价和批评的主体而言，要坚持正确的学术评价和批评标准，应该从被评价者的形式、内容以及效用多个维度考核被评价者，由表及里，透过现象看本质，切不可只看表面简单评价。这样，才能引导评价和批评的客体坚持正确的创作原则进行创作。

---

　　① 叶继元：《人文社会科学评价体系探讨》，《南京大学学报》2010 年第 1 期。

第二，注重评价与批评主体的整体学术水平。对他人的学术思想、学术研究方法以及学术研究成果展开的学术评价和批评，本就是一种非常严肃和艰苦的学术研究工作，这要求学术评价和批评的主体，应该具有较高的学术水平、丰富渊博的知识以及扎实的研究基础，对国内外相关研究的进展情况有全面深入的了解。对学术团体的评价应该注重对研究人员群体的评价，重点考察学术带头人的创新能力和潜力、学术水平、理论深度、哲学思考、学术底蕴、实际贡献及其在研究群体中发挥的作用。注意学术定位、研究定位应该相对稳定，在进行评价与批评时，要注重创新，慎重评奖，准确用词。比较大的用词要慎用，比如说"世界一流""国际一流""填补空白"等词语，尽量不要用，除此之外，还要慎用影响因子评价期刊，不要用影响因子来评价学者、评价论文机构等，这样做出的学术评价和批评才能有的放矢、令人信服。

在开展马克思主义理论学科的学术评价与批评时，对主体而言，应该具备深厚的马克思主义理论相关的知识储备，对国内外马克思研究现状有整体的良好的把握，在深入了解被评价者的研究成果的基础上，立足国内外研究现状，从理论的发展走向以及内外影响等方面，进行评价和批评。只有这样，才能使得评价与批评一针见血，清楚明了。

第三，注重评价和批评过程。首先，掌握多样评价方法。为了确保评价和批评结果的准确性，评价和批评主体切不可只采用单一的评价方法，应该掌握灵活多样的评价和批评方法。当前的学术评价方法主要包括同行评议法、引文评议法、文摘评议法、加权求和评价法、混合评价法、系统分析评价分析法、模糊评价法、定性评价法、定量评价法等，其中，最常用的是定性评价法即领域专家对评价对象用文字、语言等进行相关描述的方法，还有定量评价法即在定性分析的基础上最终用数学语言进行描述的方法。在进行马克思主义理论学科评价时，评价和批评的主体应该根据其客体的学术成果的性质等因素，采用适合的、高效的评价方法，采用定性与定量相结合的方法，坚持定性以定量为依据，定量以定性为依据。这样，确保评价和批评结果更加准确。其次，实行严格的评审制度。当前的学术评审制度主要包括回避制、专家组定期轮换制、同行评议制、外单位或外国专家评议制、评议意见反馈制、评价申诉制结果公示制等，在进行学术评价和批评时，可以根据被评价和批评对象的情况，选择适合的评审制度。最后，注重评价突出成绩、典型事例和代表作。开展学术评价和批评时，注重评价机构和评价人员突出的成绩，不能以质量代替数量。

第四，树立正确的态度。首先，评价与批评主体应该充分尊重他人的学术研究成果。在进行评价与批评的过程中，无论对他人的学术成果持肯定还是否定的态度，都应该以促进学术发展为唯一目的，在尊重他人成果的基础上，提出自己的见解和意见。其次，坚持实事求是、以理服人。在开展学术评价和批评时，不宜太过激烈，不要用语言重伤他人，对于批评者来说，要坚持实事求是的原则，不要夸大或者贬低他人的研究成果，关键是要有充分的论据指出学术上的分歧所在，以理说服他人。最后，坚持有破有立，在对他人的研究成果进行批评之后，在准确理解评价和批评客体研究成果的基础上提出建设性建议，这样才能确保实现真正的学术批评。

例如，唐代大家重研习因明的吕才，"他能够学习和借鉴别人的优秀成果，并一分为二地对待学术争议问题，客观地评价别人的观点，对于正确的加以解说和发展，对于不妥之处，经过分析以后予以驳斥，与其他学者共勉，并虚心接受别人的批评和建议"[①]。吕才追求真理的客观精神和对待他人的科学态度，以及研习因明和处理学术争议的方法对今天的学术评价和批评具有重要的借鉴作用。

第五，坚持真理，敢于发声。作为学术评价和批评的主体，在评价过程中，要具备坚持真理、敢于发声的理论担当。这是确保学术评价与批评过程真实、促进学术界百家争鸣、推进学术某领域向深发展的关键所在。在进行马克思主义学科理论的学术评价与批评时，评价主体应该注重之前受苏联教科书影响，马克思主义理论解读时存在的误区以及认识到马克思主义理论是与时俱进、不断发展的理论，注意其时代性。坚持以发展的眼光看待问题，坚持学术面前人人平等，反对教条主义和本本主义，立足实践，从学术出发提观点和问题，要善于思考、敢说真话，

---

① 张晓翔：《汉传因明的传承与发展研究》，人民出版社 2017 年版，第 98 页。

通过学术评价和学术批评把自己的独立的学术观点呈现出来，促进学术界的繁荣发展。

第六，在开展学术评价与批评的同时坚持自我评价与自我批评。为了保持评价与批评结果的科学性、客观性与准确性，学术评价与批评主体要时刻坚持自我评价与自我批评，这也是促进学术评价与批评主体保持自身进步的重要措施。比如说在对他人的学术成果进行评价时应该善于换位思考，如果自己承担这个研究，会从哪些方面进行思考，采用什么样的研究方法，得出的研究结论会不会和被评价者一样，与他们相比，我的缺点是什么，我应该向他们学习借鉴什么样的品质，等等。只有这样通过与他人对比，进行自我评价与自我批评，取长补短，才能促进自身学术素养的发展，更好地进行学术评价与批评。

二　对被评价者和被评价对象的要求

批评和批评者、被评价和批评者的身份是相互转换的。一名合格的研究者，既是可以自由发表观点，与他人进行学术争鸣的评价和批评者，也是乐于他人对自己的学术研究成果进行批评的被批评者。在开展学术评价和批评时，被评价者需要注意以下要求。

（一）被评价和批评者要调整心态，保持正确的态度

当自己的学术研究成果被批评时，被批评者要及时调整好心态。要以正确的态度看待被批评，尽可能地关注被批评的有利方面。不要认为受到他人的批评都是坏事，并由此产生抵触情绪，认为批评者是在刁难自己。其实，当自己的学术研究成果与他人的观点产生了分歧，并引起了他人的学术评价和批评，"这从一个侧面表明了你的研究成果受到了学术界的重视，受到了同行的关注"[①]，证明了自己的学术研究成果的价值。只有认识到这一点，才能尽可能地避免出现因为自己的学术研究成果遭到其他人的批评而暴跳如雷，难以冷静地对待正常的学术争鸣。

---

① 叶继元：《同情之理解 敬意之交锋——学术批评规范刍议》，《甘肃社会科学》2014年第3期。

（二）被评价和批评者要从善如流，虚心学习

开展学术评价和批评，进行学术争鸣的目的是进行学术商榷，纠正学术错误，提高学术水平。因此，被评价和批评者要持虚心学习、从善如流和知错必改的姿态，认真对待和研究每一条学术评价和批评，尽可能地从学术争鸣中获取提高学术水平的动力。要根据学术研究规范的要求，认真阅读批评文章，虚心接受正确的批评，并且向批评者表示感谢。如有不同的看法，则可以坚持自己的观点，逐条进行解释或反驳。通过争鸣，各抒己见，共同商榷，相互砥砺，取长补短，形成良性互动。

（三）被评价对象一般应是具有一定影响力且存在争议性

在一定意义上来看，学术评价与批评应能促进学术领域某一方面的发展，或者说能够为学术界的发展做出一定的贡献，这就要求评价和批评对象应该具有创新性、独特性、科学性等特点。对于研究来说没有意义的课题，或者在学界已经研究得足够彻底、足够全面的课题，再进行研究，是没有任何学术价值的，对其进行学术评价和研究，也是没有价值的。同时被评价对象应存在一定争议。从学术评价和批评的目的看，不能引来学术争议、商榷和不值得引起学术争议、商榷的学术研究成果，往往也不应成为被评价和批评的对象，因为学术评价和批评在很大程度上是为了学术交流和发展，"只有学术研究成果存在一定的争议性，才能有助于建立稳定合理的学术交流体系"①，才能推动学术的交流和健康发展。

三 对学术评价媒介的要求

学术媒体主要包括学术期刊、报纸、网站以及相关学术机构等。学术媒体具有监督性强、传播力大、影响力高的特点，在营造良好学术评价和学术批评氛围过程中，肩负着不可替代的责任。因此，媒体在进行学术成果传播和学术评价与批评时应该符合以下要求。

---

① 叶继元：《人文社会科学评价体系探讨》，《南京大学学报》（哲学、人文科学、社会科学版）2010 年第 1 期。

　　第一，明确学术评价和批评的目的，把握学术批评的方向。进行学术评价与批评的目的是促进学术争鸣，促进学术繁荣。所以，学术媒体应该以改善学风建设为目标，正确发挥其舆论导向作用，树立正确的价值观，来调度学者们参与讨论的积极性与能动性，促进学术争鸣。学术媒体对马克思主义理论学科学术成果进行评价与批评时，应该坚持马克思主义理论标准，坚持马克思主义所倡导的实事求是，具体问题具体分析的原则，对待学术评价和批评的对象，应该坚持统一的评价标准，但也要根据每个对象的实际情况进行分析。评价和批评的目的应该促进马克思主义理论学科的学术争鸣与学术繁荣，让具有不同观点的马克思主义学者都能发表自己的见解。

　　第二，坚持平等的原则。"媒体作为社会公共信息平台，应该平等的对待各种针对某一主体的学术评价与批评，提供充分展示、交流与争鸣的机会，要着眼于提高学术研究水平，而不是为了批判而批判。"[①] 应该以学术标准为裁量的标尺，学术批评的主体是学者，评价的标准是学术规范，媒体只是开展评价标准的场所。对于期刊、报纸、图书、网络等媒体而言，在选取学术作品的过程中，应该坚持学术规范标准，不应该把作品出处、作者职称等作为唯一的标准，对于符合学术规范的作品，无论是批评性的还是反批评性的，都应该给予其发表的机会。

　　第三，开辟渠道，扩大阵地。学术媒体应该勇敢承担开展马克思主义理论学科评价与批评的责任。学术媒体是开展学术评价与批评的主要阵地和场所。虽然面对面式的、人与人之间的学术评价与批评不乏学术性，也会出现一些精彩的观点，但是这种方式具有影响力小、影响范围小的局限性。而学术评价与批评的媒体则是采用公开、透明的方式进行学术评价与批评，通过语言文字和视频等方式把学者之间评价与批评的观点生动形象地展现出来，通过这种方式，既把学者之间的不同观点呈现出来，还有利于大众了解学者之间学术争鸣的来龙去脉，对促进学术争鸣和学术繁荣具有重要意义。目前为止，国内一些期刊已经开办专门

---

　　① 叶继元：《同情之理解 敬意之交锋——学术批评规范刍议》，《甘肃社会科学》2014年第 3 期。

的学术评价和批评的栏目，为学术争鸣提高了思想园地。但是也有学术媒体会有所顾虑，担心学术批评会带来麻烦，所以拒绝涉及学术批评等内容，这在一定程度上打击了学者发声的积极性。其实对人文学科尤其是马克思主义理论学科，学术媒体开展学术评价与学术批评相关栏目，能够积极促进相关学科的发展，通过学术评价与批评，及时掌握最新的理论动态，发现相关的有思想的理论新人，不仅能够吸引相关读者的阅读兴趣，而且能够促进相关领域学者对该刊物的投稿，促进刊物自身的活跃度和知名度。因此，马克思主义理论学科的相关学术媒体应该积极主动地承担起开展学术批评和评价的职责，开拓学术评价与批评的渠道，扩大学术批评与批评的阵地，促进学术繁荣与学术争鸣。

第四，充分发挥媒体舆论监督的作用，舆论监督是媒介的重要的作用之一，作为学术评价和批评的媒介，发挥好舆论监督的功能尤其重要。这就要求学术媒体要坚守底线，不被利益所诱惑，以事实为前提和保证，用事实说话，应该力戒那些对证据不加核实，或者抓住一点就不及其余，甚至捕风捉影的不负责任的说法。

综上，在进行学术评价与批评时，评价媒体、客体、媒介应该切实遵循自己应该遵循的要求，从而促进学术评价和批评更好地开展，促进学术规范，促进学术争鸣以及学术界繁荣发展。

主要参考文献

一　马克思主义经典文献

《马克思恩格斯选集》第1—4卷，人民出版社2012年版。

《马克思恩格斯文集》第1—10卷，人民出版社2009年版。

《马克思恩格斯全集》（中文第一、二版），人民出版社。

《列宁选集》第1—4卷，人民出版社1995年版。

［俄］格·普列汉诺夫：《社会主义与政治斗争》，刘若水译，生活·读书·新知三联书店1980年版。

［俄］格·普列汉诺夫：《唯物主义史论丛》，王太庆译，生活·读书·新知三联书店1961年版。

［俄］格·普列汉诺夫：《论个人在历史上的作用问题》，王荫庭译，商务印书馆2010年版。

［俄］格·普列汉诺夫：《论一元论历史观的发展》，王荫庭译，商务印书馆2012年版。

《毛泽东选集》第1—5卷，人民出版社1991年版。

《毛泽东文集》第1—8卷，人民出版社1999年版。

《邓小平文选》第1—3卷，人民出版社1993年版。

《江泽民文选》第1—3卷，人民出版社2006年版。

《习近平谈治国理政》，外文出版社2017年版。

习近平：《论中国共产党历史》，中央文献出版社2021年版。

本书编写组编：《习近平教育重要论述讲义》，高等教育出版社 2020
　　年版。

中共中央宣传部：《习近平新时代中国特色社会主义思想学习问答》，学
　　习出版社、人民出版社 2021 年版。

中共中央宣传部舆情信息局：《构建社会主义和谐社会》，学习出版社
　　2007 年版。

中共中央宣传部编：《百年潮·中国梦》，学习出版社 2014 年版。

二　学术著作

艾四林主编：《马列主义经典著作导读》，北京师范大学出版社 2020 年版。

蔡中兴：《帝国主义理论发展史》，上海人民出版社 1987 年版。

蔡中兴：《当代帝国主义理论》，上海三联书店 1992 年版。

蔡继明、李仁君：《广义价值论》，经济科学出版社 2001 年版。

陈先达：《走向历史的深处》，中国人民大学出版社 2006 年版。

陈先达、靳辉明：《马克思早期思想研究》，北京出版社 1983 年版。

陈学明：《西方马克思主义教程》，高等教育出版社 2001 年版。

陈学明、马拥军：《走近马克思》，人民出版社 2002 年版。

陈学明：《永远的马克思》，人民出版社 2006 年版。

陈旭麓：《近代中国社会的新陈代谢》，上海人民出版社 1992 年版。

陈锡喜：《邓小平理论重大发展》，华东师大出版社 2002 年版。

陈金龙、陈岸涛：《马克思主义中国化概论》，人民出版社 2005 年版。

陈炳辉：《西方马克思主义的国家理论》，中央编译出版社 2004 年版。

程中原、夏杏珍：《历史转折论：从遵义会议到十一届三中全会》，人民
　　出版社 2002 年版。

［英］戴维·麦克莱伦：《马克思传》，王珍译，中国人民大学出版社
　　2005 年版。

傅永军：《控制与反抗：社会批判理论与当代资本主义》，泰山出版社
　　1998 年版。

［日］广松涉编：《文献学语境中的〈德意志意识形态〉》，彭曦译，南京
　　大学出版社 2005 年版。

胡绳：《中国共产党的七十年》，中共党史出版社 1991 年版。

韩立新主编：《新版〈德意志意识形态〉研究》，中国人民大学出版社 2008 年版。

韩立新：《〈巴黎手稿〉研究：马克思思想的转折点》，北京师范大学出版社 2014 年版。

韩立新、陈浩主编：《黑格尔法哲学研究》，北京师范大学出版社 2020 年版。

韩喜平主编：《马克思主义基础理论研究》，北京师范大学出版社 2021 年版。

郝立新主编：《马克思主义理论学科基本文献研究》，北京师范大学出版社 2020 年版。

何萍、李维武：《马克思主义中国化探论》，人民出版社 2002 年版。

黄楠森、庄福龄、林利主编：《马克思主义哲学史》（第二卷），北京出版社 1996 年版。

高放主编：《科学社会主义的理论与实践》（修订本），中国人民大学出版社 2003 年版。

高原主编：《科学社会主义》，湖北人民出版社 1993 年版。

郭建宁：《20 世纪中国马克思主义哲学》，北京大学出版社 2005 年版。

顾玉兰：《列宁帝国主义论及其当代价值》，社会科学文献出版社 2015 年版。

顾海良主编：《马克思主义发展史》，北京师范大学出版社 2020 年版。

顾海良主编：《马克思主义的历史命运》，吉林人民出版社 1996 年版。

郭凤志主编：《高校思想政治理论课程建设研究》，北京师范大学出版社 2020 年版。

郭圣福：《中国共产党社会主义认识史》，中国社会科学出版社 2004 年版。

何一成：《马克思主义中国化专题研究（2005 年度）》，湖南人民出版社 2005 年版。

何继龄：《马克思主义中国化问题研究》，中国社会科学出版社 2006 年版。

黄楠森、庄福龄、林利主编：《马克思主义哲学史》（八卷本）第 1－3 卷，北京出版社 2005 年版。

贺来：《辩证法的生存论基础：马克思辩证法的当代阐释》，中国人民大学出版社 2004 年版。

江流、陈之骅：《苏联演变的历史思考》，中国社会科学出版社 1994 年版。

金春明、许全兴、陈登才等：《毛泽东思想基本问题》，中共中央党校出版社 2001 年版。

纪亚光主编：《中国近现代史基本问题研究》，北京师范大学出版社 2020 年版。

李会滨主编：《社会主义：20 世纪的回顾与前瞻》，华中师范大学出版社 1999 年版。

李崇富、尹世洪：《历史唯物主义与马克思主义中国化》，中国社会科学出版社 2008 年版。

李文成、许志宇：《马克思主义与现时代》，河南人民出版社 1993 年版。

李士坤：《〈共产党宣言〉讲解》，北京大学出版社 2003 年版。

李惠斌、杨金海：《重读〈共产党宣言〉》，湖北人民出版社 1998 年版。

李锐：《〈共产党宣言〉的创作与思想：MEGA 视野下的文本、文献研究》，中国社会科学出版社 2013 年版。

李辉：《幻象的饕餮盛宴：西方马克思主义文化消费理论研究》，中国社会科学出版社 2012 年版。

李惠斌主编：《马克思〈法兰西内战〉研究读本》，中央编译出版社 2013 年版。

刘秀萍：《马克思"巴黎手稿"再研究》，中国人民大学出版社 2013 年版。

刘林元主编：《中国马克思主义理论的丰碑》，南京大学出版社 2001 年版。

刘敬东、郇庆治、陆俊主编：《国外马克思主义思潮评介》，北京师范大学出版社 2021 年版。

刘放桐：《马克思主义与西方哲学的当代走向》，人民出版社 2002 年版。

刘先春：《马克思主义中国化研究重要文献导读四十篇》，兰州大学出版社 2007 年版。

鲁克俭：《国外马克思学研究的热点问题》，中央编译出版社 2006 年版。

鲁品越：《人间正道：重读〈社会主义从空想到科学的发展〉》，人民出版社 2013 年版。

罗本琦、汪青松、余精华：《马克思主义中国化机制论》，中国社会科学出版社 2007 年版。

骆郁廷主编：《思想政治教育原理与方法》，北京师范大学出版社 2020 年版。

［德］鲁道夫·希法亭：《金融资本：资本主义最新发展的研究》，福民等译，商务印书馆 1994 年版。

《马克思主义哲学史》编写组：《马克思主义哲学史》，高等教育出版社 2012 年版。

马健行：《帝国主义理论形成史》，中国社会科学出版社 1993 年版。

聂锦芳主编：《"巴黎手稿"再研究：文献、思想与历史地位》，中央编译出版社 2014 年版。

聂锦芳：《批判与建构：〈德意志意识形态〉文本学研究》，人民出版社 2012 年版。

聂锦芳：《清理与超越：重读马克思文本的意旨、基础与方法》，北京大学出版社 2005 年版。

裴晓军：《马克思〈哥达纲领批判〉研究读本》，中央编译出版社 2013 年版。

钱津：《劳动价值论》，社会科学文献出版社 2001 年版。

秦刚：《中国特色社会主义理论体系》，中共中央党校出版社 2008 年版。

宋进：《邓小平理论的品格研究》，上海交大出版社 2000 年版。

孙伯鍨、张一兵：《走进马克思》，江苏人民出版社 2001 年版。

孙伯鍨：《探索者道路的探索》，南京大学出版社 2002 年版。

孙晓莉：《中国现代化进程中的国家与社会》，中国社会科学出版社 2001 年版。

田克勤：《马克思主义中国化的理论轨迹》，中共党史出版社 2006 年版。

陶德麟主编：《马克思主义哲学的当代论域》，人民出版社 2005 年版。

王玉梁：《当代中国价值哲学》，人民出版社 2004 年版。

王树荫主编：《中国马克思主义经典著作导读》，北京师范大学出版社

2020 年版。

汪青松：《马克思主义中国化与中国化的马克思主义》，中国社会科学出版社 2004 年版。

吴潜涛：《社会主义荣辱观研究》，中国人民大学出版社 2014 年版。

王凤才：《追寻马克思：走进西方马克思主义》，山东大学出版社 2003 年版。

王晓升：《西方马克思主义意识形态理论》，社会科学文献出版社 2009 年版。

王雨辰：《伦理批判与道德乌托邦：西方马克思主义伦理思想研究》，人民出版社 2014 年版。

王志华：《大系统价值学说：政治经济学的变革》，香港国际政治经济出版社 1998 年版。

王东：《马克思学新奠基：马克思哲学新解读的方法论导言》，北京大学出版社 2006 年版。

韦正翔：《〈共产党宣言〉探究（对照中、德、英、法、俄文版)》，中国社会科学出版社 2013 年版。

吴元梁主编：《马克思主义哲学形态的演变》，中国社会科学出版社 2010 年版。

吴恩远：《苏联史论》，人民出版社 2007 年版。

吴家华：《理解恩格斯：恩格斯晚年历史观研究》，安徽大学出版社 2005 年版。

魏小萍：《探求马克思：〈德意志意识形态〉原文文本的解读与分析》，人民出版社 2010 年版。

肖前、李淮春、杨耕主编：《实践唯物主义研究》，中国人民大学出版社 1996 年版。

辛向阳：《科学发展观的基本问题研究》，中国社会出版社 2008 年版。

许庆朴、李爱华、张洪慧：《当代社会主义理论与实践纵论》，山东大学出版社 1991 年版。

许庆朴、李爱华：《有中国特色社会主义理论探源》，人民出版社 2002 年版。

许庆朴：《马克思恩格斯学说与中国现实》，人民出版社 2007 年版。

薛俊强：《恩格斯〈社会主义从空想到科学的发展〉研究读本》，中央编译出版社 2013 年版。

徐崇温：《当代外国主要思潮流派的社会主义观》，人民出版社 2008 年版。

肖浩辉：《马克思主义中国化的理论与实践》，湖南人民出版社 2001 年版。

杨耕：《为马克思辩护》，黑龙江人民出版社 2002 年版。

杨菲蓉、江传月著：《中国化马克思主义发展概论》，人民出版社 2005 年版。

杨适：《马克思〈经济学—哲学手稿〉述评》，人民出版社 1982 年版。

杨宏禹主编：《社会主义理论、实践、历史命运》，广西师范大学出版社 1997 年版。

杨先农：《马克思主义中国化研究纲要》，四川人民出版社 2008 年版。

杨奎松：《马克思主义中国化的历史进程》，河南人民出版社 1994 年版。

杨凤城：《毛泽东思想研究评述》，中国人民大学出版社 2002 年版。

尹树广：《20 世纪 70 年代以来西方马克思主义的国家批判理论》，黑龙江人民出版社 2003 年版。

袁久红：《西方马克思主义的政治哲学》，东南大学出版社 2004 年版。

［英］约·阿·霍布森：《帝国主义》，纪明译，上海人民出版社 1960 年版。

俞吾金主编：《二十世纪哲学经典文本：西方马克思主义卷》，复旦大学出版社 1999 年版。

俞吾金、陈学明：《国外马克思主义哲学流派新编》，复旦大学出版社 2002 年版。

俞吾金：《重新理解马克思：对马克思哲学的基础理论和当代意义的反思》，北京师范大学出版社 2005 年版。

俞吾金：《重新理解马克思》，北京师范大学出版社 2005 年版。

俞可平、李慎明、王伟光：《马克思主义与科学发展观》，重庆出版社 2006 年版。

姚颖：《恩格斯〈反杜林论〉研究读本》，中央编译出版社 2014 年版。

于幼军、黎元江：《社会主义五百年（第一卷）社会主义从空想到科学》，
广东教育出版社 2011 年版。

张一兵：《回到马克思》，江苏人民出版社 1999 年版。

张一兵：《马克思历史辩证法的主体向度》，南京大学出版社 2002 年版。

张一兵、胡大平：《西方马克思主义哲学的历史逻辑》，南京大学出版社
2003 年版。

张一兵：《资本主义理解史第五卷，西方马克思主义的资本主义批判理
论》，江苏人民出版社 2009 年版。

张秀琴：《西方马克思主义意识形态理论的当代阐释》，中国传媒大学出
版社 2005 年版。

张汉清主编：《社会主义实践与马克思主义》，北京大学出版社 1995
年版。

张渝政：《马克思主义中国化的理论创新研究》，中国社会出版社 2007
年版。

张光明、罗传芳：《马克思传》，人民日报出版社 2010 年版。

赵家祥、李清昆、李士坤：《历史唯物主义原理》（新编本），北京大学出
版社 1992 年版。

赵麟斌：《"马克思主义中国化"解读》，同济大学出版社 2008 年版。

赵向军、陈树梅、王荣华等：《马克思主义中国化的理论与实践》，中国
科学技术大学出版社 2006 年版。

赵智奎：《改革开放 30 年思想史》（上下卷），人民出版社 2008 年版。

郑必坚、龚育之、杨春贵等：《邓小平理论基本问题》，中共中央党校出
版社 2001 年版。

郑永廷：《社会主义意识形态发展研究》，人民出版社 2002 年版。

郑永廷主编：《思想政治教育方法论》（修订版），高等教育出版社 2010
年版。

郑永廷：《中国化马克思主义发展概论》，中国人民大学出版社 2007
年版。

郑异凡：《新经济政策的俄国》（第三卷），人民出版社 2013 年版。

郑召利：《哈贝马斯的交往行为理论》，复旦大学出版社 2002 年版。

郑一明：《"西方马克思主义"的文化哲学思想研究》，重庆出版社 1998
年版。

曾德祥：《马克思主义中国化发展进程研究》，西南财经大学出版社 2005
年版。

曾枝盛：《20 世纪末国外马克思主义纲要》，中国人民大学出版 1998
年版。

曾枝盛主编：《国外学者对马克思主义若干问题的最新研究》，中国人民
大学出版社 2006 年版。

钟家栋：《重铸中国魂：20 世纪马克思主义中国化的历程》，复旦大学出
版社 2001 年版。

朱钟棣：《西方学者对马克思主义经济理论的研究》，上海人民出版社
1991 年版。

庄福龄：《马克思主义中国化伟大理论成果》，人民出版社 2004 年版。

庄福龄主编：《马克思主义史》，人民出版社 1996 年版。

三　英文文献

Carl-Erich Vollgraf，Jürgen Jungnickel，"'Marx in Marx' Worten？" Zu
Engels' Edition des Hauptmanuskripts zum dritten Buch des Kapital"，in：
MEGA Studien，1994/2，S. 3 – 55.

Marx-Engels-Jahrbuch2003，　hrsg. vonder. Internationalen. Marx-Engels-Stiftung，
Berlin：Akademie Verlag，2004.

Terrell Carver and Daniel Blank，A Political History of the Editions of Marx and
Engel's "German Ideology Manuscripts"，New York：Palgrave Macmillan，
2014.

后 记

最近几年，我个人一直在给马克思主义理论学科专业研究生上"人文社会科学研究方法"这门课，后来就产生了撰写出版这样一本教材的想法。马克思主义以及一脉相承的毛泽东思想、邓小平理论、"三个代表"重要思想、科学发展观和习近平新时代中国特色社会主义思想是不断开放、与时俱进的思想体系，需要当代每一个人去学习并在现实中不断实践，同时也更需要每一个人在实践中推动其创新发展，这就彰显了学科研究创新的重要性。所以，我们相信一本专门面向高校马克思主义理论学科学生的教材，将会更有针对性，更加适应和更好服务马克思主义理论学科专业学生，更有利于提升学生的研究水平。

在本书撰写过程中，为更好提高本书作为专业教材的水平和更有代表性，我们查阅和参考了大量学界同行、专家有关思想观点，除了在本书中有所标注外，在此对各位专家、学者表示感谢。另外，本着师生相长、师生交流互动、共同发展的原则，在个人开设马克思主义理论学科专业研究生"人文社会科学研究方法"的过程中，学生也启发了我进行很多问题的思考，从而有助于本书的撰写，同时部分研究生也参与了一些资料查询、整理和部分内容的核对工作，在此表示感谢。

最后，需要特别感谢的是本书的责任编辑朱华彬老师，在本书的撰写过程中，朱老师给予很多指导和帮助，也做了大量细致严谨的工作，我们为此甚为感动，在此表达我们最诚挚的感谢。

孙波

2021 年 6 月